Ursula Naumann
El Caballero Gustavo Bergenroth

Wie ein preußischer Forscher
in Spanien
Geschichte schrieb

Mit zahlreichen Abbildungen

Insel Verlag

Erste Auflage 2020
© Insel Verlag Berlin 2020
Alle Rechte vorbehalten, insbesondere das der Übersetzung,
des öffentlichen Vortrags sowie der Übertragung
durch Rundfunk und Fernsehen, auch einzelner Teile.
Kein Teil des Werks darf in irgendeiner Form
(durch Fotografie, Mikrofilm oder andere Verfahren)
ohne schriftliche Genehmigung des Verlages
reproduziert oder unter Verwendung elektronischer Systeme
verarbeitet, vervielfältigt oder verbreitet werden.
Satz: Greiner & Reichel, Köln
Druck: GGP Media GmbH, Pößneck
Printed in Germany
ISBN 978-3-458-17848-4

Für Frank Motz, der die Dinge möglich macht

Die Geschichte probiert ihre Schere
im Dunkeln aus, so
daß am Ende allem und jedem
ein Arm fehlt oder ein Bein.

Inhalt

GESCHICHTE SCHREIBEN

EPILOG

PROLOG. EIN HERR BERGENROTH

Sechs Ehefrauen

Die Kurzfassung der Geschichte von Heinrich VIII. und seinen sechs Frauen kennt in England jedes Kind: geschieden, geköpft, gestorben, geschieden, geköpft, überlebt ... Unter den historischen Skandalgeschichten nimmt diese einen Spitzenplatz ein. Jede Erfindung verblaßt davor: Ein junger, charmanter, bis über beide Ohren verliebter König bricht mit der katholischen Kirche, um sich scheiden zu lassen und die geliebte Frau heiraten zu können, die er dann etwas später hinrichten läßt. Der Paukenschlag am Beginn eines Dramas von welthistorischer Bedeutung, dessen Darstellerinnen in ungezählten Nacherzählungen zu weiblichen Stereotypen gefroren sind: »Die Heilige, die Intrigantin, der Fußabstreifer, das dicke, dümmliche Mädchen, der sexy Teenager und der Blaustrumpf.«

Die Heilige, das ist Heinrichs erste Frau, Katharina von Aragon. In edler Reinheit, als ein schuldloses Opferlamm, erscheint sie noch in den Fernsehserien und Dokumentationen, die die BBC den *Six Wifes* widmete, die vorläufig vorletzte stammt aus dem Jahr 2001. Deren Autor David Starkey begann danach mit der Arbeit an einem Buch zum Film, das er sich als kurze, lebendige Nacherzählung altbekannter Geschichten vorstellte. Dann sah er, daß er ganz neu anfangen mußte. Er entdeckte nämlich wichtige Dokumente zum Leben Katharinas, die sie in einem weniger rosigen Licht erscheinen lassen. Nicht etwa in schwer zugänglichen Archiven, sondern in einer Publikation der englischen Regierung, die der deutsche Historiker Gustav Bergenroth 1868 herausgegeben hatte.

Wie konnte das sein? Schließlich lagen sie nun seit fast 150 Jahren im Druck vor, »sicher Zeit genug für Historiker und Biogra-

Abb. 1: Katharina von Aragon

phen, zu einem ausgewogenen Urteil zu gelangen?« Sie war nicht genutzt worden, wie Starkey feststellt. »Ich fürchte, daß der Fall immer noch weit offen ist. Denn die Historiker, gefesselt an ›das einhellige Lob von Katharinas Tugenden‹, haben eine außergewöhnliche Entschlossenheit gezeigt, das klare Beweismaterial [der Quellen] zu ignorieren.«

Katharina von Aragon ist nicht die einzige historische Figur, die Bergenroth mit anderen Augen sah als die Geschichtsschreibung vor und nach ihm, Starkey nicht der einzige Historiker, der Bergenroths Entdeckungen wiederentdeckt hat. Was er zum Beispiel über Katharinas königliche Schwester herausfand, die als *Juana la Loca,* Johanna die Wahnsinnige, in die Geschichte eingegangen ist, erregte seinerzeit ziemliches Aufsehen und empörte viele Kollegen, wurde dann aber über ein Jahrhundert weitgehend ignoriert. Bemerkungen wie »Bergenroth war der erste, der …« sind mir immer wieder begegnet.

Das gilt auch für seine legendären Leistungen auf dem Gebiet der Kryptologie. Als spanische Zeitungen Anfang Februar 2018 meldeten, dem Geheimdienst CNI sei es gelungen, zwei chiffrierte Briefe eines hohen Offiziers an König Ferdinand von Aragon vom Anfang des 16. Jahrhunderts zu entschlüsseln, gab es sofort Widerspruch im Internet. Der Journalist Julio Martín Alarcón twitterte: »Nein, nicht der CNI hat den Codex des *Gran Capitán* entziffert. Das war ein Deutscher im 19. Jahrhundert. Das war das Werk von Gustav Bergenroth, einem deutschen, in England ansässigen Hispanisten, der seine Arbeiten über das Archiv von Simancas publizierte.«

Es ist schon seltsam. Jeder, der sich ernsthaft mit der Tudor-Zeit beschäftigt, der spektakulärsten, farbigsten Epoche der englischen Geschichte, muß die von Bergenroth gesammelten und herausgegebenen Quellen konsultieren, kennt seinen Namen. Aber kaum jemand weiß, wer er war.

Ich bin ihm zuerst auf klassischem Boden begegnet, in Rom, wo er dem preußischen Legationssekretär Kurd von Schlözer im Januar 1867 über den Weg lief. Was der über ihn erfuhr, faßte er in einer biographischen Skizze zusammen.

»Sein Leben ist ein Roman. Im Jahre 1848, wo er schon Kammergerichtsassessor war, schloß er sich der Revolution an und stand an der Ecke der Taubenstraße auf der Barrikade. Als im folgenden Jahr der ›rettende‹ Manteuffel seine stramme Reaktion über Preußen verhängte, schrieb Bergenroth dem Justizminister, daß seine politischen Ansichten ihm einstweilen nicht gestatteten im Staatsdienst zu verbleiben; er müsse eine Zeit abwarten, wo ein anderer Minister die Justiz leite. Danach ging er einige Zeit nach Frankfurt a. M. und bald darauf nach Amerika im Auftrag einer Gesellschaft, die in Kalifornien Ländereien ankaufen wollte. In San Francisco angelangt, verlor er alle seine Effekten, und als er sich nach dem Handelshause erkundigte, an welches er adressiert war, erfuhr er, daß es nicht mehr existiere. So war er *vis-à-vis de rien* und lebte vier Wochen hindurch, ohne Brot und Salz, von rohen Kaninchen, die er sich in den Waldungen erlegte. – Seine Intelligenz verschaffte ihm aber bald in der ganzen Gegend ein solches Ansehen, daß sich ihm etwa 70 Kolonisten aus aller Herren Ländern anschlossen und als ihrem Häuptling huldigten. Er gründete nun ein selbständiges Fürstentum, in dem er als Autokrat lebte. Eine verlassene Ortschaft wurde seine Residenz. Da sie aber in einem Grenzdistrikt lag, hatte er bald Händel mit den Amerikanern, die zwei Kanonen, unterstützt von Kavallerie, gegen König Bergenroth auffahren ließen. Inzwischen langte für ihn Geld aus Europa an. Die Korrespondenz von San Franzisko nach Deutschland und die Sendung von dort nach Kalifornien ging damals noch recht langsam. Aber das Geld kam, und nun gab er seine Herrschaft auf, um nach England zu ziehen. Er hat als König drei Todesurteile unterzeichnet, ist aber stolz darauf, daß er sie nicht hat ausführen lassen. In England kam er mit der Historischen Gesellschaft in Berührung, die alle auf das Inselreich bezüglichen Urkunden sammeln läßt. So wurde der Königlich Preußische Kammergerichtsassessor a. D. aus Masuren in Ostpreußen zuerst König und dann englischer Historiker. Nachdem er nun über zehn Jahre in Simancas gesammelt hat, bereitet er sich jetzt vor, eine Geschichte Karls V. zu schreiben. Er ist im sechzehnten und siebzehnten Jahrhundert so bewandert, als ob er mit allen hervorragenden Persönlichkeiten jener Zeit gelebt hätte.«

Eine tolle Geschichte mit einigen Fehlern und mit Übertreibungen, die wohl der Vergeßlichkeit und der Fabulierfreude beider Erzähler geschuldet sind. Dabei ist das abenteuerlichste Kapitel von Bergenroths Lebensroman in Schlözers Nacherzählung auf einen Halbsatz zusammengeschrumpft: »Nachdem er nun über zehn Jahre in Simancas gesammelt hat«.

Das Kastell

Sommer 1860. Früh am Morgen des 20. August kommt Gustav Bergenroth nach einer langen, anstrengenden Reise in Simancas an. Schon von Ferne sieht er in der baumlosen Hochebene Kastiliens die mächtige graue Burg, die für die nächsten achteinhalb Jahre sein Hauptarbeitsplatz sein wird: das *Archivo General*, das Staatsarchiv von Spanien, das aus verschiedenen Beständen, den Archiven von Simancas, gebildet wurde und wird.

Beim ersten Anblick sei ihm doch etwas beklommen geworden, bekennt er einen Monat später den Lesern des Londoner *Athenæum*, der angesehensten literarisch-wissenschaftlichen Zeitschrift seiner Wahlheimat England.

»Simancas wurde auf einem Hügel erbaut, der steil zum Ufer der Pisuerga hin abfällt. Die enge, altertümliche Steinbrücke mit ihren siebzehn Bögen ist nicht ohne *grandeza*, und das Kastell und die Dorfkirche, die in einsamer Sorglosigkeit auf dem Gipfel ruhen, präsentieren sich recht stattlich vor dem sattblauen und doch lichten, hohen Himmel Kastiliens. Der Ort macht keinen melancholischen Eindruck, obwohl es keinen einzigen Baum gibt. Der Ort! Aber wo ist dieser Ort? Wo sind die Häuser? Neben dem Kastell und der Kirche kann ich nur unregelmäßige Erhebungen erkennen, aus dem gleichen hellen Lehm, aus dem der Hügel besteht, und hier und da dunkle Punkte. Sind diese Hügelchen Häuser und die Flecken Fenster und Türen? Das Ganze ähnelt eher einem großen Kaninchenbau. Ein nicht eben verheißungsvoller Anblick!«

Währenddessen hat sich die Kutsche langsam nach oben bewegt. Bergenroth steigt bei der roten Zugbrücke zum Kastell aus, gegenüber vom *Parador de la Luna*, dem einzigen Gasthof von Simancas, vor dem man ihn dringend gewarnt hat, weil er schmutzig und

17

Abb. 2: Das Archivo General de Simancas, um 1860

laut sei, vor allem aber wegen der musikliebenden Wirtin. Abgesehen von Fuhrleuten könne niemand ihr Gitarrenspiel länger als eine Nacht ertragen. So geht er also weiter, mit seinem schweren Gepäck (viele Bücher), bis zum Dorfplatz, der *plaza*, die von zwölf Häusern umgeben ist, alle versehen mit einem Balkon im ersten und einzigen Stockwerk.

»Neben dem *ayuntamiento* oder Rathaus von Simancas befindet sich der *estanco nacional*, also der sehr bescheidene Laden, wo Don Pedro den schlechten Tabak und die noch schlechteren Zigarren der Regierung verkauft. Sozial steht er zwischen einem Bauern und einem Tagelöhner. Sein Gesichtsausdruck gefällt mir nicht besonders. Er deutet auf Brutalität hin. Aber man hat mich ihm empfohlen, und im Umkreis von hundert Meilen kenne ich keine andere Seele. So war ich nach fünf Minuten sein Hausgenosse, und da ich seine ›Gastfreundschaft‹ etwas teurer bezahle, als ich für ein erstklassiges Hotel am Rhein oder in der Schweiz ausgeben müßte, wird er mich mit der Wildheit eines Raubtiers gegen alle Hausbesitzer in Simancas verteidigen.

Ich habe ein Wohnzimmer. Es ist nicht sehr groß. Es ist nur neunzehn Fuß lang und elf Fuß [ca. 5,8 x 3,4 Meter] breit. Die Tür besteht aus einem einfachen Holzrahmen, der mit weißem Segeltuch bespannt ist. Durch Abnutzung ist sie in einem ziemlich schlechten Zustand. Gestern habe ich die größten Löcher mit Nadel und Faden geflickt, die ich aus London mitgebracht hatte. Die Stiche waren vielleicht etwas groß, aber insgesamt mußten Pedro und seine Frau Mamerta zugeben, daß ich das Zimmer verbessert hatte. Doch von welch kurzer Dauer Verbesserungen sind, wenn sie gegen den Geist des Landes sind! Die Hauskatze, die zeitlebens gewohnt war, mein Zimmer durch besagte Löcher zu betreten und zu verlassen, war durch meine Neuerungen so verstört, daß sie mit einem verzweifelten Satz durch das halbverrottete Segeltuch sprang, und die Löcher sind jetzt größer als vorher. Macht nichts! Über der Tür hängt ein Portrait von San Ignacio von Loyola, mit der Inschrift ›Verbiete dem bösen Geist durch diese Tür einzutreten‹. Von dieser Seite ist also alles sicher. Gegenüber der Tür ist das Fenster oder vielmehr eine andere Tür, die sich zum Balkon hin öffnet und statt mit Segeltuch mit schweren, hölzernen Läden versehen ist. Wenn ich den Winter über in Simancas bleibe, hat mir Pedro versprochen – was? Einen Ofen oder Kamin? Nein, einige Glasscheiben, damit ich das Fenster zumachen kann, ohne das Licht ganz auszusperren. Der Winter ist hier so kalt, daß der Fluß oft mit Eis bedeckt ist.

Hinter meinem Wohnzimmer ist ein dunkler Flur mit noch dunkleren Löchern auf beiden Seiten, die als Schlafzimmer dienen. Sie haben keine Türen. Vor der Öffnung hängt ein Leinentuch, das ist alles. Das erste Loch, oder der Alkoven, wie sie es nennen, enthält mein Bett, und der Flur selbst dient als gemeinsames Ankleidezimmer. So ist das Haus, und die Möblierung steht damit in völligem Einklang. Sie ist von sehr einfacher Beschaffenheit und keineswegs reichlich vorhanden. Allein die Betten bilden eine Ausnahme. Sie sind gut, und das Leinen ist so fein und weiß wie in reichen englischen Häusern. Meine Bettdecke und die Kissen sind sogar mit breiten Borten aus heimischer Spitze verziert.«

An Privatheit ist hier nicht zu denken. Die Hausherrin kommt in Bergenroths Zimmer, wann immer sie will, um vom Balkon aus mit den Männern und Frauen unten auf der *plaza* zu handeln, die ihre mit kleinen Wassermelonen, Kichererbsen und anderen »Notwendigkeiten des spanischen Lebens« beladenen »geduldigen und hochintelligenten Esel von Haus zu Haus und Dorf zu Dorf« treiben. Härter wird seine Geduld an den Waschtagen auf die Probe gestellt, wenn Athanasia, »ein kräftiges Mädchen von etwa zwanzig Jahren«, seine Bettwäsche und die der ganzen Familie auf seinem Balkon zum Trocknen aufhängt, um sie dann auf seinem Schreibtisch zu bügeln.

An dieser Stelle bricht der Erzähler die Schilderung seines neuen, gewöhnungsbedürftigen Zuhauses ab, um den Leser mitzunehmen zum eigentlichen Ziel seiner Reise, dem *Archivo General*. Ein mächtiges graues Gemäuer, mit Zinnen und Schießscharten, Türmen, tiefem Graben und Zugbrücke, ist es gewissermaßen die Mutter aller Archive, das erste europäische Gebäude der Neuzeit, das ausdrücklich zum Zweck der Sammlung und Aufbewahrung von Staatspapieren bestimmt und entsprechend umgebaut wurde. Die Wahl einer abgelegenen Festung spiegelte die Überzeugung der Archivgründer, daß Wissen eine ungemein gefährliche Waffe sein kann.

»An den Grenzen von Kastilien und León gelegen, war dies in früheren Zeiten ein Ort von großer militärischer Bedeutung und als solcher der Aufsicht der erblichen Admirale von Kastilien unterstellt, bis Isabella die Katholische die Burg und ihre reichen Ländereien für die Krone konfiszierte, und Karl V. und Philipp II. sie anstelle von Gewehren und Hellebarden mit Papieren und Pergamenten füllten. Obwohl sich dadurch die Bestimmung des Ortes vollständig geändert hatte, identifizierten sich die erblichen Archivare oder Oberbibliothekare aus der Familie der Ayala so sehr mit ihren Vorgängern, den Admiralen, daß sie es als ihre Hauptaufgabe betrachteten, die ihnen anvertrauten literarischen Schätze gegen alle literarischen Angreifer zu verteidigen. Robertson gehörte zu denjenigen, denen der Zutritt verweigert wurde, als er seine Geschichte Karls des Fünften schrieb. Es ist überflüssig anzufügen, daß die Ayalas nur Befehle aus Madrid ausführten, und daß zu dieser Zeit keine europäische Regierung aufgeklärt genug war, um den Geschichtsforschern den Zugang zu den Quellen ihres Faches zu erlauben. Doch die stärksten Festungen können einer fortdauernden Belagerung nicht auf unbegrenzte Zeit widerstehen. So war der Fall Simancas' unvermeidlich, als der ›Zeitgeist‹ ernsthaft angriff. Simancas ergab sich 1844. Monsieur Gachard, geschickt von der belgischen Regierung, und Monsieur Tiran, geschickt vom französischen Ministerium, betraten die Archive und durchstöberten über ein Jahr lang ihren staubigen Inhalt. Don Hilarion Ayala, der Archivar – übrigens ein sehr ehrlicher und gutherziger Mann – überlebte den Fall des alten Systems nicht lange. Er starb im folgenden Jahr.«

»Staubiger Inhalt«, das klang damals, im heroischen Zeitalter der Historiographie, aufregender als heute, da Archive eher als Habitat für sonderliche, weltfremde Langweiler gelten. Jahrhundertelang waren alle Archive faktisch Festungen gewesen. Die Mächtigen wollten sich nicht in die Karten schauen lassen, und wer ihre Geheimnisse verriet, riskierte oder ruinierte sein Leben. Aufklärung und Französische Revolution brachten die Wende. Die Archive öffneten sich allmählich, in Spanien später als anderswo (wenn auch sehr viel früher als im Vatikan), als in Madrid eine liberale Regierung an die Macht kam. Während sich in Europa Nationalstaaten herausbildeten, herrschte Goldgräberstimmung, bei den Historikern, aber auch bei den Regierungen, die sie in die Archive schickten. Es ging um nationale Interessen und persönlichen Ruhm, um Deutungshoheit und um die Suche nach der Wahrheit. Wo gab es was zu holen? Wer war als erster da, machte die reichste Beute, fand die interessantesten Stücke? Und wem gelang es am überzeugendsten, seine Funde zu Geschichtserzählungen zu formen?

Nachdem sich Bergenroth als Benutzer des Archivs eingeschrieben hatte, informierte er sich – und dann die Leser des *Athenæum* – nicht nur über dessen reiche Bestände, die in 47 Räumen aufbewahrt wurden (der 48. war für die Benutzer und das Personal bestimmt), sondern auch über die Forscher, die vor ihm dagewesen waren. Wie lange waren sie geblieben? Was hatten sie gefunden? Woher waren sie gekommen? Die Liste war nicht lang. Ein Belgier, ein Franzose, ein Deutscher, gerade einmal drei Spanier (was man in Spanien nicht glauben wollte) und ein Engländer, der allerdings nur wenige Dokumente eingesehen hatte. Andere hatten zwar die Genehmigung zur Benutzung erhalten, davon aber dann keinen Gebrauch gemacht. Bergenroth hatte vor, gründlicher zu Werke zu gehen.

Denkmäler und Kopfnoten

Mort à Madrid. Im Februar 1869 meldete die Pariser Zeitung *Le Gaulois* den Tod des *»célèbre historien Allemand Bergenroths'* [sic!]«. William Cornwallis Cartwright, ein Freund und Bewunderer des Verstorbenen, der »Gustave Bergenroth« ein Jahr später eine *Memorial Sketch,* eine *Erinnerungsskizze,* widmete, urteilte, was dessen Ruhm anging, nüchterner. Wahrscheinlich werde unter hundert, die auf dem Titelblatt Bergenroths Namen läsen, nicht einer sein, der ihn schon einmal gehört habe. »Der großen Öffentlichkeit war er unbekannt.« Was Bergenroth in den achteinhalb Jahren seit der Ankunft in Simancas vor allem aus dessen Beständen, aber auch aus anderen europäischen Archiven unter schwierigen Umständen, in mühevoller Arbeit und gegen große Widerstände von Archivaren und Beamten ans Licht gebracht hatte, war nicht von der Art, die den normalen Leser vom Hocker reißt: Zwei Bände mit Regesten (Zusammenfassungen) von Quellen zu den englisch-spanischen Beziehungen in der frühen Neuzeit, außerdem einen Supplementband mit Ergänzungen. Seine Einleitungen, die alte Geschichten neu und anders als gewohnt erzählten, erregten vor allem in der Fachwelt Aufsehen. Die sonstige gedruckte Hinter-lassenschaft bestand aus einigen Aufsätzen und Rezensionen zu verschiedenen Fachgebieten, die verstreut in deutschen und eng-lischen Zeitschriften erschienen, also dem Vergessen anheimge-geben waren. Das große, eigenständige Werk, eine Monographie über Karl V., das er nach jahrelangen Recherchen kurz vor seinem Tod begonnen hatte, blieb ungeschrieben. Es hätte ihn zweifellos berühmt gemacht, meint Cartwright. So aber ...

In welchem Mißverhältnis Ruhm und Bedeutung einer Person stehen können, dafür war und ist Bergenroth ein so schlagendes Beispiel, daß sein Biograph darüber ins Schwärmen geriet (und Pegasus mit ihm durchging). »Er war nicht nur ein bemerkens-werter Mann, er war ein ganz außergewöhnlicher Mann, der eine Fülle der verschiedensten, merkwürdigsten, scheinbar nicht zu vereinbarenden Fähigkeiten und Eigenschaften in sich vereinigte«, beginnt er seine *Erinnerungsskizze*.

Cartwright, geboren 1825 als ältester Sohn eines englischen Di-plomaten und einer bayrischen Grafentochter, war zweisprachig und in zwei Kulturen aufgewachsen. So konnte er mit den deut-schen Freunden und Verwandten Bergenroths korrespondieren und sie um biographische Informationen bitten. Die Familie in Thorn – dort lebte Bergenroths Bruder Julius, ein Gymnasialleh-rer, mit der 82jährigen Mutter und der Schwester Louise – half mit Briefen, am wertvollsten aber war für Cartwright ein Lebenslauf Bergenroths, den ihm dessen ehemaliger Freund Paul Friedmann zuschickte, ehemalig deshalb, weil sich Friedmann und Bergenroth ein paar Monate vor dessen Tod zerstritten hatten. Er bildet gleichsam das Skelett der Biographie, die Cartwright mit dem Fleisch von Briefen und Texten Bergenroths umkleidete und mit seiner bewundernden Zuneigung erwärmte. Das Ergebnis ist ein so lebendiges, anschauliches Portrait, daß man als Leser erst einmal nichts vermißt, obwohl es bei näherem Hinsehen große Lücken aufweist.

»Es ist nicht mehr als eine Skizze, weil alle Materialien für eine reichhaltigere und vollständigere Biographie unzugänglich sind«, bemerkte der Rezensent der Londoner *Times*. »Aber es ist die Skizze eines höchst bemerkenswerten, interessanten Charakters, und selbst diejenigen, die zu seinen Lebzeiten nie von Bergenroth gehört haben, werden sicher gern der Laufbahn eines Mannes von unbezweifelbarem Genie folgen, dessen Wesen von ganz außergewöhnlichem Zuschnitt war.« Normalerweise unterscheide man zwischen Männern des Geistes und Männern der Tat, Bergenroth aber sei eine verblüffende Ausnahme von dieser Regel gewesen, ebenso fähig, mit einem Grizzly zu kämpfen wie mit einem unverständlichen Manuskript in einem spanischen Kastell. »Er war so etwas wie ein moderner Cerberus, drei verschiedene Männer zu einem verbunden, gebildet aus so gegensätzlichen Charakteren wie Falkenauge aus dem *Lederstrumpf*, Camille Desmoulins, dem Jakobiner-Literaten von 1789, und einem Gelehrten wie Professor Porson oder Sir Francis Palgrave.«

Ein ähnliches Bild vermittelt der etwa dreißig Seiten umfassende Nekrolog auf Bergenroth, der, ebenfalls 1870, in der *Altpreußischen Monatsschrift* erschien. Hinter dem anonymen Verfasser verbirgt sich sein Bruder Julius.

Bis heute sind das meines Wissens die beiden einzigen größeren Veröffentlichungen zum Leben Bergenroths geblieben. Für den in England lebenden Deutschen fühlten sich weder sein Vaterland noch seine Wahlheimat zuständig, das übliche Schicksal von Emigranten. Die Verfasser von Handbuch- und Lexikonarti-

Abb. 3: Julius Bergenroth,
Bergenroths Bruder und Biograph

keln über Bergenroth haben daraus geschöpft, allerdings ohne sich
die Wertschätzung seiner ersten Biographen zu eigen zu machen.
Daß er Autodidakt war, sein historisches Handwerk also nicht an
Universitäten gelernt hatte, spielte dabei sicher eine nicht uner-
hebliche Rolle, ebenso wie seine linksliberale Gesinnung und sein
ungewöhnlicher Lebenslauf, über den wilde Gerüchte kursierten.
Vor allem aber war es Bergenroths ganz eigene, unkonventionelle
Sicht der Geschichte, die seine Kollegen um so mehr schockierte
und verunsicherte, als sie seinen Scharfsinn und sein Wissen anerkennen mußten. Der Historiker Reinhold Pauli nutzte seinen
Beitrag in der *Allgemeinen Deutschen Biographie* (1875), um mit
dem »stattliche[n], herrlich begabte[n], jedoch von starken unkla-
ren Trieben beseelte[n] Menschen« abzurechnen, der zwar Groß-

artiges geleistet, aber auch die Frechheit gehabt hatte, in »maßloser Ueberhebung« eine Autorität wie den gefeierten Ranke zu kritisieren und effekthascherisch und sensationslüstern historische Berühmtheiten und Ereignisse in ungewohnter Düsternis erscheinen zu lassen. Also in etwa so, wie die politische Kaste uns heute in der Fernsehserie *House of Cards* vorgeführt wird.

Ein Urteil, das von den Nachgeborenen oft ungeprüft übernommen worden ist. »Als wenig ausgeglichener Charakter fand er daran Gefallen, die führenden Historiker Ranke, Mignet u. Gachard zu schulmeistern; in der Einleitung seiner recht verdienstvollen Quellenwerke ergötzte er sich an der ausgebreiteten Schilderung sittlicher Verkommenheit«, rügt der Kirchenhistoriker Victor Conzemius. Johannes Hönig, der Biograph des Rom-Historikers Ferdinand Gregorovius, spricht wegwerfend vom »abenteuernden Geschichtsschreiber Bergenroth«. Noch der Eintrag im *Oxford Dictionary of National Biography* von 2004 (!) bescheinigt Bergenroth zwar immensen Fleiß und stellt fest, er habe mit seinen Forschungen Geschichte geschrieben, aber auch, es habe ihm »an Augenmaß« gefehlt!

Es versteht sich von selbst, daß Bergenroth kein Heiliger war, aber die ignorante, oberlehrerhafte Art, mit der er bis in unsere Tage abgekanzelt wird, ist ärgerlich und fordert Widerspruch heraus. Gut 150 Jahre nach seinem Tod und Cartwrights *Memorial Sketch* scheint es mir dringend an der Zeit, diesen »modernen Cerberus« von »unbezweifelhaftem Genie« in das ihm gebührende Licht zu rücken. Ich erzähle von einem deutschen Kosmopoliten mit einem außergewöhnlichen und damit zugleich auch exemplarischen Lebenslauf, denn außergewöhnliche Biographien waren im 19. Jahrhundert fast so etwas wie Normalität. Die politischen Verfolgungen der Metternich-Ära und die Revolutionen von 1848/49 haben nicht nur in deutschen Landen viele engagierte Demokraten ins Exil getrieben und ihre Biographien geprägt. Wir hören von Elend und Verzweiflung, harten Überlebenskämpfen,

Neuanfängen und märchenhaft anmutenden Karrieren. Nehmen wir nur Carl Schurz, der es nach seiner Flucht in den USA bis zum amerikanischen Innenminister gebracht hat. Bergenroths Weg vom preußischen Gerichtsassessor aus Masuren zum englischen Geschichtsschreiber aber ist vielleicht noch erstaunlicher.

GESCHICHTE MACHEN

Achtzehnhundertdreizehn

Olecko, ein kleiner Ort im nordöstlichen Zipfel Polens, im Grenz-
gebiet zu Rußland und Litauen, damals Oletzko, ein Marktflecken
im nordöstlichen Zipfel Preußens, nahe den Grenzen zu Rußland
und dem russisch besetzten Litauen. Vor wenigen Jahren hat man
hier in der Nähe die Gebeine napoleonischer Soldaten gefunden.
Im Juni 1812 waren die Truppen des Kaisers auf dem Feldzug nach
Rußland noch siegesgewiß durch Ostpreußen gezogen. Die Bevölkerung hatte, wie schon 1806 und 1807, viel unter ihnen zu leiden
gehabt. Wiesen wurden abgeweidet, Felder verwüstet, Menschen
mißhandelt, Pferde und Vieh geraubt, Höfe gingen in Flammen
auf. Doch als im Dezember die armseligen Reste des stolzen Heeres angewankt kamen, »halbnackt, mit erfrorenen Händen und
Füßen«, war das Mitleid größer als der Spott, der freilich auch
nicht fehlte. »Sie glichen den elendsten Bettlern. Viele fielen hin
und starben an den Folgen des Frostes und des Elendes.« Viele
raffte auch die ›Kriegspest‹, das Fleckfieber, dahin, das durch
Läuse übertragen wird. Offiziere waren bizarr in Frauenkleider
und Pelze gehüllt, Beutestücke aus den Adelspalästen des bren-
nenden Moskau.

Die nachrückenden Russen empfing man als Retter und
Freunde. Der Zar wurde auf seinem Weg durch Preußen überall
begeistert und mit schwärmerischen Huldigungsreden empfangen. Der schon länger schwelende deutsch-preußische Patriotis-
mus brach in Flammen aus.

»Alles muß zu den Waffen greifen, Alt und Jung, Weib und Kind,
das will das Vaterland, das will der König in seiner Noth«, proklamierte die Ständeversammlung, die am 5. Februar 1813 in Königs-

Abb. 4: Ostpreußen/Masuren,
mit Oletzko und Lyck, um 1820

berg abgehalten wurde. Der König – Friedrich Wilhelm III. – mußte wollen. Den Ton gaben General Yorck von Warttenberg und seine Getreuen an, die Ende 1812 eigenmächtig und hochverräterisch von den Franzosen abgefallen waren und sich mit den Russen verbündet hatten. Die Königsberger Versammlung beschloß, zur Verstärkung des Heeres eine Bürgerlandwehr einzuziehen, außerdem einen Landsturm als bewaffnete Reserve zu begründen – und gleich damit zu beginnen, ohne auf die königliche Zustimmung zu warten, die dann am 17. März erfolgte. Der Adel war zum großen Teil von der Vorstellung eines Volksheeres wenig erbaut, aber es kam. Wehrpflichtig waren taugliche Männer zwischen dem 17. und dem 25. Lebensjahr (man mußte noch genug Zähne zum Aufbeißen der Patronenhülsen haben), Familienväter ausdrücklich ausgenommen.

Johann Friedrich Bergenroth, Justiz-Amtmann (Gerichtsdirigent) in Oletzko, aufgewachsen »unter dem frischen Eindrucke unserer klassischen Litteratur, namentlich Schiller's«, meldete sich als Freiwilliger, obwohl seine Frau Johanna hochschwanger war. Das Kind – das zweite von sieben Kindern, sechs Söhnen und einer Tochter – wurde am 26. Februar geboren. Vielleicht trug Vater Bergenroth schon die blaue Litewka (die Litauische), den langen zweireihigen Waffenrock des Landsturms, den sein Bezirk Gumbinnen als Uniform gewählt hatte, als er und Johanna den Kleinen am 19. März zur Taufe in die Kirche trugen, die auf einem Hügel über dem Ort liegt. Wie viele Eltern in dieser Zeit ›vor dem Sturm‹ gaben sie ihm den Namen Gustav Adolph. Vielleicht auch zu Ehren des Schwedenkönigs Gustav IV. Adolf, eines erbitterten Gegners von Napoleon. Als Schillerverehrer aber wird Vater Bergenroth vor allem an den Gustav Adolf gedacht haben, den Schiller in seiner *Geschichte des dreißigjährigen Krieges* zum Ideal des protestantischen Helden verklärt hat.

»Eine ungekünstelte lebendige Gottesfurcht erhöhte den Muth, der sein großes Herz beseelte. Alles Ungemach des Kriegs ertrug

31

er gleich dem Geringsten aus dem Heere; mitten in dem schwärzesten Dunkel der Schlacht war es Licht in seinem Geiste; allgegenwärtig mit seinem Blicke, vergaß er den Tod, der ihn umringte; stets fand man ihn auf dem Wege der furchtbarsten Gefahr. Der Ruhm ihres Beherrschers entzündete in der Nation ein begeistertes Selbstgefühl. Stolz auf diesen König, gab der Bauer in Finnland und Gothland freudig seine Armuth hin, verspritzte der Soldat freudig sein Blut, und der hohe Schwung, den der Geist dieses Einzigen Mannes der Nation gegeben, überlebte noch lange Zeit seinen Schöpfer.«

Was steckt nicht alles in diesem Namen, was für Hoffnungen und Erwartungen. Und was für eine Hypothek für seinen Träger!

Gustavs Vater war nicht nur bereit gewesen, sein Blut für die Sache der Freiheit zu verspritzen, er opferte ihr auch einen Teil seines offenbar beträchtlichen Vermögens, als die Regierung an die Spendenbereitschaft der Bevölkerung appellierte. Immerhin 6,5 Millionen Taler sind damals zusammengekommen. Er gehörte zu den Patrioten, die nicht nur die Befreiung von den französischen Besatzern anstrebten, sondern auch mehr Freiheiten für das Volk erkämpfen wollten. Ihr Ziel war ein deutscher Nationalstaat mit einer Verfassung und einem Parlament. Reformen waren tatsächlich eingeleitet worden, der König von Preußen hatte dem Volk als Dank für dessen Opferbereitschaft mehrmals eine Verfassung versprochen. Doch das Geschacher auf dem Wiener Kongreß führte dann nur zu einem lockeren ›Deutschen Bund‹ von autoritär regierten deutschen Ländern und für fast zwei Jahrzehnte zu jenem restaurativen und repressiven System, das mit dem Namen des österreichischen Staatskanzlers Metternich verbunden ist. Johann Friedrich Bergenroth konnte sich damit nicht abfinden und gab seinem Ärger über den Wortbruch des Königs immer wieder offen Ausdruck. 1818 erreichte er die Versetzung ans Amts- und Landgericht des etwa 30 Kilometer südlich von Oletzko gelegenen Städtchens Lyck, wo es das einzige Gymnasium weit und breit gab.

Dort ist er 19 Jahre später als Justizrat gestorben. »Seine freisinnige Richtung hatte seinem Avancement geschadet.«

Träume von großen Dingen

»Oletzko, ist eigentlich der Name eines Schlosses, welchen aber auch das nahe gelegene Städtchen, ursprünglich Marggrabowa genannt, führt. Diese Stadt liegt am See Oletzko, der es vom erwähnten Schlosse trennt, hat 1 Kirche, 250 Häuser und 1571 Einwohner, und 1 sehr großen Marktplatz, welches der größte in Preußen seyn soll. Es sind hier sehr viele Rothgärbereien.

Das hiesige Postwärteramt und Station ist dem Postamte zu Lyck untergeordnet, und dient zur Beförderung der hier durchgehenden fahrenden Post von Gumbinnen nach Lyck.

Lyck, Stadt am See Somnau und dem Flusse Lyck, hat 1 lutherische Kirche, 1 lateinische Schule, 154 Häuser und 1817 Einwohner. Diese Stadt besteht eigentlich nur aus 1 Straße, auf einem Berge, am genannten See gelegen; auf einer Insel in diesem See liegt ein Königl. Schloß, woselbst der Sitz eines Domänenamts gleichen Namens. Man findet hier Tuchweberei, und vorzüglich viele Gärbereien. –

Die hiesige Post-Anstalt, ein Postamt, ist noch als Gränzpostamt gegen Polen zu bemerken. Es geht von hier:
eine fahrende Post nach Königsberg über Rastenburg und Bartenstein, –
eine fahrende Post nach Gumbinnen über Oletzko, –
eine reitende Post nach Gumbinnen über Angerburg, –
eine reitende Post nach Grodno, Bialystok ec. –«
Cartwright nennt Gustav Bergenroths Geburtsort Oletzko/Marggrabowa eine »unbedeutende Stadt im entferntesten, traurigsten

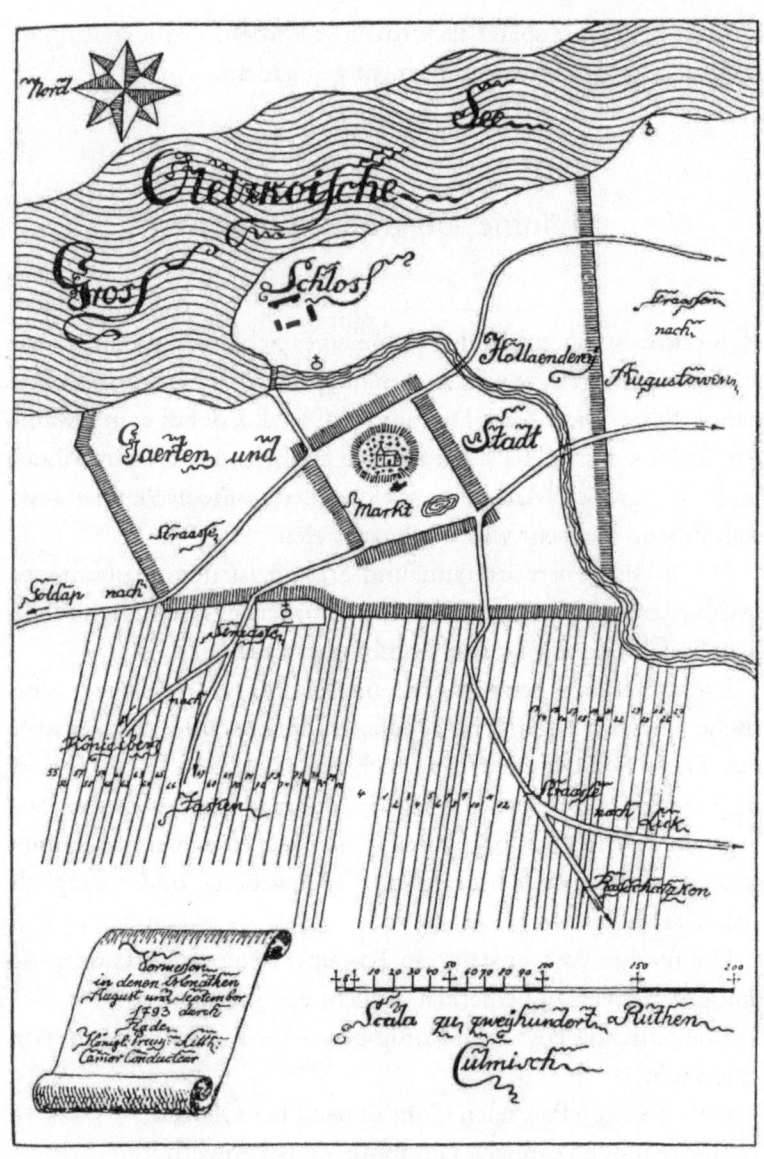

Abb. 5: Alter Plan von Oletzko, Bergenroths Geburtsort

Winkel von Ostpreußen, der sandigen, mit Föhren bedeckten Gegend an der Grenze zu Rußland, die Masuren genannt wird«, und Lyck (heute Ełk), wo er den größten Teil seiner Kindheit und Jugend verbrachte, nur »etwas weniger öde«. Dabei gehörten beide Orte noch zu den wichtigsten der Gegend, Oletzko mit seinem riesigen Marktplatz als Handelszentrum und Lyck mit Gymnasium und einem Lehrerseminar gewissermaßen als Athen Masurens, ein Name, der übrigens erst Ende der zwanziger Jahre des 19. Jahrhunderts in Gebrauch kam. Er leitet sich von Masovien her, einst ein Fürstentum des polnischen Königreichs, aus dem schon zur Zeit der Herrschaft des Deutschen Ordens Siedler gekommen waren.

Dieses Masuren war ein eigentümliches Gebilde, überwiegend protestantisch, multiethnisch und mehrsprachig, deutsch, polnisch, masurisch, litauisch. Polen selbst war von Preußen, Rußland und Österreich bei der dritten Teilung des Landes als Staat ausgelöscht worden. Die überwiegend bäuerliche Bevölkerung Masurens war ungebildet und arm. Ihre ›Befreiung‹ und die quälend langsam vorangehende Neuordnung der Besitzverhältnisse seit dem frühen 19. Jahrhundert führte viele aus den alten Abhängigkeiten in neue Not. Das Klima war hart – Oletzko war die kälteste Stadt Preußens –, der Boden karg, die Erträge waren aber auch infolge veralteter Anbaumethoden gering. Die Geschichtsschreiber der Region, die durch die Jahrhunderte eine nicht enden wollende Kette von Katastrophen registrierten – gleich dreimal im 17. Jahrhundert verheerende Tatareneinfälle –, haben immer wieder von Seuchen und Hungersnöten zu berichten, auch noch im 19. Jahrhundert. In Lyck raffte die Cholera 1831, als Bergenroth noch das Gymnasium besuchte, von 3000 Einwohnern 300 dahin, und 1844, als eine Überschwemmung des Flusses Lyck die Ernte vernichtet hatte, starben viele der Menschen, die hilfesuchend vom Land in die Stadt aufgebrochen waren, auf offener Straße den Hungertod.

Versetzung nach Preußisch-Sibirien war ein freundlicheres Wort für Verbannung. Aber Masuren stand auch für Freiheit und Abenteuer, lange bevor Friedrich Dewischeit, seit 1829 Lehrer am Gymnasium von Lyck, für die von ihm mitgegründete Corpslandsmannschaft Masovia das Lied schrieb, das zur masurischen Hymne wurde. »Wild flutet der See, / Drauf schaukelt den Fischer der schwankende Kahn. / Schaum wälzt er wie Schnee / Von grausiger Mitte zum Ufer hinan«, beginnt die erste Strophe, »Wild brauset der Hain, / dort spähet der Schütze des Wildes Spur. / Kühn dringt er hinein« die zweite, und die dritte und letzte schwärmt »Tal, Hügel und Hain, / Dort wehen die Lüfte so frei und so kühn. / Möcht' immer da sein.«

Um 1860, kurz vor Bergenroths Abreise nach Simancas, hielt sich der Schriftsteller Otto von Corvin-Wiersbitzki, ein ehemaliger Offizier und Altachtundvierziger, in London auf und aß in dieser Zeit öfter in einem »nicht sehr besuchten Speisehause« in der Nähe von *Regent's Circus*. Ihm gegenüber saß meistens ein Mann, der einem ihm höchst unsympathischen Genossen, Carl Heinzen, etwas ähnlich sah, weshalb er keine Lust hatte, eine Unterhaltung mit ihm anzufangen. Schließlich kamen sie aber doch ins Gespräch, und Corvin-Wiersbitzki entdeckte in dem falschen Carl Heinzen einen masurischen Landsmann und Mitschüler, der mit ihm Erinnerungen an einen großen Brand – und an ein Kindheitsabenteuer teilte: Gustav Bergenroth.

Gemeinsam mit mehr als einem Dutzend anderer Knaben waren sie mit dem Boot auf dem Lycker See unterwegs gewesen, als ein heftiger Gewittersturm aufkam. Die kleineren Kinder fingen an zu zittern und zu weinen und kreischten bei jedem Blitz- und Donnerschlag. Der siebenjährige Corvin, der das Unternehmen zu verantworten hatte, fürchtete sich auch, ließ sich das aber nicht anmerken, übernahm das Kommando und brachte sein nasses, verängstigtes Trüppchen schließlich glücklich an Land. Es war Nacht, als sie »weit ab von der Stadt, und naß wie gebadete Mäuse den Kahn verließen und ans Ufer banden«. Bergenroth – er war

Abb. 6: Die Schloßinsel von Lyck

ein Jahr jünger als Corvin, der ihn in seinem Bericht zu den wei-
nenden Kleinen zählt – erinnerte sich an dieses Erlebnis noch sehr
gut und versicherte Corvin, er habe ihn damals für seine Kalt-
blütigkeit bewundert und seitdem jedesmal, wenn er in Gefahr gewesen sei, als Vorbild vor Augen gehabt. Er erzählte Corvin viele
schier unglaubliche Geschichten aus seiner Zeit in Amerika, »allein wenn er auch eine ganz entfernte Aehnlichkeit mit Carl Heinzen hatte, so war er doch ein anständiger Mensch und machte den
Eindruck der Wahrhaftigkeit«.

Die Seen seiner Kindheit und Jugend haben Bergenroth geprägt, später hat es ihn immer wieder ans Wasser gezogen. Er fuhr
zur Erholung ans Meer, machte Urlaub auf Inseln, unternahm
eine Dampfschiffahrt auf dem Genfer See, wanderte an der Loire
entlang. Und nach der anstrengenden Arbeit im Archiv von Simancas entspannte er sich mit langen Spaziergängen an den nahe-
gelegenen Flüssen.

Eine Brücke führt auf die Insel im Lycker See zum Schloß, das
einst das Verwaltungszentrum des Bezirks war und der Amtssitz

von Bergenroths Vater, der hier Gericht hielt und seine Urteile verkündete. Später diente es dann als Gefängnis. Siegfried Lenz, der seine Kindheit in Lyck verbrachte, hat es in seinem Roman *Heimatmuseum* »das schönste Gefängnis Masurens« genannt. Heute wartet es auf Rettung vor dem Zerfall.

Gustav Bergenroth wuchs in einem kultivierten, gebildeten Elternhaus auf, mit den großen Werken der zeitgenössischen Literatur (unseren Klassikern) und der Liebe zur Musik. Was das Lycker Gymnasium ihm gab oder schuldig blieb, verraten uns seine Biographen nicht. Um so ausführlicher erzählen sie von dem väterlichen Erziehungsprogramm, das die Söhne auf einen neuen Freiheitskrieg vorbereiten sollte. Im Einklang mit dem »modischen Teutonismus« (wie Cartwright ironisch kommentiert) war ihm deren »Ertüchtigung« so wichtig, daß er das Jagdhandwerk erlernte, um sie »zur Abhärtung und Ertragung körperlicher Anstrengung selbst anzuleiten«. Auch im Winter wurden lange Jagdausflüge unternommen. Das Übungsgelände – der Abenteuerspielplatz – lag direkt vor der Haustür.

Die ›große Wildnis‹, die im Mittelalter am Rande des Deutschordensgebietes entstanden war und vom Adel als Jagdrevier genutzt wurde, ist im Laufe der Jahrhunderte durch Besiedelung immer mehr geschrumpft, aber im Grenzland von Ostpreußen, Polen, Litauen und Rußland gab es noch kaum erschlossene hügelige Landschaften aus Wäldern und Seen, Heide und Sümpfen. Die nördlich von Oletzko liegende Rominter Heide, in der sich Hermann Göring einen ›Reichsjägerhof‹ bauen ließ, wird bis heute von Jagdtouristen geschätzt.

»Diese Gegenden Europas sind lange von Eisbergen bedeckt gewesen, und ihre Landschaft hat die Strenge des Nordens. Der Erdboden ist hier im allgemeinen sandig und steinig, nur für den Anbau von Kartoffeln, Korn, Hafer und Flachs geeignet. Das erklärt, daß der Mensch die Wälder nicht vernichtet hat, die das Klima mildern und vor den Winden des Baltischen Meeres schützen. Man kann durch diese Wälder lange reisen, ohne die Augen zu ermüden, denn wie die menschlichen Siedlungen haben die Baumgemeinschaften ihre unwiederholbaren Eigenheiten, sie bilden Inseln, Archipele, hie und da erkennbar an einem Weg mit Wagenspuren im Sand, an einem Forsthaus, an einer alten Pechsiederei, deren zerfallene Öfen von Pflanzen überwuchert sind. Und immer, irgendwann, ist vom Hügel die Aussicht auf die blaue Fläche eines Sees mit dem weißen, kaum zu erspähenden Fleckchen des Haubentauchers, mit der über dem Schilf dahinziehenden Entenschnur. Hier in den Sümpfen brüten Sumpfvögel in Mengen, hier surrt zur Frühlingszeit vom blassen Himmel das sich immer wiederholende *wa wa wa* der Schnepfen. Dieses schwache Surren und das Balzen der Birkhähne, als ob irgendwo in der Ferne der Horizont koche, und das Quaken von Tausenden von Fröschen in den Wiesen (ihre Unzahl bestimmt die Menge der Störche, die auf den Hütten- und Scheunendächern nisten) sind hier die Stimmen der Jahreszeit, wenn nach heftiger Schneeschmelze die Dotterblume und der Seidelbast – kleine rosa-lila Blüten an den noch blätterlosen Sträuchern – blühen.«

Die wunderbar anschauliche Schilderung seines – und Bergenroths – Kindheitsparadieses, mit der Czesław Miłosz seinen autobiographischen Roman *Das Tal der Issa* beginnen läßt. Wie Gustav erlernt sein Protagonist Thomas das Jagdhandwerk, eine Schule, die ihnen die Sinne schärfte, die Ausbildung von Geduld, Widerstandsfähigkeit und Selbständigkeit förderte und sie in engen Kontakt mit der Natur brachte, für beide seitdem eine Quelle des Glücks. »Die Verzauberung, die man in sehr jungen Jahren erfährt, ist ein Sakrament, eine Erfahrung, die ein ganzes Leben lang weiterwirkt.«

»Gustav zeigte schon früh eine Neigung zum Außergewöhnlichen, und seine Phantasie war überaus lebhaft. Aus Spaziergängen vor das Thor wurden nicht selten ausgedehnte Streifzüge, auf welchen ihm zuweilen seltsame Abenteuer zustießen. So geriet er z. B. einmal als vierzehnjähriger Knabe nach einem meilenweiten Marsche, ohne es zu wissen, über die russische Grenze und wurde, da legitimationslos, von den Grenzkosaken verhaftet und konnte nur nach weitläufigen Vermittelungen aus dieser Lage erlöst werden.

Häufig bestand er ernstliche Fährlichkeiten, ebenso häufig war er der Beistand anderer. Er hatte die Gelegenheit so Manchen aus dringender Lebensgefahr zu retten, wie denn auch einer seiner jüngeren Brüder das Leben nur der Entschlossenheit, die er in seinem neunten Lebensjahr bewies, verdankt. Schreiber dieses fuhr einst mit ihm durch ein masurisches Dorf. Plötzlich ließ er den Kutscher halten. Ohne daß man die Veranlassung ahnte, sprang er vom Wagen, lief nach einem etwa hundert Schritte entfernten Bach und zog zur Ueberraschung seiner Begleiter ein mit dem Tode ringendes Kind aus den Fluthen. Aehnliche Fälle ließen sich leicht ein Dutzend zusammenstellen.«

Die Kindheit eines Helden! Trotzdem habe Gustav nichts »Wildes und Ungezügeltes« an sich gehabt, versichert uns sein Bruder, er sei im Gegenteil sanft und rücksichtsvoll gegen andere gewesen und schon früh »auf ernste Lebensziele hingerichtet« gewesen. »Oft hat er, während die übrige Jugend auf freien Plätzen lärmenden Spielen hingegeben war, zu den Füßen seiner Mutter, wenn sie mit häuslichen Arbeiten beschäftigt war, gesessen und ihr von großen Dingen gesprochen, welche er in seinen reiferen Jahren auszuführen gedächte.«

»Wo das Strenge mit dem Zarten/Wo Starkes sich und Mildes paarten/Da gibt es einen guten Klang«, heißt es in Schillers *Lied von der Glocke*. Ich weiß nicht, wie Bergenroth zu seinem Vater stand. Der verbitterte, von der Politik betrogene, in seinen Ambitionen frustrierte Mann hat es seiner Familie wahrscheinlich nicht leichtgemacht. Die Mutter Johanna, eine geborene Doerk, hat er geliebt. Sie ist wohl der wichtigste Mensch in seinem Leben gewesen. Warmherzig und gescheit, hat sie für die Stunden, da Gustav

bei ihr saß und seine Gedanken, Hoffnungen, Träume vor ihr aus-
breitete, das wunderbare Wort »klugkosen« erfunden.

Sehr geliebt hat Bergenroth auch die kleine, vierzehn Jahre jüngere Schwester Louise. Nach seinem Tod schrieb sie, daß er, »der
uns so theure Todte, der seiner Mutter stets der zärtlichste Sohn,
seinen Geschwistern stets der liebevollste Bruder gewesen« sei, namentlich »in [ihr], der jüngsten der Geschwister u. noch ein kleines
Kind, als [der] Vater starb, das Gefühl zu wecken u. stets zu erhalten
wußte, daß er die Stelle des frühverstorbenen Vaters ersetze«.

»Der liebevollste Bruder« auch den Brüdern? Man kann sich
vorstellen, daß die bei sechs Brüdern eigentlich unvermeidlichen
Rivalitäten zu Bergenroths ausgeprägter Streitlust beigetragen
haben.

Weltbürgerrepublik

»Auf sieben Hügeln, wie das alte Rom, liegt es in einer fast tel-
lerhaften, durch den glatten Pregelstrom belebten Ebene. Hoch
über die weitausgegossene Stadt ragen die Thürme des alten Rit-
terschlosses hin und erinnern herrisch sogleich an die Entstehung
des Preußischen Staates.«

Vermutlich im Spätsommer oder Herbst 1833 wird Bergenroth
die Postkutsche in die Siebenhügelstadt Königsberg genommen
haben, um an der dortigen Albertus-Universität, der Albertina,
Jura zu studieren, wie schon der Vater, der ältere Bruder Fritz, wie
etliche Verwandte. Er war zwanzig Jahre alt. Vom etwa 700 Kilometer (80 Meilen) und zweiundsiebzig Kutschenstunden entfernten Berlin aus gesehen lag der Ort im fernen Osten, nahe der her-
metisch abgesperrten russischen Grenze, von Masuren aus gesehen
aber war es die erste Station auf Bergenroths Weg nach Westen,

der ihn siebzehn Jahre später bis an die kalifornische Küste führen sollte.

Das Herz Königsbergs, sein politisches, wirtschaftliches, religiöses und intellektuelles Zentrum, war das unregelmäßige Viereck der Pregelinsel, der Kneiphof mit dem Rathaus, der Börse, dem Dom, der Wallenrodtschen Bibliothek und dem 1544 gegründeten Collegium Albertinum (oder Academia Albertina), der zweitältesten protestantischen Universität Europas, an der Königsbergs berühmtester Bürger, Immanuel Kant, gelehrt hatte. Brücken verbanden die Insel mit den anliegenden Stadtteilen. Im Westen, zwischen Krämerbrücke und Grüner Brücke, wo der Fluß ziemlich breit wurde, lag die Lastadie, der Binnenhafen der Stadt. Hierhin wurde mit kleineren Schiffen die Ladung der großen Segler gebracht, die draußen am Haff bei der Festung Pillau ankerten.

Königsberg war reich an historischen Denkmälern, aber es war das Wasser, das der Stadt Lebendigkeit und Reiz verlieh. Sie konnte fernwehkrank machen. Wenn der Pregel offen war, boten die Schiffe »eine jeden Augenblick sich verändernde Ansicht. Hier zur Rechten geht mit Schildkrötenlangsamkeit die Pfennigfähre über den einmündenden Pregelarm am Kai hin und her; dort fliegt ein Boot, von einem Matrosen gerudert, pfeilschnell über den glatten Fluß; dort sucht ein Schiff vor dem Speicher, aus dem es Waaren einnehmen will, zwischen den anderen Schiffen sich einzudrängen; da endlich segelt eines mit voller Ladung dem Haff zu und hinter dem Holländer Baum legen andere vor Anker, den Ballast auszukarren, der hier den Boden Amerika's, Norwegens, Hollands mit preußischer Erde mischt und wo beständig Schulknaben nach Muscheln und Schneckengehäusen suchen. Dieser Blick in das weite Wasser, dies Fortströmen mit den Wellen in das Meer, dies Vorempfinden des mächtigen Poseidaonischen Elements, dies Reiselustige der Wimpel und Segel der Schiffe, dies Verschwimmen der Abendröthe in dem fernen Spiegel ist höchst zauberisch.« So der Philosoph Karl Rosenkranz, der 1833 ans Albertinum berufen wurde, also im gleichen Jahr wie Bergenroth an die Universität kam. Seine so farbigen wie nachdenklichen *Königsberger Skizzen* sind eine rettende Arche für das alte Königsberg, das im Zweiten Weltkrieg endgültig zerstört wurde.

Seit 1829 war die Stadt Verwaltungssitz der (aus Ostpreußen und Westpreußen) neu gebildeten Provinz Ostpreußen. Ihr erster Oberpräsident Theodor von Schön leitete sie im Geiste Kants, der von hier aus die Aufklärung gepredigt hatte, vielleicht auch er schon inspiriert durch den *genius loci* einer lebhaften Handels- und Hafenstadt, dem sein Nachfolger Rosenkranz die geistige Regsamkeit, den Bildungshunger, die liberale Gesinnung und den Gemeinsinn der Königsberger zuschrieb. »Durch den Umstand, dass Königsberg nach Osten hin einen der letzten Grenzposten Deutscher Cultur und Sitte ausmacht, wird ein desto grösseres Interesse für alle Vorgänge in Deutschland selbst bewirkt. Der Handel aber, der nach allen Weltgegenden führt, der nicht blos nach America, England, Holland, Norwegen Getreide, sondern auch nach Guinea zum Schmuck der Negerinnen die beliebten Bernsteinkorallen sendet, erhält jene Aufgeschlossenheit für das Eigenthümliche aller Völker und für die alle angehenden Fragen, die wir oben schon berührten.« Da der Hof hier nur in Ausnahmefällen, etwa in Notzeiten residierte, fand »jede Aristokratie, welche sich auf etwas Anderes, als Bildung und Humanität, stützen will, kein rechtes Aufkommen«. Mit etwa 60 000 Einwohnern war die Stadt groß genug, um nicht in kleinstädtische Enge zu verfallen, und klein genug, »dem Einzelnen noch einen wirklichen Zusammenhang mit dem Ganzen zu bewahren«. Menschen vieler verschiedener Nationen, Glaubensrichtungen, Klassen fanden sich hier zusammen und boten unerschöpflichen Stoff für Betrachtungen. Es gab ausgezeichnete Konditoreien, eine lebendige Musikszene, schwimmende Märkte, ungezählte Bettler, eine liberale Presse – »Alles (fast alles) war anders in Königsberg.« Das ist der erste Satz von Jürgen Mantheys *Geschichte einer Weltbürgerrepublik*, die er in Biographien von Königsberger Bürgern erzählt, Menschen, die von ihrer emanzipatorischen Bildungsmacht entscheidend geprägt wurden, ob sie nur wenige Jahre in der Stadt lebten wie Heinrich von Kleist oder gebürtige Königsberger waren wie Hannah Arendt, die 1964 sagte: »In meiner Art, zu denken und zu urteilen, komme ich immer noch aus Königsberg.«

Entrepreneur

Gustav Bergenroth hätte nicht nur gut in Mantheys Portraitgalerie gepasst, er hat in seiner Königsberger Zeit sicher auch einige ihrer Protagonisten kennengelernt: den Oberpräsidenten Theodor von Schön etwa, Karl Rosenkranz, den Juristen und Politiker Eduard (von) Simson, den Vater der ersten deutschen Verfassung von 1849 (die nicht realisiert wurde), den demokratischen Arzt Johann Jacoby, vielleicht auch Fanny Lewald, die etwas später als Schriftstellerin bekannt wurde.

Die gute Gesellschaft der Stadt war gastfreundlich und öffnete ihre Häuser auch für die Studierenden, die stolz den Albertus, eine Anstecknadel mit dem Brustbild des Universitätsgründers, trugen. Zu Bergenroths Zeiten waren es zwischen 300 und 400, meist Landsleute aus der ostpreußischen Provinz. Die von den Studenten organisierten sommerlichen Gartenkonzerte und Winterbälle waren Höhepunkte des gesellschaftlichen Lebens. »Das vornehme und gebildete Publikum besucht diese Vergnügungen, und selbst hohe Herrschaften haben es nicht abgelehnt, die Studierenden mit ihrer Gegenwart zu beehren und ihnen über die dabei herrschende Sittlichkeit manches Schmeichelhafte zu sagen. Die Entrepreneurs dieser Vergnügungen werden durch gemeinsame Wahl ausersehen und die Universitätsbehörden halten darauf, daß sie unbescholten und achtungswert sind. Diese nehmen eine Ehrenstelle unter den Studierenden ein und werden zu großen Cirkeln, namentlich von dem kommandierenden Herrn General, dem Oberpräsidenten usw. eingeladen, kein Wunder, daß die Bewerbung um solche Stellen sowohl von einzelnen gesucht als von den Verbindungen mit Eifer befördert wird, sodaß oft Reibungen und stürmische Bewegungen entstehen.«

Bergenroth gehörte zu den Auserwählten. Haben wir ihn bisher als Einzelgänger kennengelernt, der tagelang allein durch die Wildnis streifte, begegnet er uns nun als geselliger Mensch, der beliebt und angesehen war. »Sehr gut aussehend, mit ganz außergewöhnlich gewinnenden Umgangsformen, temperamentvoll, unternehmungslustig, ein angenehmer Gesprächspartner und von guter Familie«, fand er schnell Eingang in die gute Gesellschaft.

Die meiste Zeit wird er mit seinen Corpsbrüdern von der Landsmannschaft Masovia verbracht haben, an deren Gründung sein Bruder Fritz beteiligt gewesen war. Die Masuren (Wahlspruch *Virtus contemnit mortem*) trugen eigentlich die Farben der französischen Trikolore, und in ihrem Liederbuch standen alle sechs Strophen der Marseillaise. Zur Tarnung – um jeden Verdacht revolutionärer Sympathien zu zerstreuen – nahmen sie dann die unverdächtigen Farben schwarz-rot-weiß an.

Anders als später, als Studentenverbindungen vielfach zu nationalistischen, reaktionären, rassistischen Zirkeln verkamen, waren sie in der ersten Hälfte des 19. Jahrhunderts als Brutstätten revolutionären Gedankenguts den Obrigkeiten ein Dorn im Auge. 1819 waren die Burschenschaften auf Grund der Karlsbader Beschlüsse verboten worden, aber trotz aller Repressalien bestanden viele von ihnen weiter, gingen in den Untergrund oder formten sich zu Kränzchen und Landsmannschaften um, weshalb bald »alle Studentenverbindungen geheimen politischen Verbindungen gleichgestellt wurden«. In Preußen ging man besonders nach dem Hambacher Fest (1832) scharf gegen die sogenannten Demagogen vor.

Im Königsberg Theodor von Schöns allerdings hat man die etwa 300 eingeschriebenen Verbindungen, die Masuren und Litauer, Balten und Pappenheimer und wie sie alle hießen, offenbar weitgehend gewähren lassen. Sicher auch, weil sie sich politisch zurückhielten und auf ihre sonderbaren, gemeinschaftstiftenden Mannbarkeitsprüfungen, ritualisiertes Saufen und Sichschlagen, konzentrierten. Es herrschte Duellpflicht. Jemand mußte nur »dummer Junge« oder »Kamel« (der Spottname für die nicht organisierten Studenten) zu einem sagen, und schon blieb dem so Beschimpften gar nichts anderes übrig, als seine Ehre mit der Waffe zu verteidigen. Mit dem idealistischen Überbau, den Bergenroths Bruder Fritz 1838 in einem »Spezial-Komment« für die Masovia formulierte, war es ihnen trotzdem Ernst: »Die Masovia fordert von jedem Einzelnen lebendiges Interesse am Ganzen, treue und brüderliche Gesinnung gegen alle Masuren und streng ehrenhaftes Auftreten nach außen, damit alle ein Band der Liebe und Freundschaft, ein Band froher, freier und ehrenhafter Burschengesinnung umschließt und fest und innig zusammenhält.«

Bergenroth stand seinen Mann beim Kneipen und ›Pauken‹ auf dem Fechtboden und wurde zum Chargierten, also in eine Führungsposition seiner Verbindung gewählt. Er soll es ziemlich wild getrieben haben. Im dritten Studienjahr wurde ihm bei einem Duell die Pulsader des rechten Armes durchstochen. Er überlebte seine schwere Verletzung, behielt aber eine Schwäche der rechten Hand zurück.

Als Anfang 1837 ein Student bei einem dieser eigentlich verbotenen, meist aber geduldeten Zweikämpfe ums Leben kam, hielt Karl Rosenkranz im Hörsaal der Albertina eine Rede, in der er sich entschieden gegen diese barbarische Sitte wandte (und auch gegen das gefährliche Kampfspiel der Mensuren). »Gestehen Sie es nur ein, meine Herrn, das jetzige Duell ist zur Armseligkeit heruntergesunken«, rief er aus und dekretierte: »Das Duell soll fernerhin nicht das höchste Kriterium der sittlichen Tüchtigkeit sein.«

Ob Bergenroth unter den Zuhörern war? Freilich, sein Studium hatte er schon im Vorjahr, 1836, mit der ersten juristischen Prüfung abgeschlossen und die mehrjährige, unbezahlte praktische Ausbildung vor dem Eintritt in den Staatsdienst als ›Auscultator‹ am Oberlandesgericht Königsberg begonnen. Wieviel Mühe es ihn kostete, was er von der Universität an Bildung und Erkenntnissen mitnahm und welche akademischen Lehrer ihn beeinflußten, verschweigen uns seine Biographen, vielleicht, weil er selbst gentlemanlike davon nicht sprach. »Er hatte die ungewöhnliche Fähigkeit, ernstem Fleiß den Anschein völligen Nichtstuns zu geben.« Sie berichten nur, daß er sich neben dem Studium auch in anderen Disziplinen weiterbildete, vor allem in den neueren Sprachen, die in den preußischen Gymnasien »gar nicht oder nur mangelhaft« gelehrt wurden.

Sicher wird er die überaus beliebten Vorlesungen von Eduard Simson besucht haben, der, nur drei Jahre älter als er, eine Blitzkarriere gemacht hatte. Mit 15 Abitur, mit 19 Promotion, nach einer ihm von oben verordneten Bildungsreise mit 21 Privatdozent an der Albertina, mit 25 außerordentlicher, mit 26 ordentlicher Professor ... Wie Rosenkranz und andere namhafte Königsberger Dozenten tat Simson sich »durch Popularität im edelsten Sinne des Wortes« hervor, was Rosenkranz dem universellen Bildungstrieb der Königsberger zuschrieb. »Popularität nicht als die triviale Salbaderei, welche den Leuten nur sagt, was sie schon wissen und es ihnen sogar, um das zweideutige Lob der Verständlichkeit einzuärnten, eben so wieder sagt, wie sie es wissen; Popularität nicht als schweifwedelnde Accomodation an vorauszusetzende Lieblingsmeinungen des Publikums oder gar als ein Blumenstrauß bildstrotzender, witzschillernder Phrasen – sondern Popularität als das Streben nach dem angemessensten und kürzesten Ausdruck, der immer zugleich auch sowohl der wirksamste als geschmackvollste ist.« Ein Stilideal, das sich Bergenroth zu eigen gemacht hat, wie seine Schriften zeigen.

Im Sommer 1838 bestand er das zweite juristische Examen; im Frühjahr darauf ging er als wie üblich unbesoldeter Referendar nach Köslin, »wohin ihn der damalige Präsident des Oberlandesgerichts von Bähr zog, mit dem er schon in Königsberg in nähere Verbindung getreten«.

Ober-Landes-Gerichts-Referendarius

Köslin, etwa 151 Kilometer nordöstlich von Stettin, 193 Kilometer westlich von Danzig gelegen, hatte etwa 8000 Einwohner. Ein Beamtenstädtchen in der pommerschen Provinz, das nach einem großen Brand im Jahre 1718 im »holländischen Geschmack« nüchtern mit »einförmig in gleicher Dachhöhe dahinlaufenden Häuserzeilen neu aufgebaut worden« war. Dafür entschädigte die romantische Umgebung. Nicht weit entfernt der Gollenberg, mit 144 Metern der höchste Berg des pommerschen Festlandes, im Osten und Süden große Buchenwälder, zwölf Kilometer nördlich liegt der Jamunder See, eine Lagune, die ein schmaler Dünenstreifen vom Meer trennt.

Hier, »wo ihm die besten Cirkel geöffnet waren und daneben ein munteres Zusammenleben mit gleichstehenden jungen Männern nicht fehlte, hat es ihm ausgezeichnet gefallen«, schreibt Bergenroths Bruder Julius. »Seinen Unterhalt freilich, für den er ganz allein zu sorgen hatte, mußte er sich durch zeitraubende Nebenarbeiten erwerben. Dabei konnte er doch im Sommer 1841 mit einer angesehenen, in Pommern ansässigen Familie eine Reise nach Dänemark, Schweden und Norwegen machen, von der er sehr befriedigt zurückkehrte. So war es denn natürlich, daß sich das dritte juristische Examen über die gewöhnliche Zeit hinausschob.« Ein leiser Tadel des Lehrers ist in dieser Entschuldigung nicht zu überhören.

Oeffentlicher Anzeiger

als Beilage zu No. 50.

des Amtsblatts der Königl. Regierung zu Cöslin

vom 15. December 1841.

—— № 50. ——

No. 1238) Es werden hierdurch sämmtliche Gläubiger des verstorbenen Justiz-Commissarius Müller in Lauenburg, welche an dessen Nachlaß, worüber der erbschaftliche Liquidationsprozeß eröffnet worden, Forderungen und Ansprüche zu haben vermeinen, hierdurch aufgefordert, in dem auf den 28. Januar 1842 Vormittags um 9 Uhr vor dem Deputirten beim Oberlandes-Gerichts-Referendarius Bergenroth angesetzten General-Liquidations-Termin zu erscheinen, ihre Forderungen anzumelden, die Urkunden worauf sich solche gründen vorzulegen, und sodann fernere Verfügung, bei ihrem Außenbleiben aber zu erwarten, daß sie aller ihrer etwanigen Vorrechte verlustig erklärt, und mit ihren Forderungen nur an dasjenige, was nach Befriedigung der sich meldenden Gläubiger von der Masse noch übrig bleiben mögte, verwiesen werden sollen. Cöslin, den 21sten September 1841.
Königl. Ober-Landes-Gericht. Civil-Senat.

No. 1239) Nothwendiger Verkauf. Land- und Stadtgericht zu Belgard. Die zum Nachlasse der Salz-Factor Johann Moeck'schen Eheleute gehörigen auf Belgardscher Feldmark belegenen Grundstücke nemlich die Ackerstücke No. 153 in Briesen, No. 294 in den Querkafeln, No. 338 vor der Pferdewiese, No. 300 in den Landkaveln, No. 118 im Fortkfelde, die Pommerschen Wiesen No. 89 und 90 und die Denzinschen Wiesen No. 201 und 204, abgeschätzt auf 231⅓ rtl., 47 rtl., 85 rtl., 249½ rtl., 143½ rtl., 154⅔ rtl., 154⅔ rtl., 105⅓ rtl. und resp. 153 rtl. zufolge der nebst Hypothekenschein und Bedingungen in der Registratur einzusehenden Taxe sollen am 22. März 1842 Vormittags 10 Uhr an ordentlicher Gerichtsstelle subhastirt werden.
Alle unbekannte Realprätendenten werden aufgeboten, sich bei Vermeidung der Präklusion spätestens in diesem Termine zu melden.

No. 1240) Nothwendiger Verkauf. Stadtgericht in Schlawe. Das dem Erbpächter Peter Volz gehörige, bei Neubeversdorff belegene mit 101 rtl. gewürdigte Erbpachtsgrundstück, dessen Taxe mit den Verkaufsbedingungen bei uns einzusehen ist, soll im Termin den 1sten Februar 1842 Vormittags

Abb. 7

Vielleicht hat Bergenroth in Köslin die unbeschwertesten Jahre seines Lebens verbracht. Dazu trug ein Machtwechsel in Berlin entscheidend bei. Nach dem Tod des preußischen Königs im Juni 1840 nämlich erwarteten sich die liberal gesinnten Bürger, besonders die Jugend, von seinem Nachfolger politische und soziale Reformen, an erster Stelle die Einlösung des vom Vater mehrfach gebrochenen Verfassungsversprechens. Friedrich Wilhelm IV. wurde als eine Art Heilsbringer mit Hoffnungen überfrachtet.

Auch der aus Köslin gebürtige Referendar Lothar Bucher wird sie geteilt haben, einer der Bergenroth »gleichstehenden jungen Männer«. Ihre Lebenswege haben sich dann noch einige Male gekreuzt. Erst in Berlin, wo Bucher wie er selbst zum linken Flügel der revolutionären Bewegung gehörte, und dann im Londoner Exil, wo Bucher sich als Journalist (er war Korrespondent der *Berliner National-Zeitung*) einen Namen machte. In den 1860er Jahren ist er wieder zurück nach Preußen und in die Politik gegangen und zum engen Vertrauten (›der rechten Hand‹) Bismarcks geworden.

Heinrich von Poschinger, der den Lebensweg Buchers in drei Bänden dokumentiert hat, hörte »von den Referendarien jener Jahre, daß sie ein munteres Völkchen waren, von dem Präsidenten von Bähr zu strammer Arbeit angehalten wurden, aber die Pflege der schönen Literatur nicht versäumten und aus Landrecht und *Corpus juris* Humor zu ziehen wußten«. Buchers jüngerer Bruder, Bruno, hat in seinen Erinnerungen die Akzente anders gesetzt. »Unter den Referendarien der kleinen Stadt war damals ein reges Leben. Sie beteiligten sich an allen geselligen Vergnügungen, sangen in der Liedertafel mit, aber sie interessirten sich auch mehr, als [damals] die Regel war, für öffentliche Angelegenheiten, lasen das damalige Hauptorgan des Liberalismus in Norddeutschland, die *Leipziger Allgemeine Zeitung* und sahen erwartungsvoll dem Umschwunge der Dinge entgegen, der von dem Thronwechsel gehofft wurde.«

Ob der Gerichtspräsident von Bähr mit ihnen sympathisierte, ist fraglich. Er hat für die Ursachen der gestiegenen Kriminalität unter anderem »das Schwinden der Distanz zwischen Gesinde und Herrschaft in den Städten« verantwortlich gemacht. »Die Bediensteten könnten lesen und schreiben, sie würden mit Sie angesprochen, gingen zu Bällen und seien im Festkleid nicht mehr von der Herrschaft zu unterscheiden.«

Mit wem hat Bergenroth seine große Nordlandreise unternommen? Die *Sundine*, das »Unterhaltungsblatt für Neu Pommern und Rügen«, meldete unter dem Datum des 24. August (1841) aus Stralsund die Ankunft des »Königl. Preuß. Post-Dampfschiffe[s] Königin Elisabeth, Führer: Capitain Klickow« aus Ystad. Unter den Passagieren befand sich auch »Hr. Ober-Landes-Gerichts-Referend. Bergenroth«. Er stieg im Hôtel de Brandenbourg ab.

Ystad in Südschweden sieht heute noch ähnlich aus wie zur Zeit Bergenroths. Seit Henning Mankell ausgerechnet dieses Bilderbuchstädtchen zum Ort gräßlicher Verbrechen und zur Wirkungsstätte des melancholischen Inspektors Wallander gemacht hat, ist es ein beliebtes Reiseziel von Literaturtouristen geworden.

Die große Klippe

Im August 1842 legte Bergenroth das Examen zum Assessor mit Auszeichnung ab. Wie einfach schreibt und liest sich dieser Satz, und wieviel Mühe steckt darin! Das »große Examen« nannte es der westfälische Freiherr Werner von Haxthausen, ein Onkel der Annette von Droste-Hülshoff, in einem Brief an seinen Bruder Moritz, dessen Sohn gerade zum Jurastudium nach Berlin gegangen war. »Halte ihn an, daß er, sobald er reif geworden, sein examen;

vor allem daß er gleich nach den ersten Arbeiten, etwa, wenn er einmal ein oder zwei Jahr als Referendar gearbeitet, das große examen mache; das ist die große Klippe, woran so viele scheitern; die meisten glauben sich allen Vögeln entflohen; wenn sie das erste examen gemacht, und nun als Referendare angestellt sind; sie arbeiten fleißig in den Collegien, vernachlässigen aber die theoretischen Studien, über die praktischen Arbeiten, und fürchten dann mit Recht das große examen, was doch allein Sicherheit der Anstellung giebt. Dann müssen sie endlich mit sehr untergeordneten Stellen sich begnügen. Die große Carriere bleibt ihnen verschlossen. Also frisch in den Studien fortgefahren, und so lange noch die collegien im Kopfe stecken, das große examen gemacht. Das ist die Hauptsache.« Zwischen 1841 und 1848 lag die Durchfallquote bei etwa zwanzig Prozent.

J. D. F. Rumpf, Königl. Preußischer Hofrath, braucht in seinem *Preußischen Sekretär*, einem *Handbuch zur Kenntniß der Preußischen Staatsverfassung und Staatsverwaltung*, mehr als eine Seite, um zu beschreiben, wie beschaffen die Klippe war, die von den Referendaren umschifft werden mußte, die sich durch Fleiß, ordentliches Betragen und einen »vorzüglichen Grad von Scharfsinn, praktischer Beurtheilungskraft, Rechtskenntniß, Deutlichkeit und Präcision des Vortrages« für die höheren Weihen des Justizdienstes qualifiziert glaubten.

Ein festes Gehalt bekamen auch die Assessoren erst einmal nicht. Wenn sie weiterhin »Fleiß und tadelloses Betragen« zeigten, hatten sie irgendwann Aussicht auf eine freigewordene Stelle. Ausschlaggebend war in der Regel die Länge der Dienstzeit. Um zweifelhafte Kandidaten, die es trotz aller Vorkehrungen bis hierher geschafft hatten, ausfindig zu machen – es sei Pflicht des Staates, so Rumpf, »den völlig Unwürdigen auszumerzen« –, gab es Kontrollen und Aufsichtsmittel in Form von »Instruktionsverzeichnissen«, »Referententabellen« und »Konduitenlisten«, in denen auch privates Fehlverhalten (wie Schulden, Verschwendung, Spiel und

»Trunkergebenheit«) verzeichnet und dem jeweils zuständigen Gerichtspräsidenten zur Kenntnis gebracht wurde.

In früheren Zeiten hatten die jungen Justizbeamten dieses System mit all seinen Härten hingenommen. In den ersten Jahrzehnten des 19. Jahrhunderts aber setzte eine Entwicklung ein, die die preußische Bürokratie in eine Krise stürzte. John R. Gillis datiert sie auf die Zeit zwischen 1840 und 1860, in einer Studie, die ihre Ursprünge akribisch rekonstruiert. Die zunehmende Akademisierung des Jurastudiums, eine Folge der preußischen Bildungsreformen, hatte zu einem höheren Ausbildungsniveau und einem damit gewachsenen Selbstbewußtsein der Studenten geführt. Daß das Dienstalter bei Beförderungen vor Verdienst gehen sollte, wurde von ihnen nicht mehr als selbstverständlich angesehen. Sie waren oft älter als die Vorgängergenerationen, denn seit 1834 war das Abitur unabdingbare Voraussetzung für ein Studium. Es gab viel zu viele Bewerber um viel zu wenige Stellen. Für die Referendare und Assessoren in der Warteschleife, die schauen mußten, wie sie finanziell über die Runden kamen, war die Situation besonders schwierig, aber auch Beamte im mittleren Dienst waren in der Bredouille. Bei gleichbleibenden Gehältern hatten sich die Lebenshaltungskosten zwischen 1820 und 1840 verdoppelt. Zugleich erwartete man ein standesgemäßes Auftreten. An Familiengründung war für viele nicht zu denken. Der liberale Zeitgeist gab den Existenzängsten den nötigen Resonanzraum. Das »intellektuelle Proletariat« der um ihren Status fürchtenden jungen Juristen hoffte auf gesellschaftliche Reformen und öffnete sich zunehmend sozialen radikalen Strömungen.

Daß ihre Arbeit sie mit den sozialen Problemen und Nöten der unteren Schichten und den politischen Mißständen sehr genau bekannt machte, hat dabei sicher auch eine wichtige Rolle gespielt. Unter seinen *Varia über Deutschland* notierte Friedrich Engels später:

»Noch 1848 Hauptausfuhrartikel von Deutschland – *Menschen,*

1. Die gewöhnliche Emigration; 2. Die Prostitution: In Ostpreußen förmliche Etablissements höheren und niederen Rangs, worin Mädchen zu Huren jeder Gattung und fit für anything [passend für alles] – vom Matrosenbordell bis zur jebildeten Kavaliermaitresse – ausgebildet und unter allerlei falschen Vorwänden ins Ausland geschickt wurden, wo die meisten erst ihr Schicksal erfuhren. Viele der gut Untergebrachten fanden sich dann und schrieben wohl gar der Maquerelle [Kupplerin] zärtliche Dankbriefe, worin ihre Hurenstellung stets verschwiegen, wo sie als Gouvernanten, Gesellschaftsdamen resp. als brillant verheiratet figurierten. Bergenroth war der Ansicht, daß dies alles nicht möglich war, ohne daß die Behörden – for a consideration? [für eine Gegenleistung] – ein Auge zudrückten, auch sei es bei gerichtlichen Untersuchungen stets sehr schwer gewesen Faßbares in die Hand zu bekommen.« Das ist in solchen Fällen auch heute noch so.

Seelenverwandte

Im Sommer 1843 wurde Assessor Bergenroth vermutlich auf eigenen Wunsch in die preußische Rheinprovinz versetzt, zunächst ans Landgericht Koblenz, im Spätherbst dann ans Landgericht Köln. Er war dreißig Jahre alt. In Berlin soll er zuvor »in Verkehr mit interessanten Ausländern« getreten sein, wie sein Bruder geheimnisvoll schreibt. Vor ihm lag eine aufregende, aufreibende, leidenschaftlich bewegte Zeit, die seinem Leben eine neue Richtung gab.

Die aus ziemlich unterschiedlichen Regionen zusammengesetzte Rheinprovinz nahm in jeder Hinsicht, geographisch, historisch, kulturell, ökonomisch und rechtlich, eine Sonderstellung in Preußen ein, dem es durch den Wiener Kongreß zugeschlagen worden war. (Preußen hätte lieber Sachsen bekommen.) Hier galten noch der fortschrittliche Code Napoléon als Zivilrecht und eine Gemeindeverfassung nach französischem Muster, waren die Ideale der Revolution lebendiger als anderswo (sieht man von den westfälischen Regierungsbezirken ab), gab es eine regierungskritische Opposition. In ihrem Sprachrohr, der in Köln erscheinenden *Rheinischen Zeitung*, die von vermögenden Geschäftsleuten finanziert wurde, manifestierten sich »zum ersten Mal liberale, radikal-demokratische und sozialistische Tendenzen. Die in der späteren Entwicklung führenden Köpfe des geistigen, politischen, literarischen und wirtschaftlichen Lebens – und zwar nicht nur des Rheinlandes – suchten hier einen Weg in die Öffentlichkeit, um mit ihren Ansichten und Plänen auf ein breiteres Publikum wirken zu können.« Eigens zur Diskussion der sozialen Frage trafen sie sich jeden Montag im Laacher Hof. Nach fünfzehn Monaten, die durch interne Richtungskämpfe, zunehmende Radikalisierung und ständige Auseinandersetzungen mit den Zensoren geprägt waren, wurde die Zeitung Ende März 1843 verboten. Ihr »doktrinäre[r] Mittelpunkt« war seit Mitte 1842 Karl Marx gewesen, der im Oktober 1843 ins französische, etwas später ins belgische Exil ging. Das traditionelle Montagskränzchen aber bestand auch nach dem Verbot der Zeitung weiter, und Bergenroth gehörte bald zu seinen Teilnehmern. »Einen besonderen Reiz erhielt der Verkehr in diesem Kreise noch dadurch, daß er sich häufig in den gastlichen Häusern von G. Jung und J. Bürgers abspielte, wo die geistvollen Gattinnen dieser beiden Männer den Mittelpunkt eines vielseitigen Gedankenaustauschs bildeten. Einer Schwester G. Jungs, einer schönen jungen Dame voll heiterer Laune und kecker Liebenswürdigkeit, wurde dabei vielseitig gehuldigt.«

Georg Jung, einer der Mitbegründer und Geschäftsführer (Geranten) der *Rheinischen Zeitung*, war tonangebend in diesem Kreis. Wie sein Schwippschwager Joseph Ignatz Bürgers war er Asses-

Abb. 8: Georg Gottlob Jung, Freund Bergenroths

sor am Landgericht Köln, also ein Kollege Bergenroths, der sich
eng an ihn anschloß und bald bei den Jungs ein und aus ging. Ihr
Haus lag am Neumarkt, im Herzen der Kölner Altstadt.

1814 in Rotterdam als Sohn eines vermögenden deutschen Kaufmanns und seiner holländischen Frau geboren, hatte Jung einen
großen Teil seiner Kindheit und Jugend fern von der Familie verbracht, weil die Eltern großen Wert auf seine Ausbildung legten
und ihn auf exklusive Schulen in Frankfurt und Dresden schickten, die der Reformpädagogik Pestalozzis verpflichtet waren. Danach begann er ein Studium der Rechtswissenschaften an der Universität Bonn, das er unterbrach, »um als Einjährig-Freiwilliger
im Bonner Ulanen-Regiment zu dienen«. Anschließend setzte er
seine Studien in Berlin fort, profitierte von den überaus beliebten
Vorlesungen des liberalen Juristen und Rechtsphilosophen Eduard

Gans und schloß sich den Junghegelianern an, der Name für die
›linken‹ Schüler und Anhänger Hegels, die dessen staatstragende
Philosophie zu radikaler Gesellschafts- und Religionskritik verschärft hatten. Auch Marx und Engels zählten damals dazu.

Nachdem Jung die große Klippe des dritten und letzten juristischen Examens zum Assessor glücklich umschifft hatte, heiratete
er seine Schwägerin Pauline Stein, die Tochter eines reichen Ban-
kiers, und »genoß die Flitterwochen mit ihr ein Jahr in Italien«.
1839 wurde die Tochter Anna geboren, sechs Jahre später noch ein
Mädchen, Hero, eine eigentümliche Namenswahl, die Spott her-
vorrief und zum elitären Image Jungs paßte.

Er war lebhaft, schlank, immer sorgfältig gekleidet, sein schma-
les Gesicht wurde von einem gepflegten Bart umrahmt. Politische
Gegner verspotteten ihn als Salon-Sozialisten, aber auch Gesinnungsgenossen wie Friedrich Engels und Edgar Bauer ließen ihn
in einem satirischen Versepos in dieser Rolle auftreten:

»Patriciermäß'gen Gangs ein Jüngling folgt aus Köln,
Zum Himmelreich zu arg, zu fein dem Schlund der Höll'n.
Aristokrate halb, und halb ein Sansculotte,
Ein feiner reicher Herr mit faltigem Jabote;
Doch seine Seele zählt der argen Falten mehr,
In seiner Tasche sitzt ein ganzes Teufelsheer
Mit goldigem Gesicht.«

Cartwright, alles andere als ein Freund sozialistischer Vorstellungen, imaginiert die Gesellschaft, in die Bergenroth nun eintauchte,
als eine Art Dauerparty vergnügungssüchtiger, vitaler junger Männer, typischer Rheinländer eben, die sich unter kräftiger Alkohol-
zufuhr ihren politischen und erotischen Phantasien und Passionen
hingaben. »Es war die Zeit, als Saint-Simon, der Père Enfantin
und ihresgleichen bizarre Gesetzbücher sozialer Ordnungen pu-
blizierten, die in Frankreich eine feurige Jugend begeisterten. Die
Anziehungskraft dieser leidenschaftlichen Bestrebungen verfehlte
ihre Wirkung auch nicht auf die Kreise in Deutschland, die oh-

nehin schon mit den abstrakten Prinzipien der französischen Demokratie sympathisierten. Die Doktrinen des Sozialismus wurden deshalb bereitwillig von den leichtlebigen Rheinländern gefeiert. [Bergenroth] fand sofort Seelenverwandte in dieser Gesellschaft und schloß enge, dauerhafte Freundschaften mit verschiedenen Personen beiderlei Geschlechts, sodaß die zwei Jahre, die er in Köln verbrachte, für ihn eine Zeit höchsten Genusses waren. Aber trotz großer Lustbarkeiten, wenn nicht sogar regelrechter Ausschweifungen gestattete Bergenroth es sich nicht, sich gänzlich der Jagd nach Vergnügungen hinzugeben; im Gegenteil, er kam in Verbindung mit den seriöseren Anführern der radikalen Partei, und mit der ihm eigenen Impulsivität verband er sich mit ihren Aktivitäten.«

Wer waren Bergenroths enge Freunde »beiderlei Geschlechts«? Besonders gut hat er sich offenbar mit dem Kölner Unternehmer und Politiker Gustav Mevissen verstanden, einem der Mitbegründer der *Rheinischen Zeitung*. Und sicher sind Jung – und seine Frau Pauline gemeint, die sich, wie es scheint, in Bergenroth verliebt hatte. Er sich auch in sie? Man weiß bisher nichts über ihre Beziehung, nur daß es sie gab und sich Bekannte von damals auch noch ein Vierteljahrhundert später daran erinnerten. Nachdem die Zeitungen 1869 Bergenroths Tod in Madrid gemeldet hatten, schrieb Friedrich Engels an Marx: »Ich bin nicht ganz sicher, ob der spanische Bergenroth der Bergenroth der Frau Jung ist. Ich meine, ich hätte gehört, letzterer sei nach Amerika.« Daß Marx ihm seinerzeit Bergenroths Rückkehr aus Amerika gemeldet hatte, war dagegen längst vergessen.

Hatte Cartwright ihn und Engels im Sinn (wenn er überhaupt an konkrete Personen dachte), als er von den »seriöseren Anführern der radikalen Partei« sprach? Das scheint mir fraglich, auch wenn sich Bergenroth tatsächlich für eine Zeit mit ihren Zielen und Aktivitäten verband, dabei freilich auf Abstand blieb. Die persönliche Bekanntschaft von Marx, der auch im Exil der Kopf, die unbestrittene Führungsfigur der linken Opposition geblieben war, machte er im Sommer 1844 in Paris. Das wissen wir, weil Jung Marx am Ende eines Briefes vom 31. Juli fragte: »Wie gefiel Ihnen der Bergenroth?« Etwas später hat Bergenroth dann auch Engels kennengelernt. Gefallen hat er offenbar beiden, und das gilt auch umgekehrt. Der scharfsinnige Analytiker und Büchermensch Marx und der lebenslustige Praktiker Engels verkörperten gewissermaßen zwei Seelen in seiner Brust.

Tatsächlich hat Bergenroth in Köln ernsthaft gearbeitet. Seine beruflichen Pflichten als Assessor erfüllte er offenkundig zur Zufriedenheit der Vorgesetzten, er engagierte sich bei humanitären Projekten (davon gleich mehr), und er arbeitete sich in neue Wissensgebiete ein. Der gleiche Drang, den Dingen auf den Grund zu gehen, der den Historiker Bergenroth später zu den Quellen von Simancas geführt hat, trieb den politischen Aktivisten zum Studium von Schlüsseldisziplinen wie Nationalökonomie (Volkswirtschaft), Statistik und Politik. Wer die Wirklichkeit verändern will, sollte erst einmal wissen, wie sie beschaffen ist. Und er muß sich Gedanken darüber machen, wie sie in Zukunft aussehen sollte – und könnte –, darüber also, wie sich Wunsch und Wirklichkeit versöhnen ließen.

Die Restaurationszeit war ein Nährboden für Sozialreformer und -utopisten. Es gab eine verwirrende Vielfalt von Analysen, Programmen und manchmal ziemlich bizarren Modellen und zahlreiche Versuche, sie in die Praxis umzusetzen, die meisten in Nordamerika, seit Jahrhunderten das Laboratorium schlechthin für utopische Experimente. Bergenroth hat sich wie viele seiner Landsleute (Heine etwa, aber auch der alte Goethe) besonders für die ›Industriereligion‹ der Saint-Simonisten interessiert, also der Schüler und Anhänger des französischen Aristokraten Henri de Saint-Simon. Wissenschafts- und fortschrittsgläubig, propagierten sie eine hierarchische, auf Leistung und Produktivität basierende Ordnung der Gesellschaft, deren Mitglieder gleichwohl in Brüderlichkeit und Liebe miteinander verbunden sein sollten. (In unserem Sozialstaat, der auf den Prinzipien von Leistung und Solidarität fußt, ist diese doppelte Zielsetzung in abgeschwächter Form erhalten.) Daß Barthélemy Prosper Enfantin, einer der Propheten des Saint-Simonismus, mit der Forderung nach »Emanzipation des Fleisches« aufgetreten war, machte die Bewegung zum Bürgerschreck. Möglicherweise also war Cartwrights Bericht über Bergenroths »Ausschweifungen« auch dessen Saint-Simonistischen Sympathien geschuldet.

Die Gründung einer Saint-Simonistischen Kommune in Frankreich scheiterte an den Behörden – und an Streitigkeiten ihrer Anführer über Sexualmoral und Frauenemanzipation. Um so erfolgreicher waren kommunistische Kommunen in Nordamerika, wie Friedrich Engels 1845 in einer längeren Abhandlung versicherte. Er zeichnete ein freilich arg geschöntes, allzu optimistisches Wunschbild, mit dem er den häufigen Einwurf widerlegen wollte, daß der Kommunismus zwar eine schöne Idee, es aber eine Unmöglichkeit sei, »dergleichen jemals in der Wirklichkeit auszuführen«.

Nicht unmöglicher freilich, als eine humanitäre Vereinsgründung im real existierenden Königreich Preußen!

Von Mensch zu Mensch

Mit einem zornigen Kampflied zogen Anfang Juni 1844 Weber im schlesischen Peterswaldau vor die Fabrik ihrer schikanösen Verleger, der Brüder Zwanziger, die mit fadenscheinigen Gründen selbst ihre Hungerlöhne noch kürzten und taub und blind für ihre Not waren ... So begann ein Aufstand, der schon nach drei Tagen vom preußischen Militär blutig niedergeschlagen wurde. Anders aber als bei früheren Revolten dieser Art, die weitgehend unbeachtet geblieben waren, fand er ein großes mediales Echo. Journalisten und Schriftsteller erregten mit erschütternden Berichten und Gedichten über die elenden Lebensbedingungen der Weber das Mitgefühl einer großen Öffentlichkeit und trugen zu deren Politisierung bei. Allzu offenbar war geworden, daß die ›soziale Frage‹ nicht länger ignoriert werden konnte, daß sie vielmehr die wichtigste Frage der Zeit war. Kriege, Handelssperren, Bevölkerungswachstum, vor allem aber Industrialisierung und Urbanisierung hatten einen großen Teil der Bevölkerung verarmen lassen. »Je größer die Ausdehnung der Industrie, je bedeutender und glanzvoller ihre Erzeugnisse wurden, desto tiefer ward auch die Kluft zwischen den besitzenden und nicht besitzenden Klassen. Reichtum, Ueppigkeit auf der einen, Noth und Elend auf der anderen, beide mit Riesenschritten zunehmend.«

Vor allem auf Betreiben des Pädagogen Adolph Diesterweg wurde im Oktober 1844 in Berlin ein »Centralverein für das Wohl der arbeitenden Klassen« gegründet. Mit verschiedenen Einrichtungen sollte die sittliche und wirtschaftliche Verbesserung dieser Klassen gefördert werden, etwa durch Sparkassen, Kranken-, Sterbe- und Pensionskassen, »die Anlegung von Schulen für die Fortbildung der in den Fabriken beschäftigten Kinder und von Bewahr-Anstalten für die Kinder der Fabrik-Arbeiter« und »die Verbreitung gemeinnütziger Kenntnisse durch Schriften und mündlichen Vortrag«. Nach Überzeugung der Gründer konnte ihr Projekt nur Erfolg haben, »wenn insbesondere für jede Provinz oder jeden Regierungsbezirk ein Provinzial- oder Bezirks-Verein sich bildet und sodann überall Lokal-Vereine entstehen, welche in unmittelbarem Verkehr mit den arbeitenden Klassen für das Wohl derselben thätig sind.«

König Friedrich Wilhelm IV. sprach sich lobend über das Unternehmen aus und stellte ihm 15 000 Taler zur Verfügung. Sein Innenministerium allerdings fürchtete mit gutem Grund, daß es zu politischen Zwecken mißbraucht werden würde. Es verweigerte dem Verein die Genehmigung. Doch schon waren dessen Anregungen andernorts begierig aufgenommen und modifiziert worden. Man stieß sich vor allem an der paternalistischen Haltung der Berliner Gründer.

Am 13. November 1844 schrieb Gustav Bergenroth in dieser Sache an Johann Jacoby in Königsberg. Zum erstenmal hören wir seine Stimme.

»Die Zeitungen enthalten kurze Andeutungen über einen so genannten Verein für das Wohl der arbeitenden Klassen, der in Königsberg gebildet wird. Ich vermute auch, daß dieser Königsberger Verein in manchen Punkten mit den Ansichten des Berliner Zentralvereins nicht ganz übereinstimmen dürfte. Hier in Köln ist nun ein ähnlicher Verein im Werke. Am letzten Sonntage (Nov. 10) haben wir die erste öffentliche Versammlung gehalten. Einer der größten Säle der Stadt war gedrängt gefüllt. Männer aus allen Ständen nahmen daran teil. Fast einstimmig war die Versammlung der Ansicht, daß es falsch sei, wenn man glaube, daß nur die sog. unteren Klassen leiden. Die menschliche Gesellschaft sei ein organisches Ganze, das an keinem Teil gesund sein könne, wenn auch nur ein Glied bedeutend leide. Wie das Übel also ein Gemeinsames aller Stände sei, so sei auch jeder nicht nur, was das Berliner Komitee sagt, berufen, sondern verpflichtet, dagegen nach Kräften anzukämpfen. Die Mittel der einzelnen seien nicht geeignet, große Zwecke zu erreichen; unter den gegebenen Umständen ein Verein, dem beizutreten jeder aufzufordern sei, am zweckmäßigsten. Alle Benennungen und alle Maßregeln, welche dahin gedeutet werden können, als wolle eine höhere und moralische Klasse einer niedrigeren und unsittlichen zu Hilfe kommen, müßten vermieden werden. Es solle vielmehr der Mensch dem Menschen helfend und Hilfe empfangend gegenübertreten.

Der Name ›Verein für das Wohl der arbeitenden Klassen‹ fand keine Beistimmung, weil er den obigen Grundsätzen nicht entspreche. Von den in Vorschlag gebrachten Bezeichnungen ist der

Johann Jacoby.

Abb. 9: Johann Jacoby, Arzt in Königsberg,
Vorkämpfer der demokratischen Bewegung

›Verein der Städte Köln und Deutz für gegenseitige Bildung‹ am
bemerkenswertesten.«

Die Statuten, so Bergenroth weiter, sollten von einem Komitee
ausgearbeitet werden. Dazu halte er es für zweckmäßig, sich mit
anderen Vereinen auszutauschen. Vielleicht könne Jacoby ihnen
mit Materialien oder nützlichen Hinweisen helfen, so wie sie umgekehrt bereit seien, ihm jede gewünschte Auskunft umgehend zu
erteilen.

Der Königsberger Arzt Johann Jacoby war ein menschenfreund-
licher, kluger, mutiger und bescheidener Mann, das, was man früher einen lauteren Charakter genannt hat. Wenn man die engagierte, dabei streng sachliche und überaus sorgfältige Biographie
liest, die Eduard Silberner ihm gewidmet hat, bekommt man die

größte Hochachtung vor diesem Mann, den man den Vater der deutschen Demokratie genannt hat. Anfang 1841 war er auf einen Schlag durch seine »ebenso mut- wie maßvolle Schrift« *Vier Fragen beantwortet von einem Ostpreußen* in deutschen Landen berühmt geworden. Sie war an König Friedrich Wilhelm IV. gerichtet, von dem er die Erfüllung der durch seinen Vorgänger gegebenen Verfassungsversprechen einforderte, also »gesetzmäßige Teilnahme der selbständigen Bürger an den Angelegenheiten des Staates«. In ganz Deutschland erregte er damit »ein ungeheures Aufsehen. Weder vorher noch nachher hat eine politische Flugschrift sich in Deutschland einer auch nur entfernt ähnlichen, blitzartigen Wirkung rühmen können.« Der König allerdings schäumte vor Wut und verlangte die Verfolgung und Bestrafung Jacobys, der Mitte März des Jahres wegen Hochverrats angeklagt wurde, ein Verbrechen, das mit dem Tod bestraft werden konnte. Das Urteil in erster Instanz lautete auf zweieinhalb Jahre Festungshaft wegen »Majestätsbeleidigung sowie wegen frechen und unehrbietigen Tadels und Verspottung der Landesgesetze und Erregung von Mißvergnügen«, doch Jacoby legte Berufung ein und war damit erfolgreich. Das Berliner Kammergericht sprach ihn im Januar 1843 einstimmig in allen Anklagepunkten frei. Es war nicht sein letzter Prozeß.

Das Herzstück der Kölner Statuten ist ein Maßnahmenkatalog »Zur Verbesserung des materiellen Zustandes« der besitzlosen Klassen, der weit in die Zukunft weist. Krankenkassen, Arbeitsämter, sozialer Wohnungsbau, Kantinen, Gewerkschaften ... Wie uns Historiker versichern, haben die preußischen Hilfsvereine zum erstenmal ein bürgerliches Sozialprogramm entwickelt, das danach ganz allmählich in die Praxis umgesetzt wurde, wenn auch nicht in allen Punkten und längst nicht überall auf der Welt.

»a) Einrichtungen, durch welche die Wirkungen vorkommender Unglücksfälle durch gegenseitige Unterstützung gemildert werden, z. B. die verschiedenen Arten gegenseitiger Unterstützungskassen, Kranken- und Sterbeladen ec.;

b) Einrichtungen zur vorschußweisen Gewährung von Kost und Obdach für augenblicklich arbeitslose;

c) Einrichtungen zur Auskunft für Solche, die Arbeit suchen und Arbeit geben, und zur Vermittelung zwischen beiden;

d) Einrichtungen, wodurch der Einzelne durch den Erwerb von Eigenthum Selbständigkeit erlangt, z. B. Sparkassen, Erwerbung von Ländereien und Gebäuden zur billigen Ueberlassung an Arbeiter ec.;

e) Einrichtungen, welche zu einer wohlfeilen und behaglichen Führung des Lebens dienen, z. B. gemeinschaftliche Speise-Anstalten, Anlage geräumiger und gesunder Wohngebäude, Ankauf von Lebensbedürfnissen im Großen und Verkauf im Kleinen, besonders für den Winter u. s. w.;

f) Einrichtungen, um den Arbeitserzeugnissen unmittelbaren Absatz an die Diejenigen zu verschaffen, die derselben bedürfen, z. B. permanente Industrie-Hallen, in denen die Arbeits-Erzeugnisse wie die Lebensmittel auf den Märkten verkauft werden u. s. w.;

g) Einrichtungen, welche es dem besitzlosen Arbeiter möglich machen, den Kampf der Concurrenz mit der Macht des Kapitals zu bestehen, z. B. Creditkassen, welche sowohl auf zu fertigende wie gefertigte Arbeit Vorschüsse leisten, Anstalten zur Beschaffung des Materials und der Werkzeuge, Vereinigung der einzelnen Arbeiter zu großen industriellen Unternehmungen u. s. w.«

Die preußischen Behörden freilich, die über die Genehmigung des Kölner Vereins zu entscheiden hatten, sahen in ihm eine potentielle Brutzelle klassenkämpferischer Agitation, schon der Name war ihnen verdächtig.

Bergenroth an Jacoby, am 2. Dezember 1844:

»Ich schicke Ihnen hier eine Abschrift der für den hiesigen ›Gemeinsamen Hülfs- und Bildungsverein‹ entworfenen Statuten. Der Name, der zugleich die Sache bezeichnen soll, war früher anders gewählt. Man nannte den Verein ›Gegenseitigen Hülfs- und Bildungsverein‹. Man wollte damit keine Gegenseitigkeit der verschiedenen Klassen ausdrücken, sondern andeuten, daß abgesehen von jeder Klasseneinteilung der Menschen die Bildung und daher auch die Hülfe nicht von einzelnen gebracht, sondern nur durch gemeinsames Streben gefördert werden könne. Die Regierung hat aber an dem ›Gegenseitigen‹ Anstoß genommen, sie wittert dahinter Kommunismus und meint, der Kommunismus sei politisch. Man will nun versuchen, ob der Ausdruck ›Gemeinsamer‹ mehr Glück machen wird. Die Beiträge von 5 S[ilber]g[roschen] und die monatlichen Generalversammlungen sind jetzt die schwierigsten Punkte bei der Bestätigung. Fünf Silbergroschen zahlt am Ende jeder arme Lump und kommt dann in die Versammlung und stimmt mit und wird am Ende noch in den Vorstand gewählt! Nein, so soll die Mitwirkung nicht verstanden werden! Vertrauen sollen die Proletarier haben. Ja, das ziemt ihnen, aber nicht mitreden. Der Punkt ist wichtig.

Der Statutenentwurf ist übrigens noch nicht einmal der Versammlung vorgelegt. Denn die Regierung hat die Statuten erst angefordert und bis auf weiteres jede Versammlung untersagt.«

Wie groß war die Hysterie der Regierenden, die sich schon an einem so christlichen Wort wie »gegenseitig« stießen! Das Hickhack mit den Behörden zog sich monatelang hin. Die ersten beiden Statutenentwürfe wurden abgelehnt, ebenso ein dritter, abgemildeter. Daraufhin wurde in drei Versammlungen (16. und 31. März, 13. April 1845) der dritte Entwurf neu beraten und wieder verschärft. So fand auch ein Vorschlag Bergenroths Berücksichtigung, der für die Gründung von Einrichtungen plädierte, »wodurch der wohltätige Einfluß des unmittelbaren Verkehrs von Menschen aller gesellschaftlichen Stellungen und Berufsgeschäfte sich wirksam zeigen kann«.

Die Vereinsgründer hatten inzwischen verstanden, daß es in Wahrheit nicht um die Statuten ging, sondern um die Frage »Werden die Vereine überhaupt genehmigt oder nicht?« Immerhin hatte sich der König ja für sie ausgesprochen, und an »eine Zurücknahme des königlichen Wortes« war doch nicht zu denken? Außerdem mußten doch auch die Mächtigen einsehen, daß sie angesichts des wachsenden Elends schon im eigenen Interesse nicht untätig bleiben konnten? »Der verflossene Winter mit aller Noth, die als Folge davon auftrat, wird wesentlich zur Nothwendigkeit der Genehmigung der Vereine beitragen«, versicherte der *Gesellschaftsspiegel*, eine neue, von Moses Hess herausgegebene Monatsschrift, allzu optimistisch. Wegen des »radikalen Geistes« der bisherigen Beratungen wurden weitere Zusammenkünfte der »Vereins-Mitglieder oder des provisorischen Komite's in Vereins-Angelegenheiten« verboten, etwas später wurden auch die Statuten endgültig abgelehnt.

Reformen also waren offenkundig unerwünscht. Dafür gab es dann einige Jahre später eine Revolution.

Suppenküche

»Die große Härte des verflossenen Winters hatte überall die Noth der arbeitenden Volksklassen aufs Aeußerste gesteigert«, meldete der *Gesellschaftsspiegel* im März 1845, als noch über Namen und Statuten des Hilfsvereins gestritten wurde. »Manche Arbeiter lagen fünf Monate stille und der Vorrath, welcher auf einen Winter von mittlerer Dauer bei den meisten Arbeitern berechnet war, reichte nicht hin, das Leben derselben während dieser langen Zeit ohne Arbeit, ohne Verdienst zu erhalten. Die Bewohner unserer Stadt, die bei allem Reichthum und Wohlstand in gewöhnlicher

Zeit gegen 20 000 Armen in ihren Mauren umfaßt, mußten eine solche Noth um so mehr empfinden, als ein großer Theil von den Arbeiten, die Schiffahrt und Handel mit sich führen, lebt und gerade diese Geschäfte beinah gänzlich darnieder liegen. Je länger der Winter dauerte, desto mehr stieg die Noth und der Monat März war daher der furchtbarste, weil die Meisten nicht allein ihren Vorrath gänzlich aufgezehrt hatten, sondern sogar genöthigt gewesen waren, ihre sämmtliche Habe, ja ihre nothdürftigsten Kleider zu versetzen, um ihr Leben fristen zu können. Die Armenverwaltung reicht schon im Gewöhnlichen nicht aus, um Nothleidenden zu helfen – obgleich ihre Hülfsmittel bedeutend genug sind – viel weniger in dieser außergewöhnlichen Noth. Der Allgemeine Hülfs- und Bildungs-Verein konnte noch keine Wirksamkeit entfalten, weil er durch mancherlei Hindernisse noch nicht bis zu seiner definitiven Constituirung gekommen war. – Umso erfreulicher war es, daß der ehrenwerthe Herr C. H. Dahlen die Initiative ergriff und ein ihm zugehöriges Haus unentgeltlich anbot, den Armen Obdach, Wärme und Speise zu gewähren. Alsbald sammelten sich viele Männer um ihn, unter ihnen auch der größte Theil des Comitees des Allgemeinen Hülfs- und Bildungs-Vereins und constituirten sich unter dem Namen ›Verein zur Abhülfe augenblicklicher Noth‹.« Unter den Vorstandsmitgliedern waren auch Bergenroth und Jung, der neben dem Arzt Carl d'Ester die treibende Kraft des Vereins war, durchaus nicht nur aus Altruismus. »Die erste Idee ging von einem verdorbenen Gastwirth aus, der sich bekannt machen wollte, wir hielten es für klug uns der Sache zu bemächtigen, und diese Inconsequenz zu begehen, um dadurch das Publikum desto heißer für unsern Hülfs- und Bildungs-Verein zu machen«, schrieb er am 7. April 1844 an Marx.

Damit soll das, was der Verein leistete, nicht geschmälert werden. Er hatte sich vorgenommen, anders, humaner mit den Armen umzugehen, als die öffentlichen Armenverwaltungen das für gewöhnlich taten. Hilfe nämlich sollte nicht länger an das Wohlverhalten der Hilfsbedürftigen gebunden sein. Allerdings hielt man es doch für klüger, sie nur mit Sachleistungen (»Speise, Trank, Obdach, Wärme und Kleidung«) zu unterstützen und ihnen kein Geld in die Hand zu geben. Sonst »sollte keine Beschränkung in irgend einer Weise eingeführet werden, jeder der kommt, sei willkommen, wer er auch immer sei, er bedürfe daher auch zu seiner Legitimation nichts anders als eines hungrigen Magens und eines frierenden Körpers. Alle sollten berufen, Alle auserwählt sein. Soweit es daher immer der Raum des Hauses gestatte, sollten Alle eingelassen, Alle Wärme und Nahrung finden in der festen Ueberzeugung, daß die große Mehrzahl gern ihren hungrenden und frierenden Mitbrüdern Platz machen würde, sobald sie selbst gesättigt und erquickt seien. Am 20. März ward die Anstalt eröffnet, über 1000 Menschen, Männer, Weiber, und Kinder wurden am ersten Tag gesättigt. Die folgenden Tage stieg die Zahl der Hülfesuchenden so sehr, daß an jedem der beiden Ostertage an 6000 Menschen gespeist wurde und später die Zahl noch immer zunahm. Ueber 1200 Portionen Suppe und über 600 Brode wurden täglich auf die erwähnten Anweisungen außer dem Hause vertheilt.

Auch diesem Verein hat es nicht an Gegnern gefehlt, die im alten Schlendrian der Armenverwaltung mit all ihren Controllmaßregeln ein Muster eines öffentlichen Armenwesens erblickten. Sie kämpfen gegen ein neues Princip an, das plötzlich praktisch und thatkräftig hervortritt, und in wenigen Tagen siegreich die alten Grundsätze zu Boden wirft. Die einfältige Eintheilung in verschämte und unverschämte Arme als Deckmantel eingerosteter Vorurtheile wird dabei angepriesen, als wenn nicht derjenige am Ersten unterstützt werden müßte, der durch die größte Noth bereits zu den sogenannten unverschämten Handlungen getrieben worden. Ich begreife es noch nicht, äußerte eine Frau, welche am ersten Tage heißhungrig über die Suppe herfiel, daß ich in dieser Zeit nicht zum Stehlen gekommen bin, würde ich es gethan haben und man hätte mich verurtheilt, ich würde wahrlich moralisch unschuldig ins Gefängnis geschleppt worden sein. – In dieser Aeußerung liegt die hinlängliche Würdigung jener erbärmlichen Eintheilung in verschämte und unverschämte Arme.«

Meetings

Nicht lange vorher, im Februar 1845, war Bergenroth bei einer anderen Unternehmung aufgetreten, wie es sie in Preußen noch nie gegeben hatte. Ihr Schauplatz war der Zweibrücker Hof in Elberfeld im Wuppertal, das erste Haus am Platz, das von der Witwe Obermeyer betrieben wurde. »In den letzten Wochen sind hier ungewöhnlich interessante Dinge vorgegangen, Dinge, von denen man fast sagen könnte: ›es ist nicht zu glauben, ohne es zu sehen‹, wie die Ausrufer von Jahrmarktsbuden zu sagen pflegen«, schrieb Adolf Schults im *Morgenblatt für gebildete Leser.* »Es wurde zu wiederholtenmalen in einem öffentlichen Lokale hiesiger Stadt eine Art communistischer Meetings gehalten. Die erste dieser Versammlungen war nur klein, da noch nicht Viele darum wußten; bei der zweiten fanden sich bereits an 200 Personen ein, und das drittemal war der Andrang so groß, daß bei weitem nicht Alle Platz finden konnten in dem sehr geräumigen Gasthaussaale. Den Impuls zu der Sache gaben zwei junge Publizisten, von denen einer, ein Rheinländer von Geburt, sich gegenwärtig in Elberfeld aufhält, während der andere in seiner Vaterstadt, dem benachbarten Barmen, wohnt. Ersterer ist der bekannte *Dr.* Heß, einer der Redakteure der weiland Rheinischen Zeitung; letzterer ist ein junger Kaufmann, der sich unter dem Namen Friedrich Oswald durch verschiedene Artikel in Zeitschriften, unter andern den deutschen Jahrbüchern, so wie durch ein paar kleine Broschüren bekannt gemacht hat.«

Friedrich Oswald war ein Pseudonym von Friedrich Engels. Daß Schults es in seiner Reportage gebrauchte, ist auffällig. Wollte er damit die Familie von Engels schützen? Schließlich war dessen Vater ein wohlhabender Fabrikant, gehörte also der Klasse an, gegen die der Sohn nun im Nachbarort agitierte. Erst vor kurzem war er wieder nach Hause gekommen, nach zweijährigem Aufenthalt in der Fabrikstadt Manchester, wo ›der Alte‹ (wie Engels gern sagte) mit seinem niederländischen Kompagnon einen Spinnereibetrieb besaß. Es war eine Lehrzeit für den künftigen Geschäftsmann und für den politischen Agitator gewesen, der sie zu gründlichen Recherchen über *Die Lage der arbeitenden Bevölkerung in England* nutzte. So der Titel des aufrüttelnden Buches, das er nach seiner Rückkehr (ausgerechnet) im Elternhaus verfaßte. Auf der Rückreise von Manchester hatte er einen Zwischenstop in Paris eingelegt, wo er mit Marx zusammentraf und beide feststellten, daß sie auf allen »theoretischen Gebieten« vollständig miteinander übereinstimmten. Der Beginn ihrer lebenslangen Arbeitsfreundschaft, die die Welt veränderte.

Schon bald nach seiner Rückkehr drängte es Engels – und fand er es klüger –, Barmen wieder zu verlassen und zu seinem neuen Freund zu reisen, der inzwischen in Brüssel lebte. Vorher aber hatte er in seiner Heimatstadt, gewissermaßen in der Höhle des Löwen, mit ebenjener Aufklärungskampagne über den Kommunismus Furore gemacht, die Schults im *Morgenblatt* »fast nicht zu glauben« fand.

Immerhin war das Wuppertal mit seinen zahlreichen Industriebetrieben auch als »deutsches Manchester« berühmt und berüchtigt und für ein solches Unternehmen prädestiniert. »Bekanntlich begreift man unter diesem bei den Freunden des Lichts sehr verrufenen Namen die beiden Städte Elberfeld und Barmen, die das Tal in einer Länge von fast drei Stunden einnehmen. Der schmale Fluß ergießt bald rasch, bald stockend seine purpurnen Wogen zwischen den rauchigen Fabrikgebäuden und purpurnen Bleichen hindurch; aber seine hochrote Farbe rührt nicht von einer blutigen Schlacht, sondern einzig und allein von dem vielen Türkischrot der Färbereien.«

Mit diesem Bild, das den Lesern die Zerstörungen der Industrie dramatisch vor Augen führt, beginnt ein Artikel über das Wuppertal, den Engels 1839 veröffentlicht hatte. Als eine Art Vorstudie für die große Sozialreportage, die er etwas später aus England mitbrachte, schildert er darin auch die miserablen Bedingungen, unter denen die Arbeiter im Wuppertal ihr Brot verdienen mußten. Kein Wunder, so meinte er, daß sie für das Opium der Religion besonders anfällig waren und dem in der Gegend grassierenden düsteren Mystizismus und Pietismus verfielen. Nun brachte er ihnen eine frohere Botschaft.

Als Veranstalter gewannen er und Moses Hess den Maler Gustav Adolf Köttgen, der die Versammlungen anmeldete, leitete und die Einladungen schrieb. Deren Adressaten waren freilich nicht die Arbeiter, sie gingen an das Bürgertum, an die Geschäftsleute und Honoratioren des Wuppertals, sogar an Vertreter der Justiz und den Elberfelder Oberbürgermeister Johann Adolph von Carnap, der es für klüger hielt, nicht hinzugehen, anschließend aber nach dem Hörensagen einen Bericht über die Versammlungen an den Königlichen Landrat des Kreises Elberfeld verfaßte. »In jener [ersten] Zusammenkunft sollen zwischen Vierzig und Fünfzig Personen anwesend gewesen sein, und der Herr Dr. Hess die Grundsätze des Communismus in einer Rede entwickelt haben, die von mehreren der Anwesenden ernstlich wiedersprochen wurde, woraus Discussionen entstanden, welche das Für und Wider während mehrerer Stunden entwickelten. Die Grundsätze welche entwickelt wurden sollten dieselben sein welche dem Communismus überhaupt angehören, nemlich Gemeinschaft aller Güter, Aufhebung des einzelnen Besitzstandes, wie aller Vorrechte und aller Stände, und Gleichheit der Rechte in jeglicher Beziehung.«

Nach allem, was man ihm erzählt hatte, war Carnap der Ansicht, daß die Agitation der Veranstalter ins Leere gelaufen war, vielmehr habe man ihre Ideen für undurchführbar oder lächerlich gehalten. Er sei der Überzeugung, »dasz die Gesinnung der hiesigen Bürgerschaft zu ehrenwerth und verständig« sei, »als dasz solche Besprechungen innerhalb dem Kreise, worin sie bis jetzt statt gefunden, nur irgendeinen Anklang finden würden. Für die Folgen aber, die etwa in den unteren Ständen so fortgesetzte Berathungen in einer Fabrikstadt, wie die hiesige, haben dürften«, wollte er die Verantwortung nicht übernehmen und forderte die Witwe Obermeyer deshalb auf, solche Versammlungen in ihrem Haus nicht mehr zu dulden, anderenfalls würde ihr die Lizenz entzogen werden.

Friedrich Engels freilich schickte euphorische Erfolgsmeldungen an Marx – »Man spricht von nichts als dem Kommunismus«, sogar das »dümmste, indolenteste, philisterhafteste Volk« fange an, sich dafür zu interessieren – und kündigte an, er habe vor, demnächst zu Marx nach Brüssel zu reisen. Und dann schreibt er: »Bergenroth erzählte mir ebenfalls er werde wahrscheinlich in einigen Wochen oder so nach Brüssel kommen. Er war, nebst einigen Düsseldorfern, bei unsrer zweiten Versammlung anwesend und hat mitgesprochen.« Bei ebendieser Versammlung wurde auch Engels' Abhandlung über die kommunistischen Kommunen in Nordamerika vorgelesen.

Wie wir hören, machten Bergenroth und ein anderer Jurist mit ihren »sehr freymüthigen« Vorträgen weit mehr Effekt als Hess und Engels, denen es an »eigentlichem Redetalent« mangelte. Bei diesem zweiten Juristen handelt es sich ziemlich sicher um Hugo Wesendonck (den Schwager von Wagners geliebter Mathilde), der in Düsseldorf praktizierte.

73

Unterwegs

Am Freitag, dem 19. September 1845 berichtete die *Gazette de Lausanne*:

»Das Dampfschiff *Helvétie*, das sich auf seiner üblichen Fahrt von Genf nach Villeneuve befand, ist bei stürmischem Wetter gegen ein herausragendes Objekt gestoßen, als es in den Hafen von Ouchy einfuhr, was zu einer größeren Havarie führte. Es scheint, daß der Kapitän im ersten Moment nur eine sehr ungenaue Vorstellung von dem entstandenen Schaden hatte, weil er das Schiff sofort weiterfahren ließ, im Glauben, die Berührung sei ohne Folgen geblieben. Aber als man auf der Höhe von Paudex, zwischen Lausanne und Lutry war, bemerkte man, daß Wasser hinten in den Schiffskörper eindrang. Die *Helvétie* musste sofort das Ufer ansteuern, wo man die Rettungsmaßnahmen ergriff, ohne daß es zu irgendeinem Unfall gekommen wäre. Am nächsten Tag erreichte die *Helvétie* Genf. Den entstandenen Schaden schätzt man auf mehrere tausend Franc.« Tatsächlich war das »herausragende Objekt« wohl der im Hafen von Ouchy liegende Dampfer *Léman* gewesen …

Wie dem auch sei, unter den Passagieren der *Helvétie* befand sich auch Gustav Bergenroth. Er war auf dem Rückweg von einer Reise, mit der er sich vor einem beruflichen Schiffbruch hatte retten wollen.

Im April 1845 nannte der Kölner Polizeidirektor Heister ihn und Jung »eifrige Anhänger« des Kommunismus, und als solche begegnen sie uns auch in dem Bericht, den der Berliner Polizeidirektor Duncker im Herbst 1845 über seine »zur Aufdeckung kommunistischer Umtriebe unternommene Reise« in den Westen Deutschlands verfaßte. Daß Friedmann berichtet, Bergenroth habe sich in Köln der »socialistischen Parthei« angeschlossen, steht dazu nicht im Widerspruch.

Denn tatsächlich gab es zu dieser Zeit noch keine eingeschriebenen Parteien und Parteiprogramme. Die Begriffe Sozialismus und Kommunismus wurden vielfach synonym gebraucht (wie auch heute noch), und der Liberalismus (ein Sammelbegriff für unterschiedliche Überzeugungen), mit dem es viele Schnittmengen gab, wurde gleich auch noch in den mit ›links‹ beschrifteten Begriffstopf geworfen. Mit dem Bündnis von Marx und Engels begann zwischen den oppositionellen Strömungen ein »Kampf von grausamster Selbstzerfleischung«, nach dem Motto, »die Nächsten sind die Fernsten«. Im *Manifest der kommunistischen Partei* (1848) hat Marx dann die Schafe des wahren, wissenschaftlichen Kommunismus von den Böcken der verschiedenen sozialistischen Irrlehren getrennt.

Ob nun Sozialist oder Kommunist oder Liberaler, durch seine Aktivitäten in Köln und Elberfeld hatte sich Assessor Bergenroth »in politischer Beziehung« einen Namen gemacht und war den Behörden als verdächtig aufgefallen. Seine »Stellung war kaum noch haltbar«. Deshalb hielt er es für klüger, für eine Weile abzutauchen, obwohl er diese Stellung eigentlich nicht mehr wollte und weil er nicht wußte, was er statt dessen wollte. »Seine ganze Geistesrichtung hat[te] eine Wendung bekommen, welche, wenn sie von Dauer blieb, ihn von der Laufbahn eines practischen Juristen abwendig machen mußte. Schon jetzt war er gegen seine Berufsstellung kühler geworden, und er blieb nur deswegen in derselben, weil er noch keine klare Perspective auf ein anderes, ihn ganz befriedigendes Ziel gewonnen hatte.« So nahm er erst einmal einen längeren Urlaub.

Friedmann zufolge ist Bergenroth zunächst nach Paris gereist, wo er »die Bekanntschaft einiger dortigen Sozialisten und Republicaner« gemacht habe. Vielleicht aber war das auch schon bei seinem Parisbesuch im Vorjahr gewesen, nach seinem Zusammentreffen mit Marx und durch dessen Vermittlung?

Julius Bergenroth, freilich immer darum bemüht, das politische Engagement seines Bruders herunterzuspielen, wußte oder erzählte davon nichts. Er machte aus Bergenroths Fluchtreise eine Lustreise und hatte damit wohl auch recht.

»Nachdem er gegen zwei Jahre in Cöln fleißig gearbeitet, erfaßte ihn die Sehnsucht nach dem fernen Süden, wohin es ihn schon lange gezogen, mit besonderer Heftigkeit. Er erlangte einen längeren Urlaub und machte sich im Mai 1845 zunächst nach Marseille und von da nach Italien auf. In Neapel, Sorrento und Rom hat er wonnereiche Tage zugebracht und die Briefe an seine Mutter und Schwester athmen die Lust, mit welcher ihn die Herrlichkeiten Hesperiens erfüllten. Auf der Heimreise über Genua, Venedig ec. hatte er auf dem Genfer See das Abenteuer, daß in Folge eines Zusammenstoßes zweier Dampfböte das seinige zum Sinken gebracht wurde. Niemand verlor zwar das Leben, jedoch büßte B., wie auch Andere das Gepäck ein. Der Zauber des Südens hatte B. so gefesselt, daß er den Urlaub nicht einhielt. Jedoch blieb dieser Fehler, einige augenblickliche Verdrießlichkeiten abgerechnet, ohne weitere Folgen für ihn.«

Bergenroth muß in Berlin einflußreiche Fürsprecher gehabt haben, auf deren »Verwendung« hin er wieder dem Kammergericht zugeteilt wurde, als immer noch unbesoldeter Assessor. Weil er hoffte, »bei Gelegenheit in den diplomatischen Dienst« hinübertreten zu können, setzte er seine sprachlichen und volkswirtschaftlichen Studien fort. In den Mittelpunkt seiner Interessen aber rückte nun die Statistik. Daß er sich damit weiterhin politisch engagierte, fiel niemandem auf. Im Gegenteil, der Staat unterstützte ihn dabei, in Gestalt des Statistischen Bureaus in Berlin, das ihn als Mitarbeiter gewann und 1847 zu Recherchen nach Paris schickte. Wieder eine Gelegenheit für Bergenroth, sein Fernweh zu stillen!

»Nach Besorgung des Geschäftlichen geht er in ein französisches Seebad und macht sodann von Paris aus einen Streifzug längs der Loire zu Fuß. Diesen Aufenthalt in Frankreich bezeichnet B. als einen herrlichen Genuß, und nur mit schwerem Herzen kann er sich losreißen, um nach Berlin in seine Einsamkeit, zu den Akten und seinen Büchern zurückzukehren.«

Die Wirklichkeit entziffern

»Es begab sich aber zu der Zeit, daß ein Gebot von dem Kaiser Augustus ausging, daß alle Welt geschätzet würde ...« Statistische Erhebungen, meist Volkszählungen, gab es schon im Altertum, aber erst seit der frühen Neuzeit erkannten die Regierungen die große Bedeutung und den Nutzen statistischer Daten und bildete sich die Statistik, heute allgegenwärtig, als Hilfswissenschaft von Politik und Geographie heraus. »Statistik, eine, dem Namen wie der Sache nach, ganz neue Wissenschaft«, schrieb im Jahre 1804 der Göttinger Historiker und Staatsrechtler August Ludwig von Schlözer, der ihr Wesen in dem Wort »StaatsKunde« prägnant ausgedrückt fand.

Lange lag die Erhebung statistischer Daten in der Hand des Staates (der ja auch in dem Begriff Statistik steckt). Der Öffentlichkeit waren sie nicht zugänglich. Die ›Statistischen Bureaus‹, die seit dem Anfang des 19. Jahrhunderts in vielen europäischen Staaten entstanden, gaben sich zwar offener, tatsächlich aber wurden die in ihrem Auftrag gesammelten Materialien weiterhin »ziemlich geheim gehalten«, besonders wenn sie Mißstände dokumentierten.

Es war und ist, wie Schlözer sagt: »Statistik und Despotism vertragen sich nicht zusammen. Unzälige Gebrechen des Landes sind Feler der StaatsVerwaltung: die Statistik zeigt sie an, controlirt dadurch die Regirung, wird gar ihr Ankläger: das nimmt der Despot ungnädig, der in solchen Angaben sein SündenRegister liest. Aber, ist die ehrliche Statistik von der RednerBüne geworfen: so schleicht sich ihre Bastard-Schwester, die *Chronique Scandaleuse,* hinauf, ruft Warheit und Lüge durch einander aus, und züchtigt in jedem Falle den Tyrannen.«

Wer bekannt oder gar berühmt werden will, sollte kein Statistiker werden. Seine Ermittlungen werden von anderen benutzt und sind meist schnell veraltet, interessant nur noch für den Historiker. Wer kennt schon den Freiherrn Friedrich Wilhelm von Reden, der der Verbreitung dieser »ganz neuen Wissenschaft« sein Leben widmete? Dabei waren »seine statistische Beschreibung des Königreichs Hannover, sowie seine Gewerbs- und Verkehrsstatistik des Königsstaates Preußen die ersten Versuche einer in alle Einzelheiten des Erwerbslebens eingehenden Darstellung eines größeren Staates, wozu das Material im Wesentlichen entweder von ihm *selbst* an Ort und Stelle erhoben oder doch aus unmittelbaren Quellen geschöpft wurde«.

Der Name seines Großvaters dagegen ist noch heute in aller Munde, auf Grund eines einzigen Buches und seines genial falsch (oder schief) gewählten Titels. Adolph Freiherr von Knigges Ratgeber *Ueber den Umgang mit Menschen* hat seinen Namen irrtümlich zum Synonym für Benimmbücher werden lassen. Wie er selbst in der Vorrede zur dritten Auflage schreibt, hätte der Titel eigentlich lauten müssen: »Vorschriften, wie der Mensch sich zu verhalten hat, um in der Welt und in Gesellschaft mit andern Menschen glüklich und vergnügt zu leben und seine Mitmenschen glüklich und froh zu machen.« Doch das wäre ihm zu geschwätzig und prahlerisch vorgekommen und hätte sein Anliegen auch nicht wirklich getroffen. Tatsächlich zielte das vom Geist der Aufklärung getragene Werk darauf, seine Leser mit einem *esprit de conduite*, mit Lebensart, auszustatten, der ihnen helfen sollte, sich in dem äußerst unübersichtlichen, gefährlichen Terrain der Gesellschaft zurechtzufinden und erfolgreich zu behaupten.

Warum war das gerade im »teutschen Vaterland« so schwierig? Knigge fand die Hauptursachen in der deutschen Kleinstaaterei und in dem »sehr merklichen Abstande der Klassen in Teutsch-

Abb. 10: Friedrich Wilhelm von Reden,
Statistiker, Freund Bergenroths

land von einander, zwischen denen verjährtes Vorurtheil, Erziehung und zum Theil auch Staats-Verfassung eine viel bestimmtere Grenzlinie gezogen haben, als in anderen Ländern«.

Jahrzehnte später, als das immer noch nicht viel anders war, versuchte Knigges Enkel auf ganz andere Weise seinen Mitbürgern Orientierungshilfen zu geben. Während jener auf Menschenkenntnis, also auf Psychologie, gesetzt hatte, glaubte von Reden an Fakten. »Mit Fleiß und Ausdauer wußte er die Erkenntniß aller Beziehungen und Verhältnisse im politischen, wissenschaftlichen und socialen Verkehr auf die in letzter Instanz entscheidenden Zahlen zurückzuführen. Es ist erstaunlich zu sehen, wie weit es *durch diesen einzigen Mann* die Privatstatistik brachte.«

Geboren 1804 auf dem von Redenschen Familiengut Wendlinghausen in Lippe-Detmold, war Friedrich Wilhelm von Reden im liberalen Geiste seines Großvaters erzogen worden. Nach dem Studium der Rechts- und Kameralwissenschaften trat er in hannoversche Staatsdienste ein. Er zeichnete sich »durch Fleiß, Ordnungsliebe, sowie ein besonderes Verwaltungstalent aus und bekundete eine Vorliebe für die Beschäftigung mit der Verbesserung des Zustandes der bedürftigen Volksklassen«. Als (gewähltes) Mitglied der hannoverschen Ständeversammlung konnte er auf die Gesetzgebung des Landes in diesem Sinne Einfluß nehmen, ebenso durch die Gründung eines Gewerbevereins für das Königreich Hannover. Als König Ernst August von Hannover im Jahre 1837 die Verfassung des Landes aufhob, kritisierte Reden diesen Willkürakt, fiel in Ungnade und ging nach Berlin. Seine wegweisenden statistischen Werke, mehr noch das Wohlwollen Alexander von Humboldts, der ihn als »freisinnig und geistesunabhängig« gerühmt hat, verschafften ihm einen Posten im Außenministerium, wo er »zur unmittelbaren Verwendung des Ministers, vorzugsweise für industrielle und Handelsangelegenheiten, gestellt wurde«.

1846 wurde auf seine Initiative der ›Verein für deutsche Statistik‹ gegründet, er selbst übernahm die Redaktion der Vereinszeitschrift. Unter dem programmatischen Motto »Forsche – prüfe – rede – hilf« sind zwei Jahrgänge erschienen, zu denen auch Bergenroth einige Beiträge und Rezensionen beigesteuert hat. Sein Debüt als Statistiker – eine Arbeit »Über deutsche Anstalten zur Förderung des Kredits« – fand in Fachkreisen Beachtung und die Anerkennung von Redens. Im Juli des Revolutionsjahres 1848 wurde Bergenroth dann sogar Herausgeber der Zeitschrift »in Vertretung des Dr. Freiherrn von Reden«, der als Abgeordneter des ersten deutschen Parlaments nach Frankfurt gegangen war. Das zeugt von der vertrauensvollen, freundschaftlichen Beziehung beider Männer, über die wir bisher leider nichts Näheres wissen. Nur, daß sie beide die Statistik als Instrument der Aufklärung und Basis politischer Entscheidungen für unentbehrlich hielten, auch und gerade in revolutionären Zeiten.

Brauchen wir die Statistik noch, sollen wir uns mit der Vergangenheit beschäftigen in Zeiten, da alle Verhältnisse anders werden sollen, fragt Bergenroth 1848 in seinen »Bemerkungen über die gegenwärtige Aufgabe der Statistik« und antwortet mit einem entschiedenen Ja. »Sie soll unserer Ansicht nach dazu behilflich sein, den Schutt des zusammengestürzten Gebäudes fortzuräumen und das Material zum neuen Baue herbeischaffen. Wegräumen soll die Statistik, indem sie schonungslos und ohne Rückhalt die Fehler und das Mangelhafte der bisherigen Einrichtungen durch die sachgemäße Darstellung der Verhältnisse selbst zu Tage fördert. Das Material für den neuen Bau liefert der Statistiker, indem er die Momente des Volkslebens verfolgt, welche uns auf die jetzige Stufe der Bildung und des Wohlstandes erhoben haben. In ihnen, in ihnen allein liegt die Bürgschaft einer gesicherten Zukunft. Der Versuch wäre thöricht, nun plötzlich mit der Vergangenheit abbrechen zu wollen. Unsere Kraft, weiter zu gehen, ist die Errungenschaft der verflossenen Jahrhunderte, und die Gesittung und die Einrichtungen, welche uns bis hierher geführt, werden uns immer weiter gehen lassen, wenn wir ihnen immer mehr Ausdehnung und eine größere Vollkommenheit geben.« Aber Bergenroth benennt auch die beiden Gefahren der Statistik, die als »Tabellenwesen zu beschränkten bureaumäßigen Zwecken« mißverstanden und im Interesse der Herrschenden manipuliert werden kann: »Durch Weglassen der weniger angenehmen Erscheinungen durch zu starkes Hervorheben der günstigeren Erfolge können richtige Zahlen falsche Resultate geben.« Ebendas bemängelte er als Rezensent an einer Publikation des Statistischen Büros in Berlin, das ihn im Vorjahr zu Recherchen nach Frankreich geschickt hatte: »Vor Allem vermissen wir in den Aufsätzen ein ernstes Bestreben um Ermittelung der Wahrheit«. Sie schienen ihm weniger »den Zweck wissenschaftlicher Erörterungen, als den der Rechtfertigung der Regierung« zu haben.

Mit dem Scheitern der revolutionären Hoffnungen endete Bergenroths Affäre mit der Statistik, von Reden blieb ihr treu. Es heißt von ihm, daß er »statistische Notizen wie ein Hamster aufspeicherte«. Mit Preußen allerdings war er fertig und Preußen mit ihm. Er zog nach Wien, verführt durch große Versprechungen, die nicht eingehalten wurden. Doch unermüdlich arbeitete er weiter. An einer vierteiligen *Allgemeinen vergleichenden Finanzstatistik*, deren letzte Bände posthum erschienen; an Werken über *Die Staaten des Stromgebietes des La Plata* und *Frankreichs Staatshaushalt und Wehrkraft unter den letzten vier Regierungsformen*, an einer dreibändigen *Erwerbs- und Verkehrsstatistik des Königreichs Preußens* und schließlich an einem Buch mit dem Titel *Deutschland und das übrige Europa*, das ein *Handbuch der Boden-, Bevölkerungs-, Erwerbs- und Verkehrsstatistik, des Staatshaushalts und der Streitmacht* sein sollte und ihn fast ruinierte, so aufwendig und teuer waren die Recherchen. Im Dezember 1857 ist er in Wien gestorben, »wie ein deutscher Schriftsteller stirbt – arm und nichts hinterlassend als seine Schriften, ein trauerndes Weib und drei unerzogene Kinder«.

Großvater Knigge hätte angesichts dieses trüben Endes eines tüchtigen, aufrechten Mannes vielleicht bekümmert festgestellt, daß dieser es eben nicht verstanden hatte, sich selbst gebührend zur Geltung zu bringen. Lautet doch der erste Satz des ersten Kapitels und die harte, schlichte Grundeinsicht seines *Umgangs mit Menschen*: »Jeder Mensch gilt in dieser Welt nur so viel, als wozu er sich selbst macht.«

Braune Augen

»Jung ist, wie Du vielleicht erfahren, nach Berlin ausgewandert«, schrieb der junge Kölner Arzt Roland Daniels im Januar 1846 an Karl Marx. »Weniger ist Dir aber bekannt sein Benehmen gegen uns, und dieses will ich Dir denunzieren. Nachdem er nämlich von seinen hiesigen Bourgeois-Bekannten durch ein solennes Mahl (Versöhnungsmahl?) Abschied genommen, hat er sich von hier plötzlich entfernt, weder uns Adieu sagend, noch daß wir auch anders, als durch Gerüchte von diesem Entschluße Kenntniß erhielten. Sein Freund Bergenroth dagegen, dem zu Liebe wie die Fama sagt, die Frau Jung auf der Abreise bestanden, hatte sich in letzter Zeit immer enger an uns angeschlossen, und gab als Motiv seiner Reise nach Berlin an, daß er dort mehr für seine Ideen thätig sein könne.«

Das wird neben dem Wunsch Paulines wohl auch ein Motiv Jungs gewesen sein. Zu seinen Vorhaben gehörte das großangelegte Buchprojekt einer *Geschichte der Frauen*, für das er eine gute Bibliothek brauchte, und die Königliche Bibliothek in Berlin war damals die größte in deutschen Landen. Erschienen ist davon 1850 nur der »Erste Theil«, der die *Geschichte der Unterdrückung der Frauen und ihrer allmähligen Selbstbefreiung bis zur Erscheinung des Christentums* behandelt. Es ist ein romantisches Plädoyer für die Emanzipation. Jung hielt Frauen nämlich für Wesen anderer Art, die feiner organisiert waren als die Männer und ihnen unter günstigen Umständen seelisch und moralisch überlegen. Ein Motto lieh er sich von dem Sozialutopisten Charles Fourier: »Die Veränderung einer geschichtlichen Epoche läßt sich immer aus dem Verhältniß des Fortschritts der Frauen zur Freiheit bestimmen, weil hier ein Verhältniß des Weibes zum Mann, des Schwachen zum Starken, der Sieg der menschlichen Natur über die Brutalität am evidentesten erscheint. Der Grad der weiblichen Emancipation ist das natürliche Maß der allgemeinen Emancipation.«

Frauen! Es gab zu dieser Zeit in Bergenroths Leben vielleicht schon eine andere Pauline. Wir wissen, daß er eine Zeitlang mit ihr verlobt war, daß er die Verlobung löste und daß diese Pauline darüber nie hinweggekommen ist, aber mehr auch nicht. Wie so oft bei dem Versuch, Bergenroths Lebensgeschichte zu rekonstruieren, muß ich mich mit Vermutungen begnügen. Glücklicherweise gibt es einige Zeugen, die von ihr, ihrer Familie und ihrem Umgang berichten und sie uns näherbringen. Damit erfahren wir aber auch etwas über Bergenroth. Nicht ohne Grund ist Goethes Aphorismus »Sage mir, mit wem du umgehst, und ich sage dir, wer du bist« zum geflügelten Wort geworden.

Seine Pauline also war die jüngste Tochter des Gutsherrn Abraham Hillmann und seiner Frau Henriette. Die Familie lebte in Nordenthal (heute Nory), das nur wenige Kilometer südlich von Oletzko/Marggrabowa lag und zum Justizkreis von Lyck gehörte, also dem Bezirk von Bergenroths Vater. Nachdem das Gut in den Besitz der Hillmanns gekommen war, hatte es sich zu einem ansehnlichen landwirtschaftlichen Betrieb entwickelt, mit den Katen der Pächter, dem Vorwerk, den Wirtschaftsgebäuden, dem Herrenhaus. Durch ihre erfolgreichen landwirtschaftlichen Neuerungen, zum Beispiel den Anbau von Klee und die Zucht von Merinoschafen, waren die Hillmanns weithin bekannt geworden und hatten Nachahmer gefunden. Sehr wahrscheinlich werden die Bergenroths mit ihnen gesellschaftlich verkehrt haben. Es gab nicht allzu viele gebildete Familien in der Gegend.

Einen Einblick in die Häuslichkeit der Hillmanns verdanken wir Julius Schumann, einem Mathematik- und Naturkundelehrer, der ironischerweise durch seine posthum (1869) veröffentlichten *Geologischen Wanderungen durch Altpreussen* zu einem Pionier der ostpreußischen Landeskunde geworden ist. Jahrzehnte vorher war er während seiner Studienzeit an der Königsberger Albertina durch den Tod seines Vaters in finanzielle Not geraten. Er mußte sein Studium abbrechen und sich 1830 als Hauslehrer verdingen. Der Entschluss, ein Stellenangebot in Masuren anzunehmen, ist ihm schwergefallen, »denn er sollte von seinen Freunden scheiden und unter Landwirten leben, gegen die er das damals wohl eher als heute zu entschuldigende Vorurteil hegte, daß sie aller Interessen bar und nicht viel mehr als Bauern seien. Und gar in Masuren! Der Name hatte zu jener Zeit, als es kaum passierbare Wege dorthin gab, einen gar üblen Klang. Wie angenehm überrascht war er nun, als er um Nordenthal eine anmutige und meist fruchtbare Gegend, in seinem Principal einen gebildeten, strebsamen Mann und in dessen Familie einen Kreis von liebenswürdigen und anziehenden Menschen fand. Der Hausherr pflegte an Winterabenden seinen Wirthschaftsbeamten Vorträge über Agriculturchemie zu halten und durch Experimente, so weit seine Apparate reichten, zu erläutern, und über das ganze Haus war ein lebhafter Sinn für Bildung verbreitet.«

So überraschend es für einen Königsberger Studenten war, in Masuren auf einen in »Agriculturchemie« gebildeten Landwirt zu stoßen, das, was man in Königsberg Jahre später aus Nordenthal hörte, war doch noch ungewöhnlicher. In seinen Erinnerungen berichtet der »Dichter und Richter« Ernst Wichert, daß er als Gymnasiast im Sommer 1848 zusammen mit einem aus Oletzko gebürtigen Schulfreund aus Neugier einen Besuch bei den Hillmanns machte.

»Eine Tochter des Hauses, Pauline, eben so schön als geistig begabt, aber zu phantastischen Ausschreitungen geneigt, stand in dem Ruf, einen kleinen Musenhof zu halten und alle schriftstellerischen Größen der Provinz darin um sich zu versammeln. Wir fanden dort wirklich August Wolf, Verfasser eines vielgepriesenen Bändchens Gedichte, und Albert Dulk, bekamen aber nur wenig von ihnen zu sehen und merkten, daß wir doch nur störten. Ludwig Walesrode ist dort ein beliebter Gast gewesen und schrieb zu

Ehren des Hauses sein Märchen »Der Storch von Nordenthal«. Die kleinstädtische Gesellschaft erzählte sich wundersame Geschichten von dem Verkehr dieser emanzipierten Schöngeister.« Es ist sehr wahrscheinlich, daß Bergenroth mit ihnen bekannt war.

Zu den Freuden historischer Forschungen gehört die Bekanntschaft mit interessanten, besonderen Menschen. In diesem Kapitel begegnen uns gleich mehrere. Der 1819 in Königsberg geborene Albert Dulk – der »wilde Dulk« – beeindruckte vor allem durch seine physische Präsenz. Er war ein bärtiger Hüne, athletisch, durchtrainiert, tollkühn, den man sich gut »mit der Keule des Hercules gewaffnet« denken konnte. Überlebensgroß waren auch Freiheitsdurst, Vitalität und sexueller Appetit dieses Kraftmenschen. Bekannt machte ihn 1843 sein Versdrama *Orla*, eine Männerphantasie, die das zweifelhafte *Viva la libertà* Don Giovannis in der Figur seines Helden feiert. 1848 veröffentlichte er das Drama *Lea*, das die Geschichte des Jud Süß Oppenheimer dramatisiert und sich für die Emanzipation der Juden engagiert.

1864 war Dulk dann Mitherausgeber der *gesammelten und nachgelassenen Schriften* seines Jugendfreundes August Wolf, der so ziemlich das Gegenteil von ihm selbst war. Nach einem abgebrochenen Medizinstudium war Wolf als Bibliothekar tätig gewesen, bis ihn ein »Brustleiden« dazu zwang, seine Stelle aufzugeben. Ein unruhiges Reiseleben folgte, doch die erhoffte Genesung – in Graz, Meran und anderswo – blieb aus. 1861 ist er im Alter von 55 Jahren gestorben. »Ein glühender Lebensdurst, ein hohes Gefühl für das Schöne, und ein scharfer Verstand, dem zersetzende Kritik zur Nothwendigkeit geworden, – die Mischung dieser Elemente brachte in ihm einen Konflikt hervor, der hindernd auf alle Thätigkeiten des Lebens wirkte.« So Albert Dulk über seinen klugen, unglücklichen Musenbruder. Zu Lebzeiten Wolfs war dessen »vielgepriesener« Gedichtband auch der einzige geblieben, weil er die

Grenzen seiner Begabung erkannt hatte. *Vor Gottes Gericht* heißt das heiter-wehmütige Gedicht, in dem er seine Abkehr von der Poesie rechtfertigt. Es sichert ihm einen bescheidenen Platz im Dichterhimmel.

»Emanzipierte Schöngeister«, die Formulierung, die Wichert für Paulines Salon findet, ist abschätzig gemeint, aber zutreffend. Der Zeitgeist hatte auch ein abgelegenes Gut in Masuren erreicht. Wie in den vorrevolutionären Salons in Paris gehörten auch hier die Liebe zur Freiheit und zur Poesie zusammen. (Das war auch noch über ein Jahrhundert später so. »Die Phantasie an die Macht!« war ein Schlachtruf der Pariser Studentenrevolution von 1968.)

Ein »emanzipierter Schöngeist« war auch der dritte von Wichert genannte Besucher von Pauline Hillmanns Salon: der Journalist und Schriftsteller Ludwig Reinhold Walesrode. Er war als Ludwig Isaak Cohen in Altona geboren worden und hatte sich durch die Taufe das Königsberger Bürgerrecht erkauft. Mit satirischen, regimekritischen Vorlesungen, Artikeln und Schriften wurde er über die Grenzen Preußens hinaus bekannt und den Behörden verdächtig. Seine *Unterthänigen Reden* (1843 in der Schweiz gedruckt) trugen ihm eine einjährige Festungshaft ein, doch die konnte ihn nicht zum Schweigen bringen.

In Königsberg war er bekannt wie ein bunter Hund. Er verstand es, sich in Szene zu setzen. »Schon seine Erscheinung auf der Straße hatte etwas Pomphaftes. Eine selbstgewisse Haltung erhöhte den Eindruck der malerischen Grandezza, er schien mit Fiesko zu sagen: ›Die Blinden in Genua kennen meinen Tritt.‹«

Ein Hang zur Übertreibung ist auch in Walesrodes Dichtung vom *Storch von Nordenthal* nicht zu verkennen. Er veröffentlichte sie 1857, drei Jahre nachdem er, der ewigen Schikanen der Behörden müde, von Königsberg nach Hamburg gezogen und Nordenthal zur Erinnerung geworden war. Er hat sie in Dankbarkeit der gastfreundlichen Familie Hillmann gewidmet. Im Mittelpunkt der Erzählung aber steht Pauline Hillmann, die er in Gestalt der Linda verewigt hat.

Sie »ist die jüngste Tochter der im ganzen Masurenlande bekannten und geehrten Gutsherrschaft von Nordenthal. Sie hat noch eine ältere und einzige Schwester, die heißt Emmy, und einen Bruder, Adolph, der, mit seiner Gattin im Seitenflügel des Herrenhauses als Verwalter angesiedelt, dafür sorgt, daß es dem Nordenthaler Gehöft nicht an Enkelkindern fehle. – Wir könnten von diesen Allen gar unendlich viel Liebes und Gutes erzählen, wenn unser Mährchen es nicht vorzüglich mit Linda zu thun hätte. Sie trägt einen weißen Helgolander Hut und eine violette Sammt-Kaçawaika, und ist so schön, so schön, als nur immer mährchenmöglich ist. Nur daß Linda nicht, nach Art der Edelfräulein und verwunschenen Prinzessinnen des deutschen Mährchens, die bewußten goldblonden Locken führt, nebst den dazu gehörigen hellblau himmelnden Augen. Ganz im Gegenteil knotet sich über Linda's sinnig feine Stirne ein dunkles Haargeflecht, unter dem ein Paar braune Augen traumverklärt in die wache, nüchterne Welt hinein dämmern. – Braune Augen, sie mögen Einem im Mährchen begegnen, oder im Romane, oder – was bei weitem vorzuziehen ist – im wirklichen Leben, träumen nun einmal immer: man muß sich ordentlich hüten, zu tief in sie hinein zu schauen, wenn man nicht selbst zum Träumer werden will.«

Der Helgoländer Hut könnte ein Geschenk von Gustav Bergenroth gewesen sein, der im Sommer 1849 mit Georg Jung auf der Insel Urlaub gemacht hat. Wenig später besuchte er seine Familie in Lyck und von dort aus auch Nordenthal – und Pauline. Da waren sie wohl schon miteinander verlobt.

Linda ist in Walesrodes *Storch von Nordenthal* nicht nur märchenhaft schön, sie hat auch ein weiches Herz. Doch ihr gut gemeinter, weltfremder Versuch, ein von seinen Eltern verstoßenes Storchenjunges zu retten, geht übel aus. Jungstorch Hans endet als Martini-Ersatz-Gänsebraten in den Mägen einer Zigeunerfamilie.

Abb. 11: Pauline Hillmann,
Bergenroths Verlobte

Die Anstifterin zu dieser Freveltat ist die böse Janowa, die den armen Hans mit der »ganzen wilden Leidenschaft ihres Stammes« haßt. Aus purem Neid, weil sie glaubt, er sei schuld, daß sich die Nordenthaler Herrschaft »nicht mehr um sie und die Ihrigen kümmerte, daß an diesen Storch alle die Wohlthaten verschwendet würden, welche ehedem ihr und der blinden Mutter und den Kindern zu Theil geworden. ›Wie rund er ist, und wie fett, weil wir darben und hungern‹, murmelte sie oft zwischen den Zähnen. ›Und rothe Winterstrümpfe stricken sie für ihn, und eine bunte, wollene Decke, und ich geh barfuß, und die Kinder gehn barfuß, und der Wind pfeift durchs Dach.‹ Dabei schüttelte sie ingrimmig die Faust gegen Nordenthal hin.«

In seinem zweifelhaften Märchen wollte Walesrode wohl den

harten Zusammenstoß von Poesie und Prosa inszenieren, aber etwas von der Verbitterung der Zigeunerin hat auch in ihm gesteckt, schließlich gehörte er ja auch zu einem verachteten Volk. Es fehlt nicht viel und seine Verklärung der idealistischen jungen Frau mit den braunen Augen schlüge in Kritik an der Sentimentalität der Besitzenden um. Vielleicht aber konnten und sollten Eingeweihte die Geschichte auch als Allegorie auf das traurige Ende von Lindas–Paulines Liebesträumen lesen?

Im Gutshaus von Nordenthal hing früher Paulines Portrait, das wahrscheinlich im Ersten Weltkrieg zerstört wurde. Immerhin hat sich ein Foto erhalten. Was für ein anziehendes Gesicht! Klug, entschlossen, fast ein wenig trotzig, aber auch nachdenklich und sensibel, eine starke, verletzliche Person. Unter den streng in der Mitte gescheitelten, zurückgenommenen Haaren eine klare, hohe Stirne, fein gezeichnete Brauen, halb gesenkte Lider über den braunen Augen.

Barrikaden des Herzens

»Da plötzlich bricht der politische Sturm in Paris los, und B. horcht gespannt auf; die Wetter ziehen näher; in Wien kommt es zum Ausbruche, auch in Berlin sinkt das alte Regiment. Was er oft geträumt, das tritt jetzt als vollendete Thatsache vor ihn hin. Er taucht mitten in den Strom der Bewegung.« So sein Bruder Julius.

»1848 fegte ein gewaltiger Revolutionssturm über Europa hinweg. Mit erstaunlicher Geschwindigkeit stürzten in Paris, Mailand, Venedig, Neapel, Palermo, Wien, Prag, Budapest, Krakau und Berlin Zehntausende radikaler Arbeiter und liberaler Bürger die alten Regierungen und machten sich ans Werk, eine neue, liberale Ordnung zu schaffen. Seit der Französischen Revolution von 1789 hatte Europa keine derart dramatischen politischen Ereignisse mehr erlebt – und sollte sie auch bis zu den Umwälzungen von 1989 in Ost- und Mitteleuropa oder vielleicht bis zur weniger weitreichenden bolschewistischen Revolution von 1917 nicht mehr erleben. Die Lawine zerschmetterte die konservative Ordnung, die seit dem Ende der Napoleonischen Kriege 1815 auf dem Kontinent für Frieden gesorgt, in vielen Ländern allerdings auch die Träume von nationaler Freiheit und konstitutioneller Regierung unterdrückt hatte.« So der englische Historiker Mike Rapport in einem 2008 erschienenen Buch über das Revolutionsjahr 1848. Er schrieb es, weil es ihn reizte, eine oft erzählte, äußerst komplizierte Geschichte auf unterhaltsame Weise neu zu erzählen, aber auch, weil die Revolutionen von 1848/49 »auf entsprechende Resonanz in der Gegenwart stoßen«.

Man kann das auch deutlicher formulieren, wie der Journalist Benedikt Erenz. Unter dem Titel »Keine Ahnung, nie gehört« beklagte er 2016 die kollektive Unwissenheit der Deutschen über die Geschichte ihrer Demokratie. Diese sei nämlich keineswegs ein Geschenk gewesen, das die amerikanischen Missionare 1945 »nach Dunkeldeutschland« gebracht hatten, wie es die Gründungslegende der Bundesrepublik nahelegt. Ohne diese einst von den 48ern erkämpfte »parlamentarische Erfahrungsbasis hätte das Grundgesetz, hätte unsere Republik von 1949 trotz ›Wirtschaftswunder‹ überhaupt keine Chancen gehabt«, stellt er fest. Und fragt: »Die faszinierende[n] Biographien und Schicksale, die sich mit dieser Geschichte verbinden«, wer kennt sie schon, »warum nur sind sie in Deutschland vergessen«? Zu diesen Vergessenen gehört auch Gustav Bergenroth.

Die Revolution in Paris begann am 21. Februar mit Unruhen, es kam zu Straßenkämpfen, am 24. Februar dankte der König ab und floh ins englische Exil, am 27. Februar wurde die zweite französische Republik ausgerufen …

Verschiedene Umstände verzögerten die Nachrichtenübermittlung nach Berlin. Um so stärker wirkte die Fülle sensationeller Neuigkeiten, die am Sonntag, den 28. Februar über die Berliner hereinbrach. Für den Chronisten begann damit eine neue Epoche der Stadtgeschichte: »Die gewaltigen Eindrücke des Tages, in dessen Verlauf die Nachrichten von zwei Ministerwechseln, einem Thronwechsel, dem Umsturz des Thrones, die Nachrichten einer neuen Revolution in Frankreich dort ankamen, machten die Gemüther revolutionär.« Jeden Tag trafen neue Meldungen ein, die diese Stimmung nährten, gab es Bürgerversammlungen, wurden Petitionen an den König verabschiedet, die die immer gleichen Forderungen enthielten: Pressefreiheit, Freiheit der Meinungsäußerung, Versammlungsfreiheit, die Reform des Justizsystems, freie Wahlen, vor allem aber die Einlösung der Verfassungsversprechen seines Vaters. Der verunsicherte König, hin- und hergerissen zwischen Hardlinern und gemäßigten Beratern, zog zusätzliche Truppen nach Berlin. Zwischen Militär und Bevölkerung gab es blutige Zusammenstöße. Am 16. März wurde aus Wien der Sturz Metternichs gemeldet. Es brauchte nur noch den sprichwörtlichen Funken, um auch in Berlin die Lunte zu entzünden.

Am 18. März, einem Samstag, war es dann soweit, wie so oft in solchen Fällen durch eine Verkettung von Zufällen und Mißverständnissen. Vor dem Berliner Schloß hatte sich im Laufe des Vormittags eine große Menschenmenge versammelt, Delegationen aus Köln und aus Berlin überbrachten Petitionen, der König versprach die Gewährung aller nötigen Freiheiten. Die Stimmung war »freudig« und keineswegs aggressiv.

Gegen Mittag gelang es der reaktionären Partei, eine vorübergehende Abwesenheit des auf Versöhnung bedachten Oberbefehlshabers, des Generals Ernst von Pfuel, zu nutzen und einem der ihren, dem General von Prittwitz, das Kommando zu übertragen. Als der König ihm den Befehl gab, den Schloßplatz »zu säubern«, ritten seine Dragoner mit gezogenem Säbel in die Menge. Die

Abb. 12: Barrikade in der Breiten Straße in Berlin, 1848

Infanterie wurde in Bewegung gesetzt. Kurz danach fielen in der Nähe zwei Schüsse.

Bis heute ist nicht geklärt, wie es dazu kam. Einen Befehl von oben scheint es nicht gegeben zu haben. »Die Schreie der Wut und Erbitterung pflanzten sich durch alle Straßen fort. Man rief ›Meuchelmord‹ – obgleich niemand durch die ersten beiden Schüsse verletzt worden war. Der Eindruck der Bevölkerung war, daß trotz aller Zugeständnisse das Militär genau wie an den Tagen vorher auf die Bürger losgelassen wurde. Die böse Absicht schien bewiesen. Wenn jetzt der König sich zu Pferde gezeigt hätte und ein Wort der Beruhigung und Aufklärung gesprochen worden wäre – vielleicht hätte die Ruhe wiederhergestellt und das Blutvergießen verhindert werden können. Der König blieb aber im Schloß und ließ den Dingen ihren Lauf.«

Die Straßen von Berlin wurden zum Schlachtfeld. Die Barrikadenkämpfe dauerten bis um fünf Uhr am nächsten Morgen. Einen Sieger gab es nicht, aber viele Opfer, die meisten davon Zivilisten, unter ihnen auch Frauen und Kinder. Über ihre Zahl gibt es nur Schätzungen. Veit Valentin, der Verfasser einer akribisch recherchierten, lebendig erzählten Revolutionsgeschichte, spricht von etwa 230, der Historiker Rüdiger Hachmann von 277 Toten. Jedenfalls waren die Märzgefallenen in den Tagen und Wochen nach den Kämpfen das größte Kapital der Revolutionäre. Der König gab ihren Forderungen nach, befahl den Abzug der Truppen aus Berlin und gestattete den Aufbau einer Bürgerwehr, zu der auch Bergenroths Freund, der Freiherr von Reden, als Zugführer gehörte. Am Nachmittag des 19. März brachten die Straßenkämpfer die mit Blumen, Zweigen und Lorbeer geschmückten Leichen der Gefallenen teils auf Bahren, teils in offenen Wagen auf den Schloßhof.

»Eine Bahre wurde neben die andere gestellt, und die Träger verkündeten laut, um wen es sich handelte: ›15 Jahre alt, mein einziger Sohn.‹ – ›Ohne Pardon niedergetreten, nachdem er sich ergeben hatte.‹ – ›Ein Familienvater von fünf unerzogenen Kindern.‹ – Die Erregung steigerte sich, und plötzlich schrie es gellend: ›Der König soll kommen.‹ Die Forderung wiederholte sich immer leidenschaftlicher. Endlich erschien Friedrich Wilhelm, am Arm die Königin. Der König litt schwer, er hielt sich mit Mühe, die Königin war totenbleich, am Zusammensinken. Nun wurden ihm die Leichen entgegengehalten, ein Gefallener streckte in der Totenstarre schauerlich die gekrampfte Faust in die Luft, die Frauen jammerten, die Männer stießen Drohungen aus. Auf den Ruf ›Hut ab!‹ nahm Friedrich Wilhelm die Militärmütze ab. Er wollte reden, aber der Lärm übertönte ihn. Als Mensch und Christ glaubte er, sich vor der Majestät des Todes gebeugt zu haben, die alles eint und alle versöhnt – die Volkskämpfer hatten aber nun erzwungen, daß der Monarch den Opfern seiner eigenen Truppen Reverenz bewies. Es war eine persönliche und politische Bemütigung sondergleichen. Nun war dieser preußische König wirklich besiegt wie nie ein Fürst.«

Am Morgen des 21. März wurde dem Volk auf einem Plakat bekanntgemacht, Preußens König habe sich »zur Rettung Deutschlands an die Spitze des Gesamtvaterlandes gestellt. Ihr werdet ihn mit den alten ehrwürdigen Farben deutscher Nation noch heute zu Pferde in eurer Mitte erblicken.« Und so geschah es denn auch. Der König ritt an der Spitze eines Umzugs durch einige Straßen. Vor der Universität machte er halt und hielt vor den dort versammelten Studenten eine Ansprache, in der er die Botschaft des Plakats bekräftigte. Er wolle Deutschlands Freiheit, Deutschlands Einigkeit und Ordnung, das schwöre er zu Gott. »Die Begeisterung war groß.« In einem am Abend des gleichen Tages erlassenen Aufruf »An mein Volk und an die deutsche Nation« erfüllte er alle Forderungen der Revolutionäre, also eine »wahre konstitutionelle Verfassung, eine wahrhaft volkstümliche, freisinnige Verwaltung, Rechtssicherheit, die Einführung von Geschworenengerichten, Rechtsgleichheit für alle Glaubensbekenntnisse …

»Die Vorgänge des 21. März sind der Höhepunkt der Berliner Revolution«, urteilt Valentin.

Die Leichenfeier für die Märzgefallenen, die am 22. März beerdigt werden, wird zu einer eindrucksvollen Demonstration für die Revolution. Hunderttausende von Berlinerinnen und Berlinern versammeln sich am Gendarmenmarkt zum Trauerzug, der – nach Ansprachen von Geistlichen der verschiedenen Konfessionen – zum neu geschaffenen Friedhof am Friedrichshain führt. Dort ergreift auch Georg Jung das Wort, was im Programm nicht vorgesehen ist. Versuche, ihn am Reden zu hindern, haben keinen Erfolg. In seiner Ansprache fordert er die Trauerversammlung auf, die Friedens- und Versöhnungsappelle der Prediger zu beherzigen, zugleich aber als heiliges Vermächtnis der Toten die Ziele zu übernehmen, für die sie gestorben waren. »Wohlan, es schweige die blutige Rache, aber statt ihrer entstehe aus dem Blute ein mahnender Geist, Brüder, daß der Freiheit, für die wir starben, nichts mehr verkümmert, nichts geraubt, nichts abgelistet werde«, ruft er, und er schließt mit einer Beschwörung: »Fort auf ewig in die Nacht der Vergessenheit mit allen Scheidemauern der Menschen, tragt sie ab die Barrikaden eures Herzens, nachdem ihr die des

Kampfes abgetragen habt. Es giebt keinen Pöbel, keinen rohen Haufen, kein Gesindel mehr; denn wir, so sprechen die Toten, haben mit unserm Blute euren Bürger- und Freiheitsbrief besiegelt.«

Dem »abgeschlossenen Werke der Beerdigung« haben damals viele »die Bedeutung gegeben«, daß nun die Revolution »geschlossen sei«. Was danach mit ihr geschah, in Berlin wie anderswo in deutschen Landen, war ihre Abwicklung, auch wenn es zunächst nicht so aussah. Ungezählte Aktivisten engagierten sich für die Organisation von Wahlen, schlossen sich in Klubs und Vereinen zusammen, gründeten Zeitungen, schrieben Flugblätter, demonstrierten, diskutierten und stritten miteinander bis zur Erschöpfung. In Berlin konstituierte sich eine Nationalversammlung, in Frankfurt in der Paulskirche das erste deutsche Parlament. Doch die Opposition war gespalten in liberale Befürworter einer konstitutionellen Monarchie und in Demokraten, die sich in Flügelkämpfen zerrieben. Die Angst vieler Bürger vor den Schreckgespenstern Kommunismus und Sozialismus wurde von der Rechten in einer ›Rote-Socken-Kampagne‹ propagandistisch ausgeschlachtet, der jahrhundertelang eingeübte preußisch-deutsche Untertanengeist machte sich je länger je mehr geltend. Alles Gründe für das Scheitern einer Bewegung, deren anfängliche Erfolge nach Meinung nüchterner Beobachter ohnehin nur der Schwäche der Machthaber geschuldet waren.

»Ich glaube bis auf diesen Augenblick, dass die Regierung den Aufstand, mit dem ich übrigens sympathisirte, hätte unterdrükken können, wenn keine Hasenherzen am Ruder gewesen wären. So aber musste der König vor den Volksleichen den Hut abziehen und an der Spitze der Berliner Spiesse durch die Stadt paradieren. Es wurde auch demnächst alles, was man verlangte, sogar eine Verfassung, versprochen, allein, es versteht sich doch wohl von selbst, dass alle solche Versprechungen nur mit einer *reservation mentalis* [einem geistigen Vorbehalt] gemacht wurden. Ein Ministerium Auerswald-Camphausen machte Miene, dieselben auszuführen, eine konstituirende Versammlung wurde einberufen und alles schwamm im Freiheitstaumel, bis, ja bis der Katzenjammer kam. Die Regierung gewann nach und nach den Boden wieder unter den Füssen, und als die konstituirende preussische Versammlung gar eine Steuerverweigerung inscenirte, verlegte man dieselbe zur Strafe nach Brandenburg. Als sie sich auch dort noch muckste, löste man sie auf, oktroyierte eine Verfassung und berief eine neue Versammlung (deren Mitglied ich war), welche man nach kurzem Vergnügen ebenfalls auflöste.«

So ein halbes Jahrhundert später Hugo Wesendonck, der als junger Anwalt Anfang 1844 wohl mit Bergenroth zusammen an einer der sozialistisch-kommunistischen Informationsveranstaltungen in Elberfeld teilgenommen hatte.

Wahlen

Bergenroth hatte sich nach seiner Rückkehr nach Berlin andere Ziele gesetzt, doch »das Jahr 1848 stürzte ihn wieder in die Politik zurück«. So Friedmann, der berichtet, Bergenroth sei »an dem bekannten Morgen [des 18. März] vor dem Schlosse« gewesen, und »nahe am Opernplatz« bei einer »Attaque der Gardehusaren nur dadurch einem Säbelhiebe« entgangen, »daß das Pferd des Husaren auf dem Pflaster stürzte. Abends besuchte er die verschiedenen Barrikaden.« Kurd von Schlözer glaubte es noch genauer zu wissen: Er »stand an der Ecke der Taubenstraße auf der Barrikade«. Georg Jung allerdings erklärte auf Nachfrage von Bergenroths Biographen Cartwright, »B. [habe] sich am Kampf in der Nacht des 18 Merz 1848 nicht betheiligt«, und fügte hinzu: »Auch später in Clubb's u. Vereinen ist er nicht aufgetreten. Aber er leistete der demokratischen Partei viele Dienste durch verschiedene Broschüren u. Flugschriften, meist national-ökonomischen od. statistischen Inhalts. – Es war dies früher sein Lieblingsstudium.«

Ob Bergenroth nun am Barrikadenkampf beteiligt war oder nicht, in »Clubb's und Vereinen« ist er sehr wohl aufgetreten, was gerade Jung eigentlich hätte wissen müssen. Schließlich war er eine Zeitlang Vorsitzender des von Bergenroth mitbegründeten ›Politischen Klubs‹ gewesen, bei dessen Treffen sich Bergenroth öfter zu Wort gemeldet hat, wie sein Bruder bezeugt, aber nicht nur dort. Er habe häufig in Volksversammlungen gesprochen und sich so bekannt gemacht, daß ein pommerscher Wahlbezirk ihn in die erste Kammer des Preußischen Abgeordnetenhauses wählte, hören wir von Friedmann. Das wissen wir aber auch aus der von Adolf Wolff zusammengestellten dreibändigen *Berliner Revolutions-Chronik*, einem unschätzbaren Quellenwerk, das die politischen Aktivitäten in den ersten Monaten nach der Märzrevolution detailliert protokolliert.

Anders als der allgegenwärtige Jung erscheint Bergenroth hier freilich eher selten. Ein Mitstreiter hat ihn skizziert als großen, hübschen Mann »von entschiedener Gesinnung, der sich nie vordrängte. Seine Redefertigkeit war unbedeutend, größer seine Wirksamkeit für die demokratischen Wahlen in den Provinzen.«

Freie Wahlen lagen Bergenroth tatsächlich besonders am Herzen, ein Vermächtnis seines Vaters, der Friedrich Wilhelm III. die gebrochenen Verfassungsversprechen nie verziehen hatte. Bei einer Volksversammlung im Tivoli, einem Ausflugslokal vor dem Halleschen Tor, leitete Bergenroth die Debatte und wurde ins »berliner Volks-Wahl-comité« gewählt. Am 13. April erließ dieses Komitee ein Manifest, das als Plakat gedruckt und ausgehängt wurde. Sein wichtigstes Anliegen war der Protest gegen die von der Regierung verfügten Wahlmodalitäten für die Preußische und die Deutsche Nationalversammlung (in Frankfurt), die indirekte Wahlen durch Wahlmänner vorsah. Ein Verfahren, das nach Ansicht des Komitees »dem Grundsatz der Demokratie« widersprach, die Aristokratie begünstigte und den Willen des Volkes verfälschte. Aber ebendas war ja sein Sinn.

Als eine Deputation des Wahlkomitees, zu der auch Bergenroth gehörte, beim Ministerpräsidenten von Camphausen vorsprach, um noch einmal dringend (und vergeblich) für direkte Wahlen zu plädieren, antwortete der,»daß ein directes Wahlrecht, wie in Nordamerika, nicht ohne einen Census ausführbar sei, daß die aus directen Urwahlen hervorgehende Vertretung zur Republik führen werde, und daß der Bestand der gegenwärtigen Regierung aufs Engste mit dem bereits erlassenen Wahlgesetze verknüpft sei«. Ein Mitglied der Deputation erinnerte den Minister daran, daß dem Volk am 18. März eine Verfassung auf breitester Grundlage zugesagt worden sei. Camphausen:»Breiteste Grundlage? Da müßten sie ja eigentlich die Frauen und Kinder auch mitwählen lassen!‹ Darauf der Deputierte: ›Excellenz geruhen eine Caricatur aus dem zu machen, was ich aus tiefster Seele gesprochen habe.‹«

Das Mitglied des Wahlkomitees, das über den Verlauf der Audienz in der *Reform* berichtet hat, könnte Bergenroth gewesen sein. Er war einige Monate lang Redakteur dieses (nach Verboten anderer Publikationen) bald einzigen Blattes der linken Opposition, das von dem bekannten Publizisten Arnold Ruge in Leipzig begründet worden war und anfangs in Leipzig und Berlin, später dann nur noch in Berlin erschien. Trotz ihrer Bedeutung ist die Zeitung bis heute wissenschaftlich nicht ausgewertet worden. Daß Bergenroth maßgeblich daran mitgewirkt hat, ist der Nachwelt weitgehend unbekannt geblieben, weil sein Name im Impressum nicht auftaucht. Als verantwortliche Redakteure zeichneten in den ersten Monaten Arnold Ruge und Heinrich Bernhard Oppenheim. Der hatte als Jude besonders gute Gründe, sich der demokratischen Partei anzuschließen.

Er entstammte einer Frankfurter Bankiersdynastie und war nach dem Jurastudium in Göttingen schon im Alter von 19 Jahren promoviert worden, aber weiter kam er an der Universität nicht,

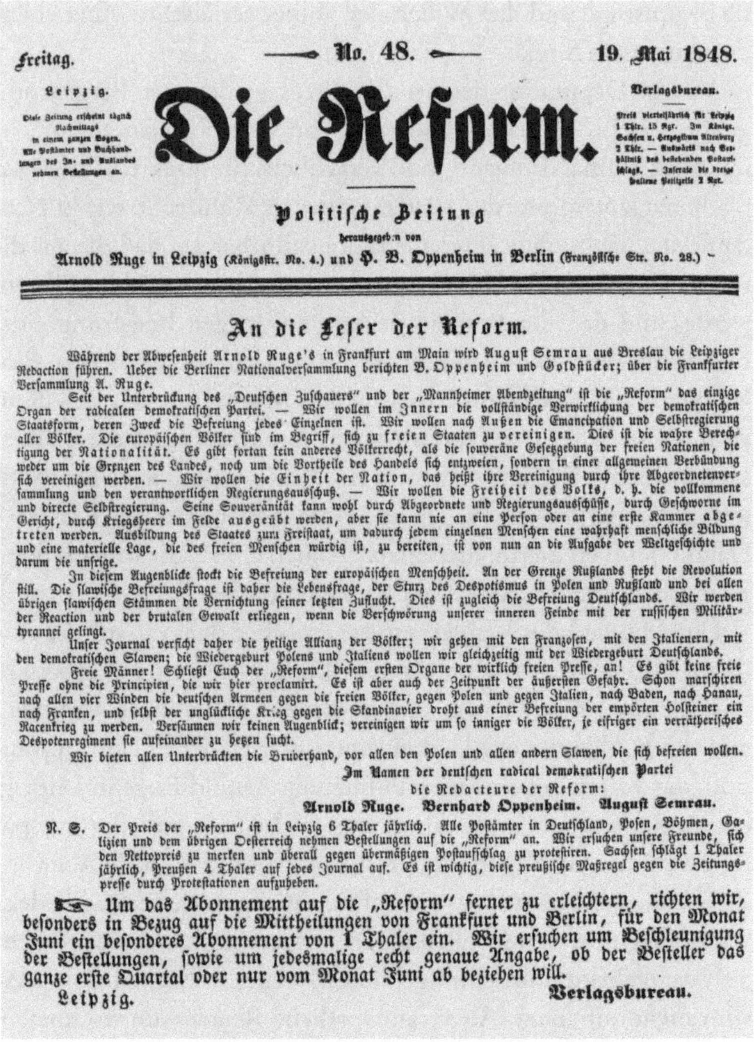

Freitag. — No. 48. — 19. Mai 1848.

Leipzig.

Diese Zeitung erscheint täglich Nachmittags in einem ganzen Bogen. Alle Postämter und Buchhandlungen des In- und Auslandes nehmen Bestellungen an.

Die Reform.

Verlagsbureau.

Preis vierteljährlich für Leipzig 1 Thlr. 15 Ngr. Im Königr. Sachsen u. Herzogthum Altenburg 2 Thlr. — Auswärts nach Verhältniß des bestehenden Postaufschlags. — Inserate die dreigespaltene Petitzeile 2 Ngr.

Politische Zeitung

herausgegeben von

Arnold Ruge in Leipzig (Königsstr. No. 4.) und H. B. Oppenheim in Berlin (Französische Str. No. 28.)

An die Leser der Reform.

Während der Abwesenheit Arnold Ruge's in Frankfurt am Main wird August Semrau aus Breslau die Leipziger Redaction führen. Ueber die Berliner Nationalversammlung berichten B. Oppenheim und Goldstücker; über die Frankfurter Versammlung A. Ruge.

Seit der Unterdrückung des „Deutschen Zuschauers" und der „Mannheimer Abendzeitung" ist die „Reform" das einzige Organ der radicalen demokratischen Partei. — Wir wollen im Innern die vollständige Verwirklichung der demokratischen Staatsform, deren Zweck die Befreiung jedes Einzelnen ist. Wir wollen nach Außen die Emancipation und Selbstregierung aller Völker. Die europäischen Völker sind im Begriff, sich zu freien Staaten zu vereinigen. Dies ist die wahre Berechtigung der Nationalität. Es gibt fortan kein anderes Völkerrecht, als die souveräne Gesetzgebung der freien Nationen, die weder um die Grenzen des Landes, noch um die Vortheile des Handels sich entzweien, sondern in einer allgemeinen Verbündung sich vereinigen werden. — Wir wollen die Einheit der Nation, das heißt ihre Vereinigung durch ihre Abgeordnetenversammlung und den verantwortlichen Regierungsausschuß. — Wir wollen die Freiheit des Volks, d. h. die vollkommene und directe Selbstregierung. Seine Souveränität kann wohl durch Abgeordnete und Regierungsausschüsse, durch Geschworne im Gericht, durch Kriegsheere im Felde ausgeübt werden, aber sie kann nie an eine Person oder an eine erste Kammer abgetreten werden. Ausbildung des Staates zum Freistaat, um dadurch jedem einzelnen Menschen eine wahrhaft menschliche Bildung und eine materielle Lage, die des freien Menschen würdig ist, zu bereiten, ist von nun an die Aufgabe der Weltgeschichte und darum die unsrige.

In diesem Augenblicke stockt die Befreiung der europäischen Menschheit. An der Grenze Rußlands steht die Revolution still. Die slawische Befreiungsfrage ist daher die Lebensfrage, der Sturz des Despotismus in Polen und Rußland und bei allen übrigen slawischen Stämmen die Vernichtung seiner letzten Zuflucht. Dies ist zugleich die Befreiung Deutschlands. Wir werden der Reaction und der brutalen Gewalt erliegen, wenn die Verschwörung unserer inneren Feinde mit der russischen Militärtyrannei gelingt.

Unser Journal verficht daher die heilige Allianz der Völker; wir gehen mit den Franzosen, mit den Italienern, mit den demokratischen Slawen; die Wiedergeburt Polens und Italiens wollen wir gleichzeitig mit der Wiedergeburt Deutschlands.

Freie Männer! Schließt Euch der „Reform", diesem ersten Organe der wirklich freien Presse, an! Es gibt keine freie Presse ohne die Principien, die wir hier proclamirt. Es ist aber auch der Zeitpunkt der äußersten Gefahr. Schon marschiren nach allen vier Winden die deutschen Armeen gegen die freien Völker, gegen Polen und gegen Italien, nach Baden, nach Hanau, nach Franken, und selbst der unglückliche Krieg gegen die Skandinavier droht aus einer Befreiung der empörten Holsteiner ein Racenkrieg zu werden. Versäumen wir keinen Augenblick; vereinigen wir um so inniger die Völker, je eifriger ein verrätherisches Despotenregiment sie aufeinander zu hetzen sucht.

Wir bieten allen Unterdrückten die Bruderhand, vor allen den Polen und allen andern Slawen, die sich befreien wollen.

Im Namen der deutschen radical demokratischen Partei
die Redacteure der Reform:
Arnold Ruge. Bernhard Oppenheim. August Semrau.

N. S. Der Preis der „Reform" ist in Leipzig 6 Thaler jährlich. Alle Postämter in Deutschland, Posen, Böhmen, Galizien und dem übrigen Oesterreich nehmen Bestellungen auf die „Reform" an. Wir ersuchen unsere Freunde, sich den Nettopreis zu merken und überall gegen übermäßigen Postaufschlag zu protestiren. Sachsen schlägt 1 Thaler jährlich, Preußen 4 Thaler auf jedes Journal auf. Es ist wichtig, diese preußische Maßregel gegen die Zeitungspresse durch Protestationen aufzuheben.

☞ **Um das Abonnement auf die „Reform" ferner zu erleichtern, richten wir, besonders in Bezug auf die Mittheilungen von Frankfurt und Berlin, für den Monat Juni ein besonderes Abonnement von 1 Thaler ein. Wir ersuchen um Beschleunigung der Bestellungen, sowie um jedesmalige recht genaue Angabe, ob der Besteller das ganze erste Quartal oder nur vom Monat Juni ab beziehen will.**

Leipzig. Verlagsbureau.

Abb. 13: Blatt aus der Berliner Zeitung Die Reform, *an der Bergenroth einige Zeit mitarbeitete.*

weil er sich nicht habilitieren durfte. Auch nicht in Berlin, wo er bald zum Freundeskreis Bettina von Arnims gehörte. Als sich Bettina bei ihrem Schwager Karl von Savigny für Oppenheim einsetzte, »wies der berühmte Jurist eine so unerhörte Zumutung mit den Worten zurück: ›Ein Jude kann und darf nie Lehrer an einer preußischen Universität werden‹«. Einige Semester lang hielt Oppenheim in Heidelberg als Privatdozent Vorlesungen über Staatsrecht und Völkerrecht, 1847 zog er dann nach Berlin, mit dem Vorsatz, sich der Politik zuzuwenden.

Der kleine Mann mit dem rotbäckigen Kindergesicht und den dunklen Augen stieß bei der ersten Begegnung »die Menschen meist ab, besonders durch ein unangenehm lautes Organ und einen starken Frankfurter Accent«, doch nach näherer Bekanntschaft schwärmten sie dann oft »von dem angenehmen und interessanten Umgang mit diesem lebhaften und geistsprudelnden Menschen. Oppenheim hatte ein Konversationstalent wie man es selten in Deutschland findet. Mit ihm war man sicher, daß die Unterhaltung nie stockte, und oft schäumte sie von Witz und bunten Einfällen und Erzählungen.« Er und Bergenroth haben sich während ihrer gemeinsamen Arbeit an der *Reform* angefreundet. Als Cartwright für seine biographische Skizze Bergenroths nach Informationen suchte, wurde ihm als Quelle auch Oppenheim genannt.

Seine Redakteurstätigkeit hat Bergenroth allerdings schnell davon überzeugt, daß er für das Edieren einer Tageszeitung nicht geschaffen war. »Da es an Mitteln und Beiträgern fehlte, machte ihm das viel Verdruß, ganz zu schweigen von den vielfältigen Schikanen der Polizei, die er zu erleiden hatte.« Am 14. November 1848 stellte die *Reform* ihr Erscheinen ein. Ein Datum, das mit dem Ende der revolutionären Bewegung in Preußen zusammenfällt.

Club-Blätter

»Es hat sich in Berlin ein politischer Verein gebildet, der bisher im *Hôtel de Russie* seine Sitzungen hielt, und meistentheils aus Männern derjenigen Stände zusammengesetzt ist, welche man unter dem Namen geistige Capacitäten zu bezeichnen und als Vertreter der Intelligenz zu betrachten pflegt. Der Clubb achtet die Freiheit des Einzelnen zu sehr, als daß er sofort seine Tendenz in fest formulirter Phrase an die Thüre geschrieben hätte; er hat vor der Hand nur das eine bestimmt ausgesprochene Princip, alle diejenigen zu gemeinsamem Handeln und gemeinsamer Berathung zu vereinigen, deren Herzen unverbraucht und unverdorben mit furchtlosen Sinnen und hoffender Kühnheit für die neue Bewegung schlagen. Wir haben uns zusammen eingeschifft auf dem wogenden Meere der Revolution. Fragt uns nicht, wohin wir wollen; die Antwort wäre eine Vermessenheit.«

Sie waren noch auf der Suche, die Klubs und Vereine und Verbindungen, die nach dem 18. März in Berlin und anderswo wie Pilze aus dem Boden schossen, als Vorformen von Parteien, wie wir sie heute kennen. Wichtige Gründungen waren etwa der liberale ›Konstitutionelle Klub‹, der ›Volksverein‹, der ›Volksklub‹ und, am einflußreichsten, ebender ›Politische Klub‹ Jungs und Bergenroths, der sich etwas später in ›Demokratischer Klub‹ umbenannte. Er galt als radikal, war ein Bürgerschreck. Bei Demonstrationen trat er unter einer roten Fahne auf, und zu einer Gedächtnisfeier für die Märzgefallenen kamen Mitglieder im Kostüm der französischen Revolutionäre von 1789. Karikaturisten zeichneten sie als Horde finsterer, bärtiger Revoluzzer. Und wie später und zum Teil bis heute ging die Hetze gegen die Roten und das ›Finanzjudentum‹ Hand in Hand. Es gab sogar Versuche, »die kleinen Bürger« zu bestechen und sie damit zu Protesten »gegen den politischen Clubb und gegen die Juden« aufzuwiegeln. Durch gezielte Falschmeldungen wurden alte Vorurteile wieder aufgerührt. Angeblich gab es zum Beispiel einen Plan, den Bankier Rothschild an die Stelle des Königs zu erheben. Was die jüdische Bevölkerung tatsächlich ersehnte und zum natürlichen Alliierten der linken Opposition machte, war ein demokratischer Rechtsstaat. »Wenn Deutschland nicht menschlich und gerecht ist, wird es nicht frei sein«, mahnte die *Reform*.

Wolff hat in seiner *Revolutions-Chronik* einige der in den Klubs geführten Debatten protokolliert. Aber auch ihre Publikationen vermitteln eine gute Vorstellung von den Themen und Problemen, die ihre Mitglieder umtrieben. Der ›Politische Klub‹ hat in seinen Anfängen fünf *Club-Blätter* publiziert, die formal zwischen Flugschrift, Zeitung und Zeitschriftenartikel angesiedelt sind, grundsätzliche Forderungen artikulieren, auf aktuelle Ereignisse reagieren und Überlegungen zum fundamentalen Umbau der Gesellschaft entwickeln. Von Anfang an war Jung davon überzeugt, daß »die beiden großen Fragen der Zeit, die Arbeiterfrage und die der politischen Freiheit, auf dasselbe hinauskommen« und »die eine nur mit der anderen und durch die andere gelöst werden könne«. Deshalb beschlossen die Mitglieder, jeden Sonntagvormittag eine besondere Sitzung »im Interesse und mit besonderer Berücksichtigung der Arbeiter« abzuhalten. Am 9. April versammelte man sich zum erstenmal auf der königlichen Reitbahn, um sich die Beschwerden, Klagen, Wünsche der Arbeiter anzuhören. Die Aussprache und Diskussion zeigt, wie vielfältig die Probleme waren (zum Teil immer noch sind) – und wie schwierig die Lösungen. Eine Gemengelage von alten und neuen Mißständen, einerseits die einschnürenden Bestimmungen der Zünfte, andererseits die Lohndrückerei der Fabrikanten. Soll man ausländische Konkurrenz – zum Beispiel Zigarrenmacher aus Bremen! – ausweisen oder tritt man für Freihandel ein? Helfen die dringend nötigen Lohnerhöhungen und kürzere Arbeitszeiten, wenn die

Fabrikanten, darunter auch viele kleine Handwerksmeister, die Belastungen nicht stemmen können und die Waren dadurch teurer werden? Was nützen sie den einheimischen Kräften, wenn im benachbarten Ausland billiger produziert werden kann? »Die materiellen Verbesserungen der unteren arbeitenden Klassen kommen hauptsächlich auf die beiden, von hiesigen Arbeitern ausgesprochenen Forderungen zurück. Erhöhung des Arbeitslohnes, Verminderung der Arbeitszeit. Sind aber die Industrieunternehmer im Stande für kürzere Arbeit höheren Lohn zu zahlen? Wird dadurch wirklich das Loos der unteren arbeitenden Klassen verbessert? Beide Fragen können nur für den Fall bejahet werden, wenn die ganze Production eine viel reichere wird.« So fragt und antwortet Gustav Bergenroth im *Club-Blatt Nr. 2*, mit vier engbedruckten Seiten (acht Spalten) das umfangreichste aller *Club-Blätter*. Ein Text für den Hörsaal oder das Kabinett, nicht für die Straße. Kein zündendes Flugblatt, vielmehr Überlegungen eines Reformers. Unter dem spröden Titel *Die Forderungen der Arbeiter im Bezug auf den Stand des Ackerbaus und der Gewerbe* erörtert Bergenroth, mit welchen Maßnahmen das erreicht werden könnte. Sie sind bis heute die Mittel der Wahl.

Die wichtigste Voraussetzung dafür ist in seinen Augen Rechtssicherheit. Man dürfe nicht verkennen, daß die Regeln des Privateigentums »in ungeschwächter Kraft die Zustände der Produktion und des Erwerbes« beherrschten, und daß es Privateigentümern vor allem darum gehe, ihren Besitz zu vermehren oder zumindest vor Verlust zu schützen. Diese Rechtssicherheit aber könne nur eintreten, »wenn die politischen Fragen Europas für Deutschland wenigstens gelöset sind«. Die besitzenden Klassen richteten »ihren Wohlstand zu Grunde, wenn sie in zweideutiger Stellung dem Volk gegenüber für sich politische Bevorzugung« verlangten. »Sie werden durch ihre Ungerechtigkeit ›Aufwiegler‹ der unteren Klassen.«

Danach müsse »dafür Sorge getragen werden, daß alle Kräfte des Volkes zur Erlangung des möglichst größesten Nationaleigentums verwendet werden«. Doch vor konkreten Maßnahmen, die im wesentlichen den Landbau und die Gewerbe betreffen sollten, hielt er eine umfangreiche statistische Erhebung aller relevanter Fakten für nötig, die»übersichtlich zusammengefaßt unter Verantwortung der betreffenden Ministerien veröffentlicht werden« sollten.

Man sieht, Bergenroth war kein Mann für Schnellschüsse.

Ehrensachen

Nach der Einsetzung des neuen Ministerpräsidenten, Friedrich Wilhelms von Brandenburg, eines illegitimen Sohnes des Königs, war es Schlag auf Schlag gegangen. Am 9. November wurde die Preußische Nationalversammlung nach Brandenburg verlegt. Am 10. November rückte General von Wrangel mit seinen Truppen in Berlin ein. Am 12. November wurde über die Stadt der Belagerungszustand, also der Ausnahmezustand verhängt. Militärdiktatur! Alle Klubs und Vereine waren ab sofort aufgelöst, oppositionelle Zeitungen wurden verboten, Demokraten verfolgt. Am 5. Dezember löste der König die Nationalversammlung auf und oktroyierte eine Verfassung, die vorwärts und rückwärts wies. Einerseits übernahm sie liberale Elemente aus den Verfassungsentwürfen der Nationalversammlung, andererseits verlieh sie dem König durch Ausnahmebefugnisse sogar noch mehr Macht, als er zuvor gehabt hatte.

Um die Jahreswende 1848/1849 fand die Meldung von einem bizarren Ehrenhandel in viele deutsche Zeitungen.

»In einer Zeit der trostlosesten Neuigkeitsarmuth, in welche der Belagerungszustand die Berliner versetzt hat, erscheint ihnen die Geschichte eines vorgestern zwischen dem bekannten Oppositionsmitgliede der aufgelösten Nationalversammlung und dem Hrn. von Vincke stattgefundenen Rencontre wie eine Oase in der Wüste«, berichtete die *Deutsche Allgemeine Zeitung* am 31. Dezember aus Frankfurt. (Der westfälische Deputierte Georg von Vincke, ein bulliger, hitzköpfiger Mann, war im Frankfurter Parlament einer der Wortführer der konservativen Fraktion.)

»Als v. Vincke von der Tribüne in der Paulskirche herab Schmähungen gegen die damals bereits aufgelöst gewesene berliner Versammlung schleuderte, rief ihm die Linke zu: es sei unritterlich, eine Versammlung zu beleidigen, die nicht mehr existire. Hr. v. Vincke entgegnete: die Versammlung existire in ihren Mitgliedern, und er sei bereit, jedem von diesen Genugthuung zu leisten. Dies veranlaßte Hrn. Jung zu einer Pistolenfoderung. Man kam überein, in Eisenach zusammenzutreffen. Mit Hrn. v. Vincke erschienen der preußische Major von Voigts-Rheetz und Hr. von Schlottheim, mit Hrn. Jung der Abg. v. Potworowski und der Kammergerichtsassessor Bergenroth. Anstatt aber den Conflict in der verabredeten Weise zu lösen, erklärte Hr. von Voigts-Rheetz: nach reiflichem Ueberlegen glaube Hr. v. Vincke Bedenken tragen zu müssen, einem Mann die cavaliermäßige Genugthuung zu gewähren, auf welchem noch der in öffentlichen Blättern ausgesprochene Vorwurf der Lüge hafte. Diesen Vorwurf hatte Herr F. v. Bülow gegen Hrn. Jung erhoben. Vergebens waren alle Vorstellungen der Secundanten des Gegners, vergeblich die Hinweisung auf das hohe Alter des Hrn. v. Bülow, eines Mannes, der kaum mehr die physische Kraft haben dürfte, die Pistole zu halten. Hr. v. Vincke beharrte standhaft auf dem Rechtsboden seines Bedenkens und verließ Eisenach. Hr. Jung ist dem zufolge nach Berlin zurückgekehrt. Es verdient erwähnt zu werden, daß dies bereits der zweite Fall einer Duellverweigerung ist, zu welchem Hr. v. Vincke seine parlamentarische Tätigkeit Anlaß gegeben hat. Während des ersten Vereinigten Landtags sprach Hr. v. Vincke den Juden persönlichen Muth ab. Ein Kammergerichtsassessor jüdischer Abkunft, Hr. Benda, nahm diese Aeußerung persönlich und foderte. Allein auch in diesem Falle hielt irgendein Bedenken ab, für seine Worte mit seiner Person einzustehen.«

Otto von Bismarck, ein cholerischer Polterer seines Schlages und Standes, war für Vincke satisfaktionsfähig. 1852 trafen sie sich aus ziemlich kuriosen Gründen zu einem Pistolenduell, das mit einer Versöhnung endete. Sie war freilich nicht von Dauer. Herr von Vincke ist mit zunehmendem Alter immer weiter nach links gerückt.

Versprochen, gebrochen

Die Lage war verzweifelt, aber noch gab Bergenroth nicht auf. Immerhin würde es am 22. Januar 1849 Wahlen geben! Das neue Preußische Abgeordnetenhaus sollte nach englischem Vorbild aus zwei Kammern bestehen. Die Wahl der als Ständevertretung konzipierten ersten Kammer war Besitzbürgern vorbehalten; die Abgeordneten der zweiten Kammer sollten nach indirektem Wahlrecht durch Wahlmänner ermittelt werden.

Bergenroth ließ sich als Wahlmann für den Berliner Bezirk 75 (Posthof) aufstellen, und er versuchte, die ›kleinen Leute‹ auf dem Lande davon zu überzeugen, wie wichtig es für sie war, daß sie richtig wählten, nämlich Männer, die tatsächlich ihr Bestes wollten und sich für ihre Interessen einsetzten. Im Kern ist das seine freilich ziemlich hilflose Antwort auf die Frage *Was hat der Landmann bei den bevorstehenden Wahlen zu thun?* So überschrieb er ein Ratgeber-Flugblatt, das er, zurückgekehrt aus Eisenach, auf den Silvestertag des Jahres 1848 datierte. Eindringlich erinnert er an all die Versprechungen, die der preußische König seinem treuen Volk seinerzeit gemacht hatte, »als er große Opfer von demselben ver-

langte«. Nichts weniger als eine »gänzliche Reform des Abga-
bensystems« hatte er in Aussicht gestellt, eine gerechte Verteilung
der Steuern, Gleichheit vor dem Gesetz, eine Volksvertretung ...
»Die Zusammenrufung der Vertreter des Volkes ist aber erst nach
33 Jahren und nachdem die Revolution vom März d. J. gekommen,
erfolgt. Indessen auch diese Nationalversammlung ist wieder von
der Regierung aufgelöst. Dafür hat der König die Verfassung mit
den zwei Kammern gegeben, von denen die erste nur für die reicheren Leute da ist.« Und die anderen Versprechen? Bergenroth
geht sie der Reihe nach durch. Versprochen, gebrochen. »Und wie
ist es dem Volke dabei ergangen?« Gestützt auf Zahlen des Statistischen Bureaus stellt Bergenroth fest, daß die Schere zwischen Arm
und Reich immer weiter auseinander gegangen war. »Die kleineren Leute, der Mittelstand, ist verarmt, und dafür sind einige
reiche Leute noch reicher geworden.« Auch diesmal habe
man ihnen viele schöne Versprechungen gemacht, warnt Bergenroth seine Adressaten. Damit der Landmann am Ende nicht wieder mit leeren Händen dastünde, müsse er »treue und sichere De-
putirte« wählen. »Seid also auf Eurer Hut!«

Die Wahlen brachten einen Linksruck, auch Bergenroth war
als Wahlmann gewählt worden. Aber das neue Parlament wurde
schon im Mai vom König wieder aufgelöst und ein äußerst unge-
rechtes Dreiklassenwahlrecht eingeführt, das bis 1918 galt. Die revolutionären Aufstände, die in einigen deutschen Ländern aufge-
flammt waren, wurden niedergeschlagen. Am 23. Juli 1849 fiel mit
der badischen Festung Rastatt auch die letzte Zelle des bewaffne-
ten Widerstandes.

Überall in den deutschen Ländern stellte man die Uhren zurück. Eine Verfolgungswelle setzte ein, und damit auch die Mas-
senflucht von Demokraten ins Ausland, vor allem in die Schweiz,
nach England und in die USA.

Bei Bergenroth stellte sich »eine tiefe Verstimmung« ein. Alle
Anstrengungen umsonst, alle Hoffnungen zerschlagen! Doch im-

Herr

von Bülow-Cummerow

unter den

Communisten.

Von

G. Bergenroth.

Berlin, 1849.
Reuter und Stargardt.
Charlottenstr. 54.

Abb. 14: Bergenroths Flugschrift gegen
Ernst von Bülow-Cummerow

mer noch scheint er einflußreiche Fürsprecher gehabt zu haben. Sein politisches Engagement sollte nur durch Versetzung in ein Provinzstädtchen geahndet werden. Wie der Vater in Lyck, so der Sohn in Wittstock? Nach längerer Bedenkzeit, wohl Mitte 1849, entschloß sich Bergenroth, aus dem Staatsdienst auszutreten. Mit seinem herausfordernden Kündigungsschreiben machte er sich den Justizminister Ludwig Simons zum Feind. »Die Zahl der richterlichen Personen, welche seit dem November 1848 aus dem Justizdienste geschieden sind, ist nicht unbeträchtlich«, meldete die *Deutsche Allgemeine Zeitung* am 14. Januar 1850. »Zu den Letzten, die freiwillig aus politischen Gründen ihr Richteramt niedergelegt haben, gehören die Assessoren Jung und Bergenroth.«

Schon Monate vor seiner Kündigung hatte sich Bergenroth durch eine Flugschrift einflußreiche Feinde gemacht. Sie richtet sich gegen Ernst von Bülow-Cummerow, Haupt der ›Junker-Partei‹ und Präsident des Vereins »zur Wahrung der Interessen des Grundbesitzes«, der sich gegen die Grundsteuer für Grundbesitzer zur Wehr setzte. Bergenroths Pamphlet trägt den ironischen Titel *Herr von Bülow-Cummerow unter den Communisten* und ist sachkundig, schwungvoll und vernichtend. Den Behauptungen von Bülow-Cummerows begegnete er mit beißendem Spott und einer Fülle statistischer Daten. Bei aller Zeitgebundenheit im Detail ist sein Fazit heute so wahr wie damals. »Alle Steuern hemmen die Produktion, alle Steuern sind dem Kapitale feindlich. Daraus folgt mit Nothwendigkeit, daß, wenn nicht Einzelne erdrückt werden sollen, die Abgaben gleichmäßig auf alle vertheilt werden müssen. Durch eine Einkommenssteuer als Haupt, und nicht als Nebensteuer kann dieses am leichtesten erreicht werden.«

Nach der Niederschlagung der Revolution setzte eine Verhaftungswelle gegen demokratische Aktivisten, Klubmitglieder und Journalisten ein. Für Bergenroth spitzte sich die Lage zu. Schon seit längerer Zeit stand er unter Beobachtung und war den Schikanen der Behörden ausgesetzt gewesen. Aus Sicherheitsgründen wechselte er mehrmals die Wohnung. Weiter setzte er Hoffnungen auf den Zusammenschluß der oppositionellen Kräfte. Im Februar 1850 wurde er in den ›Demokratischen Zentralvorstand‹ gewählt, nachdem die vielfältigen Versuche der Polizei, die Wahlen zu verhindern, gescheitert waren. In der Brünner *Presse* habe ich einen kleinen Artikel dazu gefunden, der die Mitglieder des neuen Vorstands knapp charakterisiert oder vielmehr meist karikiert. Der Verfasser hielt alle für politische Leichtgewichte. Am besten kommt noch Assessor Bergenroth weg, der sich »als Redakteur der Zeitschrift für Statistik seiner Zeit allgemeine Anerkennung erworben hat – ein ebenso tüchtig durchgebildeter als human-liebenswürdiger reicher Lebemann, der den größten Theil des Jahres auf Reisen zubringt und viel zu komfortabel ist, um sich praktisch der Durchführung irgend eines Prinzipes anzunehmen. – ›Da reis‹ ich viel lieber nach Paris‹ ist seine stehende Antwort auf jede derartige Zumuthung.«

»Lieber Engels, wie ich es vorausgesehen, habe ich Berlin verlassen müssen«, schrieb Bergenroth am 5. März 1850 aus Köln. Wollte er einer drohenden Verhaftung entgehen? Mit dem Journalisten Eduard Meyen, einem der Herausgeber der *Reform,* engagierte er sich um diese Zeit für eine radikaldemokratische Zeitung. Den Aufsatz über die Finanzlage Preußens, den er Marx für dessen *Neue Rheinische Zeitung* zugesagt hatte, konnte er nicht mehr schreiben.

Daß Bergenroths Flucht etwas mit seiner Verwicklung in den Fall Kinkel zu tun hatte, ist unwahrscheinlich. Die Chronologie spricht dagegen.

Bei der Einnahme der Festung Rastatt war den preußischen Behörden mit dem Bonner Professor und ehemaligem Abgeordneten Gottfried Kinkel einer der prominentesten Vertreter der demokratischen Bewegung in die Hände gefallen. Er wurde zu lebenslänglicher Festungshaft verurteilt und saß zunächst in Zuchthäusern in Bruchsal und im pommerschen Naugard ein, bis er im Mai 1850 auf die Festung Spandau verbracht wurde. Sein Schicksal machte ihn zu einer Art Märtyrer der Revolution. Überall in deutschen Landen entstanden Vereine, die für seine Befreiung sammelten. Tatsächlich gelang ihm mit Hilfe seines Schülers und Freundes Carl Schurz (und eines bestochenen Gefängniswärters) dann im November 1850 die Flucht nach England. Sie machte Sensation und ist bis heute die wohl bekannteste Episode der 48er-Revolutionsgeschichte geblieben.

Cartwright, Bruder Julius und Freunde Bergenroths berichten übereinstimmend, daß er an der Befreiung Kinkels aus Spandau mitgewirkt habe, und so steht es auch in den meisten der ihm gewidmeten Lexikonartikel. Am 6. April 1869 fragte Max Schlesinger deswegen bei Kinkel an. »Verzeihen Sie die Belästigung, doch es handelt sich um das Andenken eines Verstorbenen zu ehren, um Bergenroth, der auch Ihnen Freund war. Mehrere Engländer, denen er werth war, darunter die Parlamentsmitglieder Cartwright u. Sir John Acton, sammeln Stoff, um ihm in einer der hiesigen Revuen ein bescheidenes literarisches Denkmal zu setzen. Ich gehe ihnen dabei nach Kräften an die Hand u. da ich weiß, daß B. bei Ihrer Flucht aus Spandau betheiligt war, erlaube ich mir an Sie die Anfrage, ob Sie mir darüber einige Daten anvertrauen können.« Leider ist Kinkels Antwort verschollen.

Worin könnte Bergenroths Hilfe bestanden haben? Wie Georg Jung berichtet, »ist durch seine Vermittlung ein Theil der dazu nöthigen Geldmittel beschafft worden«. Im November, als Kinkel aus Spandau fliehen konnte, hatte Bergenroth Deutschland längst verlassen. Freilich nicht mit dem Ziel Paris.

AUSSTEIGEN

An den Küsten von Utopia

Nach allen Zeugnissen hat sich Bergenroth bis zu seiner Flucht hartnäckig für seine politischen Ziele eingesetzt. Ein Befund, der in auffälligem Gegensatz zu dem Bild des nonchalanten, reichen Lebemannes steht, das er seiner Umwelt vermittelte. Es war wohl Stolz, der ihn dazu brachte, sich nach dem Modell des Gentleman zu entwerfen. Einer, der sein eigener Herr ist, souverän, unabhängig – auch finanziell –, gebildet, kultiviert, höflich, undogmatisch, unangestrengt, nach dem bekannten Motto *Never let them see you sweat.* Daß seine Reisen zum Teil dienstlich motiviert waren, konnte man von außen ja nicht erkennen, auch nicht, daß sie immer mehr auch Fluchten wurden. Er sei 1849 fast beständig von Berlin abwesend gewesen, berichtet Bruder Julius, »am Rhein, in Frankreich u. s. w.«. Einige Wochen verbrachte Bergenroth auf der damals noch englischen Insel Helgoland, einem Mekka der freiheitlich gesinnten Intelligenz. Bekanntlich hat Hofmann von Fallersleben hier sein *Lied der Deutschen* gedichtet.

Als Bergenroth im Sommer dieses Jahres nach Ostpreußen reiste (im Gepäck vielleicht den Helgoländer Hut für Pauline), um Mutter und Geschwister sowie »eine ihm befreundete Familie in der Nähe seiner Vaterstadt« zu besuchen, sei ihm keine Niedergeschlagenheit mehr anzumerken gewesen, berichtet sein Bruder, »im Gegentheil, blickte er auf seine Zukunft hoffnungsvoll«. Es gab nämlich schon seit längerem einen Plan B. »Im Verein mit mehreren jungen Männern«, meist Kölner Freunden, »welche gleichfalls auf den politischen Wegen gescheitert waren und an einer baldigen Besserung der Verhältnisse verzweifelten«, hatte er beschlossen, nach Kalifornien auszuwandern, um dort eine »Akkerbau Kolonie für verfolgte deutsche Democraten« zu gründen. »Doch wollte man nicht auf gut Glück an das Unternehmen gehen, sondern einer von ihnen sollte die dortigen Verhältnisse erst genauer sondiren. B[ergenroth] war bereit diesen Auftrag zu übernehmen.« Wenn er ein geeignetes Stück Land fand, sollte er es kaufen. Vermutlich gehörte der wohlhabende Georg Jung zu den Mitverschworenen. Wer außerdem? Ich habe nichts dazu gefunden, wohl weil das Vorhaben streng geheimgehalten wurde. Die »befreundete Familie« in Ostpreußen, der Bergenroth seine Pläne mitteilte, das waren die Hillmanns in Nordenthal. Sehr wahrscheinlich also war Pauline in die Auswanderungspläne einbezogen.

Weshalb Kalifornien? Im Dezember 1848 hatte der amerikanische Präsident James K. Polk der Öffentlichkeit von Goldfunden dort berichtet und damit einen Goldrausch ausgelöst. Er erwarte sich davon »großartigere Resultate« als selbst von der Entdeckung Amerikas, schrieb Friedrich Engels enthusiastisch. Bald würde ein Panamakanal gebaut werden, Amerika zur Wirtschaftsweltmacht aufsteigen und Kalifornien ein Eldorado werden. »Eine Küste von 30 Breitengraden Länge, eine der schönsten und fruchtbarsten der Welt, bisher so gut wie unbewohnt, verwandelt sich zusehends in ein reiches, zivilisiertes Land, dicht bevölkert von Menschen aller Stämme, vom Yankee zum Chinesen, vom Neger zum Indianer und Malaien, vom Kreolen und Mestizen zum Europäer. Das kalifornische Gold ergießt sich in Strömen über Amerika und die asiatische Küste.«

Aber der Panamakanal war eben noch nicht gebaut, die Reise in den amerikanischen Westen, die schon immer anstrengend und gefährlich gewesen war, wurde nun durch den Massenansturm der Glückssucher zum Höllentrip. Mitte Juli 1850 brach Bergenroth mit dem Dampfschiff *Severn* von Southampton nach Chagres auf, ein mit Goldsuchern überfülltes, elendes, verseuchtes Loch. Bei der Durchquerung der Landenge, entweder mit einem Boot flußaufwärts oder (wahrscheinlicher) zu Fuß durch den Dschungel, infizierte er sich mit Gelbfieber, das nach der Einschiffung in Panama ausbrach. Man fürchtete Ansteckung, ein französischer Arzt, der mit an Bord war, hielt ihn für verloren. In den ersten Tagen war er ohne jede Hilfe.

»Ich fühlte es vom ersten Augenblicke, daß es sich um Tod und Leben handelte. Der Arzt glaubte nicht an die Möglichkeit, daß ich wieder aufkomme. Alles das wußte ich – und wollte nicht sterben. Ich kämpfte drei Tage lang mit dem Tode. Wenn ich in meinem Lager (in der obersten der drei über einander liegenden Lagerstellen) fühlte, daß das Fieber den ganzen Kopf einnahm, wenn ich die Füße kalt und den Hinterkopf schwinden fühlte, warf ich mich auf die Arme zu meinem Lager hinaus auf den Boden. Die Erschütterung des Falles, die Veränderung der Luft gaben für einen Augenblick dem Tode, der vor meinem Bette stand, eine Ueberraschung. Er zauderte, und ich hatte gewonnen. Aber nicht auf lange; der Kampf begann aufs Neue. Dabei fehlte es mir am Nothwendigsten. Nicht einmal ein Glas Wasser, um den vom Fieber ausgebrannten Mund, Kehle und Magen zu kühlen. – – – Dieser Kampf mit dem Tode interessierte endlich den Arzt, der mich noch immer lebendig fand. Er nahm sich nun meiner mit der größten Aufmerksamkeit an.«

In San Francisco konnte er an Land gehen, erkrankte »im Hotel einer Wittwe« aber wieder »am Fieber, zu welchem sich auch ein Cholera-Anfall gesellte«.

Wieder erholte er sich allmählich, aber seine finanzielle Lage war kritisch. Durch Krankheit und Diebstahl hatte er den größten Teil seines Reisegeldes verloren. Das Handelshaus, an das man ihn empfohlen hatte, existierte nicht mehr. Vergebens bat er den preußischen Konsul um Unterstützung. So blieb ihm nichts anderes übrig, als auf eine Geldsendung aus Europa zu warten. »Statt das Land zu bereisen, mußte er denken sich sein Leben zu verdienen. Hierbei kamen ihm seine Jugendvergnügungen zu statten. In den Wäldern und Sümpfen Litauen's und Masuren's hatte er die Jagd gründlich gelernt.« Er beschafft sich ein Gewehr und Munition und geht in die Wildnis. Wochenlang ernährt er sich von rohem Fleisch; um sich vor der bitteren Kälte zu schützen, lebt er acht Tage lang im Körper eines Grizzlybären, den er geschossen hatte.

Die Schilderung von Bruder Julius, der sich auf Bergenroths Tagebuch stützte, glättete diesen neuen Überlebenskampf zu einer Art Erholungs- und Abenteuerurlaub.»Vorläufig sucht [Bergenroth] sich durch Bewegung in freier Luft zu kräftigen. Er bekommt Kunde von einer verlassenen Ansiedlung, wo mehrere Meilen von San Francisco, noch einige roh gezimmerte Blockhäuser stehen. Gewehre besitzt er noch; er kauft sich also von dem Rest seines Geldes Schießbedarf, einige Decken und Lebensmittel und begibt sich auf einem alten Klepper nach jenem Orte, den er South San Francisco nennt. Da seine Kräfte in der gesunden Luft wachsen, ist er bald im Stande, mit Hilfe eines Hundes, der sich zu ihm gesellt, die Jagd in ergiebigem Maße zu betreiben. Ein Franzose und mehrere Irländer finden sich auch ein, so daß der Ort nicht mehr ganz verlassen ist und er seine Jagdbeute bequem nach der Stadt verkaufen kann. Später wurde die Gesellschaft durch neue Zuzügler, Sandwichinsulaner, entlaufene Matrosen und allerhand Abenteurer zahlreicher, und es bildet sich eine Art von Gemeinde, über welche B. eine confidentielle Herrschaft führte. Seinem Landsmann Corvin-Wiersbitzki hat er später »lachend« erzählt,»eine Zeitlang sei er König über etwa siebenzig oder achtzig Unterthanen gewesen«, was dann auch Kurd von Schlözer von ihm hörte. Eine Parodie der egalitären Gemeinschaft für schiffbrüchige Demokraten, die zu gründen er aufgebrochen war!

Wie Bergenroth sich und seine Leute in der allgemeinen Gesetzlosigkeit zu behaupten und zu schützen suchte, schildert er selbst in einem rasant geschriebenen Erlebnisbericht. Unter dem Titel »The First Vigilance Committees« ist er 1856 in der von Charles

Dickens herausgegebenen Zeitschrift *Household Words* erschienen. Man darf nicht alles darin für bare Münze nehmen. Ans Ende stellte Bergenroth eine pessimistische Diagnose – und Prognose. So vorteilhaft der Anschluß Kaliforniens an die Vereinigten Staaten für die Wirtschaft gewesen sei, so verhängnisvoll wirke er sich in moralischer Hinsicht aus. »Hunderttausende amerikanischer Bürger, die unter dem brutalisierenden Einfluß des kalifornischen Lebens gestanden hatten, kehrten wieder in ihre frühere Heimat zurück, und wenn wir nun von Männern aus Missouri lesen, die ihre Mitbürger in Kansas skalpieren und mit blutigen Skalps vor einer applaudierenden Menge paradieren, können wir mit ziemlicher Sicherheit vermuten, daß es Zusammenhänge zwischen diesen Horrorszenen und den barbarischen Handlungen gibt, die bei den Grabungen am Sacramento und am San-Joaquin-Fluß verübt worden sind.«

Die Schere im Dunkeln

Im Frühjahr 1851 war endlich Geld in San Francisco eingetroffen. Am 19. Mai 1851 kam G. Bergenroth, Alter 35 (tatsächlich 38), Beruf *Merchant* mit dem neuen Postschiff *El Dorado* (Heimathafen Chagres) in New York an. Zwei Monate später, am 19. Juli, meldete er der Mutter von Bonn aus seine Heimkehr, »aber nicht in guter Stimmung. Der Kreis der Männer, als deren Pionier er vorausgegangen, hatte sich zerstreut. Ein Jahr ändert vieles, und dem Einen hatte sich hier, dem Andern dort eine neue Hoffnung aufgethan, welche ihm das abenteuerliche Leben aus dem Sinn brachte.« »Obwohl sein Bericht günstig lautete konnte doch aus der projectirten Colonie nichts werden. Die reicheren unter den Promotoren dieser Idee hatten mit der Reaktion Frieden geschlossen, die nöthigen Capitalien fehlten. So trieb sich Bergenroth denn unbeschäftigt den Sommer und Herbst herum.« Nach zwei großen Enttäuschungen mußte er sich noch einmal neu erfinden. »Er stand am Ende der dreißiger Lebensjahre und erkannte, wie es die höchste Zeit sei, daß er seine Kraft auf ein Werk concentrire, wenn er in seinem Leben noch etwas Tüchtiges zu Stande bringen wolle. Mit der Politik war es ihm nicht geglückt, ebensowenig mit der praktischen Ausführung socialer Ideen. Er fühlte in sich die Kraft etwas Tüchtiges zu leisten, und er suchte nach einem Ziele, dessen Erreichung ihm sowohl seinen Ehrgeiz befriedigte, als auch die Mittel zu einer gesicherten Existenz gewährte. Conform mit seiner Neigung und der Strömung der Literatur wählte er einen historischen Gegenstand. Schon im Jahre 1854 scheint er sich für die Geschichte der Tudors entschieden zu haben, und er meldet seiner Mutter, daß er nächstens zur Ausführung seiner neuen Pläne nach England hinüberzugehen gedenke.«

Dem Entschluß vorausgegangen waren schwierige Jahre, über die selbst die Familie in Thorn nur lückenhaft informiert war. Wiederholt sei der Bruder genötigt worden, Paris zu besuchen, schreibt Julius Bergenroth kryptisch. Was nötigte ihn? Seine Gesundheit? Berufliche Verpflichtungen? Persönliche Beziehungen? Welche Rolle spielten die Friedmanns, eine Berliner Bankiersfamilie, die mit den Bergenroths durch eine langjährige Familienfreundschaft verbunden war? Sie stammte aus den Zeiten, da Karl Moritz Friedmann Stadtrat in Königsberg gewesen war und dort ein gastfreies Haus geführt hatte. Nach dessen Tod im Jahre 1852 ist Bergenroth einige Male mit Friedmanns Witwe Rosalie und dem jüngsten Sohn Paul auf Reisen gewesen, vielleicht als väterlicher Freund und Hauslehrer Pauls.

Seine erste Reise nach dem amerikanischen Abenteuer hat Bergenroth noch mit dem Ehepaar Friedmann unternommen. Am 2. Dezember 1851 waren sie zusammen in Paris, dem Tag, da die Revolution auch in Frankreich durch den Staatsstreich von Louis

Napoléon ihr Ende fand. Aufstandsversuche am 3. und 4. Dezember ließ dieser gewaltsam niederschlagen. Bergenroth hat an diesen blutigen Kämpfen »keinen thätigen Antheil« genommen, wie der damals elfjährige Paul Friedmann betont. Zunächst wurde Louis Napoléon zum Präsidenten gewählt, schon ein Jahr später ließ er sich dann, legitimiert durch eine Volksabstimmung, als Napoleon III. zum Kaiser der Franzosen krönen.

Wenn Bergenroth nicht unterwegs war, lebte er in Frankfurt am Main, allerdings nicht ganz unbehelligt. Im Jahr 1852 »machte sich die Preußische Regierung den erbärmlichen Spaß [seine] Ausweisung aus Frankfurt a/m zu verlangen, wo er nur ruhig lebte u. an Politik nicht dachte. Zum Glück ging das damals sehr glimpflich zu. B. verreiste auf einen Tag, u. kam dann wieder. Der Senat glaubte damit Preußens Requisition genug getan zu haben, u. drückte ein Auge zu.« Briefe an ihn mußten an eine Deckadresse gehen.

Was hat er in Frankfurt gemacht, wovon hat er gelebt? Während Julius Bergenroth von historischen und sprachlichen Studien berichtet, wollte Friedmann von »verhältnißmäßiger Unthätigkeit« wissen. Bergenroth habe durch schriftstellerische Arbeiten kaum Einkünfte gehabt und das kleine Vermögen, das er besaß, fast aufgezehrt. Den Plan, ein Buch über seine amerikanischen Abenteuer zu schreiben, hat er leider nicht verwirklicht. In einer »biographischen Notiz«, die nach dem Tod Bergenroths in der *Thorner Zeitung* erschien, heißt es, der Verstorbene habe in Frankfurt »im Hause Rothschilds eine angesehene Stellung« eingenommen. Die privaten und geschäftlichen Archive der Rothschilds, die darüber nähere Auskunft hätten geben können, sind verloren. Als Arbeitgeber kommen wohl vor allem der Bankier Carl Mayer Freiherr von Rothschild und dessen Söhne, Wilhelm Carl und Mayer Carl, in Frage. Letzterer kaufte 1845 das Haus Nr. 15 am Untermainkai, das er aufwendig umbauen und im Geschmack des Historismus dekorieren ließ. Vielleicht Bergenroths Arbeitsplatz? Heute bildet es zusammen mit dem Nachbarhaus das ›Jüdische Museum‹. Drei Repräsentationsräume haben sich erhalten, als einziges Frankfurter »Zeugnis für den typischen Lebensstil der Familie Rothschild, die adlige Lebensformen und Kulturtraditionen konsequent zur Selbstdarstellung nutzte«. Säulen und Spiegel, eine vergoldete Kassettendecke, Marmorinkrustationen …

Aus Schiffsmeldungen geht hervor, daß Gustav Bergenroth, *Gentleman,* im Sommer 1854 zusammen mit Rosalie Friedmann, *Lady,* und ihrem Sohn Paul in Gibraltar das Dampfschiff *Madrid* nach Southampton nahm, wo sie am 3. Juli einliefen. Aber wohl erst Ende 1855 ließ er sich dann tatsächlich in London nieder.

Karl Marx hatte offensichtlich seit Jahren nichts mehr von ihm gehört, als er Engels am 14. Dezember meldete, Bergenroth, der »sich als commissionär (Handels-) in Amerika (Nord und Süd) herumgetrieben«, sei zurückgekehrt, »*sans argent* und mit einer Krankheit«. Ich vermute, daß es sich dabei um eine nicht ausgeheilte Malaria handelte, die Bergenroth immer wieder zu schaffen machte.

Die alten Beziehungen zu Marx und Engels knüpften sich nicht mehr an, aber über gemeinsame Bekannte hörten sie gelegentlich voneinander, und sicher sind sie sich auch ab und zu begegnet. 1860 zählte Marx Bergenroth zu den »bedeutendsten Namen« eines von deutschen Emigranten gegründeten republikanischen Vereins von Vaterlandsfreunden. Den politischen Umtrieben vieler Emigranten stand Bergenroth kritisch gegenüber, neigten sie doch dazu, »Geschichten zu erfinden, zu verbreiten, ihnen schließlich selbst zu glauben und dann auf Grund ihrer Selbsttäuschungen zu handeln«.

Epitaph für eine Liebende

Der Schriftsteller und Historiker Ferdinand Gregorovius, der sich hinter einem mächtigen dunklen Bart verbarg, war auf seinen ostpreußischen Landsmann und Corpsbruder Gustav Bergenroth nicht gut zu sprechen. Er warf ihm vor, eine der edelsten Frauen, die er je gekannt hatte, treulos verlassen, ihr Herz gebrochen und ihr Lebensglück zerstört zu haben. So steht es in seinem *Römischen Tagebuch*, das den Namen des Übeltäters mit B. abkürzt. Selbst in seinen privaten Aufzeichnungen blieb Gregorovius verschwiegen, die Handschriften zu seinen Tagebüchern hat er später ebenso vernichtet wie alle Briefe, deren er habhaft werden konnte. »Menschliches, allzu Menschliches« sollte niemand von ihm erfahren. Sein Biograph Johannes Hönig hat in diesem B. zunächst den aus Königsberg gebürtigen Maler Ludwig Bornträger erkennen wollen, ehe ihn seine Recherchen zu dem »abenteuernden Geschichtsschreiber« Gustav Bergenroth führten.

Kennengelernt hat Gregorovius Pauline Hillmann im Herbst 1856 in Rom, wo er schon seit längerem lebte. Zusammen mit seiner Cousine Aurora von Schimmelpfennig war sie dort am 28. September zu einem längeren Besuch eingetroffen. Am 12. November (»Mittwoch, Vollmond«), dem Tag, der eine neue Epoche seines Lebens einleitete, hören wir dann mehr von ihr. »Heute um 9 Uhr des Morgens habe ich den ersten Band der ›Geschichte Roms im Mittelalter‹ zu schreiben angefangen, im 5. Jahre meines Aufenthalts in Rom, meines Lebens im 35., im 11. Jahre des Papsts Pius IX.«, trug er in sein Tagebuch ein. Am Nachmittag machte er einen Spaziergang auf das Forum. »Es regnete, dann ward es klar. Da sah ich im Kolosseum das herrlichste Wolkenphänomen bei untergehender Sonne. Es ergoß sich ein Purpurstrom über die Ruinen des Palatin, das Amphitheater stand im magischen Brande.

Ich hatte eine weihevolle Stunde, und so kam ich heiter zurück.« Und dann von der Freude zum Leid, zu seiner neuen Freundin Pauline –

»Pauline, welche ich alle Abende sehe, hat einen tiefen Kummer gehabt. Sie ist edel und klar, und großgesinnt. Hochmut, so sagte sie, ist die Frucht, die am Baum der Erkenntnis wächst, und ich entgegnete ihr, diese Frucht heiße vielmehr Demut. Das Leben ist ein Strom, worauf einige wie toll und blind auf bunten Schiffen in den Ozean fahren, und andere bleiben nachdenklich am Ufer stehen – und es fließt vorüber. *Si passa! Si passa!*«

»Wie toll und blind auf bunten Schiffen in den Ozean fahren« – das ist sicher auf Bergenroth gemünzt, wie wohl auch der Dialog über die Frucht vom Baum der Erkenntnis. Nach dem Scheitern des amerikanischen Traums wird er keine Zukunft für sich und Pauline gesehen haben. Selbst wenn es ihm gelang, im Exil wieder festen Fuß zu fassen, sein Ehrgeiz, doch noch »etwas Tüchtiges« zustande zu bringen, vertrug sich nicht (mehr) mit einer Familiengründung. Aber vielleicht hatte er sich ja auch in der langen Zeit der Trennung einfach nur von Pauline ›entliebt‹, war die Erinnerung an sie verblaßt, hatten andere Frauen, andere Liebschaften sie aus seinem Herzen verdrängt? Gregorovius' Tagebucheintrag läßt vermuten, daß Paulines Schmerz noch ziemlich frisch war, daß Bergenroth die Verlobung also nicht lange vor seiner Übersiedlung nach England löste, aber vielleicht lag dieser Schritt auch schon Jahre zurück.

Für Gregorovius gehörte die Freundin zu dem Geschlecht derer, »welche sterben, wenn sie lieben«. Er stilisierte sie zu einer Märtyrerin der Liebe, zu einer Heiligen. Vielleicht als demonstrative Wiedergutmachung für das Leid, das Bergenroth ihr zugefügt hatte? Wenn immer Gregorovius von Pauline spricht, klopft er sich selbst auf die Schulter.

Sein erster Tagebucheintrag für das Jahr 1857 stammt vom 14. Juni. Er sei so versunken in seine Geschichte Roms gewesen, daß er bis jetzt von seinem Tun noch nichts aufgezeichnet habe, schreibt er. »Der Winter war kalt und streng. Eine ausgezeichnete Geselligkeit verschönerte ihn. Die edle Pauline reiste in ihr Vaterland zurück am 17. April. Ich konnte beruhigend auf ihr Gemüt wirken und sie aus ihrem Kummer in ideale Regionen erheben. Eine neue Welt ist ihr in Rom aufgegangen. Am 21. März, dem Frühlingsanfang, trug sie selber (denn so wollte sie es) das Manuskript ›Euphorion‹ in den Tempel Antonins, wo sich die Dogana [das Zollamt] befindet, und wohl in Wachsleinwand verpackt, reisten diese Pompejaner ab.«

Der *Euphorion*, das ist ein Versepos in Hexametern, eine Vergänglichkeits- und Rettungsdichtung. Schauplatz ist Pompeji, das durch den Ausbruch des Vesuv vernichtet – und doch auch konserviert – wird, sein Held ein Künstler, dessen Werk, ein bronzener Kandelaber, Jahrhunderte überlebt. Gregorovius hat große Stücke auf diese Dichtung gehalten. In ihre idealen Regionen ist Paulines Kummer eingegangen:

»Hoffnungen fallen wie Sterne, vereitelte Wünsche; das Leben Schreitet mit ehernem Fuß, und häuft zu den Gräbern die Gräber.

Selbst die täuschende Liebe, sie wirft ihr Stralengewand ab, Aber in Schuld ließ uns, und in Reue, die Hore der Jugend.«

Kurz zuvor hatte er Walesrodes *Storch von Nordenthal* gelesen. »Ein sehr gezähmter prosaischer Klapperstorch – Du siehst, wie das Märchen verunglückt ist. Besser ist die Mutter dieses Storchs, eine liebenswürdige, mir befreundete Dame«, schrieb er einem Freund. Walesrode gegenüber äußerte er sich diplomatischer. Den *Storch von Nordenthal* habe er »mit großem Vergnügen gelesen«, schwindelte er. »Ein Märchen ist diese Geschichte nicht, aber sie ist mit einem poetischen Reiz der Naturmalerei und in sehr feiner Sprache erzählt. Sie wissen, daß die Storchen-Heldin, oder masurische Leda vor 2 Wintern in Rom war – eine sehr noble Natur und heller Verstand – ihre Bekanntschaft ist mir wert.«

Als er im Sommer 1860 eine Erinnerungsreise in die ostpreußische Heimat unternahm, um Kindheitsorte und Verwandte noch einmal wiederzusehen, hat er auch Pauline besucht. Was für ein Kontrast zu Rom!

Sein Weg führte von Insterburg, wo er die »schönsten Kinderjahre auf dem Gymnasium verlebt«, nach Goldap, eine fünfstündige Fahrt »in wilder Gegend, ohne Chaussee. Der Sommerhimmel hat hier nur ein schwermütiges slawisches Lächeln, und Berg, Heide, Wald und See, oft schön, stimmen melancholisch«. Von dieser »aus der Welt verlorenen Einsamkeit«, in der seine Verwandten glücklich waren, brachte ihn am 29. August ein Nordenthaler Fuhrwerk nach Oletzko, »und eine Schar von Verwandten wuchs plötzlich aus dem Boden auf. Sie kamen aus allen Häusern, von allen Seiten, alle wollten sie den Vetter sehen, der aus Rom gekommen war.

Am Abend erreichte ich Nordenthal, das Gut meiner edlen Freundin Pauline. Die Welt ist hier enge, aber die Häuslichkeit von echt preußischer Gediegenheit und Güte. Das Haus Hillmann ist weit und breit in Ostpreußen durch seine Gastlichkeit und sein humanes Wirken berühmt. Der alte Herr ist tot: die Mutter eine edle Greisin, das Muster preußischer Matronen, lebt noch in ihrem Witwenhause. Die Fichten und Tannen rauschen immer fort: ein Fluß, die Lega, schleicht vorüber – rings finstre Wälder, hie und da Kirchentürme in einsamster Wildnis. Drüben Polen. Ich habe hier einen Kreis geschlossen, und an meine Kindheit, an die Epoche der polnischen Revolution wieder angeknüpft. Dies unglückliche Volk hatte meine ersten historischen und dichterischen Regungen erweckt.«

Wieviel hätte Gregorovius berichten können von Pauline, von Bergenroths Beziehung zu der »edlen Freundin«! Hätte, hätte … Sie standen in regelmäßigem Briefwechsel, Pauline nahm großen Anteil an seinen Arbeiten, an seinem Leben. 1864 erfreute sie ihn mit einem sehr persönlichen Geschenk, nämlich »dem Bild des

Neidenburger Schlosses auf Pergament, als Lichtschirm geformt«. Dieses Schloß sei ein »großer Faktor in seiner kleinen Lebensgeschichte« gewesen, kommentierte er. »Es geht davon ein Bezug auf die Engelsburg in Rom. Ohne jene Neidenburger Rittertürme hätte ich vielleicht die *Geschichte der Stadt Rom im Mittelalter* nicht geschrieben.« Die Gabe inspirierte ihn zu einem Gedicht über die Neidenburg, das er Pauline gewidmet hat.

Als er ihr das schickte, lebte sie schon in Florenz, zusammen mit ihrer älteren Schwester Emma Ballnus. Von dort schrieb sie ihm, daß Ludmilla Assing, die Nichte von Varnhagen von Ense, »damit umgehe, Korrespondenzen ihres Onkels herauszugeben, welche ein Licht auf den Charakter Wilhelms von Humboldt werfen und dessen moralische Versumpfung an den Tag bringen sollen. P. ist ganz entrüstet darüber als über ein Attentat gegen den Glauben an die Größe jener wenigen Charaktere, deren Kultus der Nation heilig geworden.« Was hätte sie von den heldenstürzenden Schriften ihres einstigen Verlobten gehalten? Wußte sie von seinem neuen Beruf als Historiker? Wollte sie überhaupt noch etwas über ihn wissen? Einer Überlieferung nach soll sie von Gregorovius gesagt haben, »die deutsche Kolonie habe ihn immer den Mann genannt, ›der im Mittelalter gewesen sei‹, so wie etwa die Einwohner von Verona Dante den Mann genannt hätten, ›der in der Hölle gewesen sei‹. Sie teilte denn auch die Historiker überhaupt in solche ein, die ›dabei waren‹, und in solche, die ›nicht dabei waren‹. Von Mommsen z. B., den sie auch gut gekannt hatte, meinte sie, er sei nicht dabei gewesen.« In welche Schublade hätte sie Bergenroth gesteckt?

Als Gregorovius im Juni 1865 hörte, daß Pauline schwer erkrankt sei, reiste er nach Florenz. »Der Gedanke, diese hochherzige und treue Freundin könne sterben, ohne daß ich ihr noch Lebewohl gesagt hätte«, war ihm unerträglich. Der Brief, den er bald nach seiner Ankunft an eine Bekannte, Malwida von Meysenbug, schrieb, war ein Nachruf zu Lebzeiten.

»Ich fand sie besser, als ich fürchtete; doch die Freunde halten ihren Zustand für hoffnungslos. Ich selbst hoffe nichts mehr – und im Grunde, ein schneller Tod ist besser als ein langsames Sterben in einer verödeten Welt, die ihre Reize und auch ihre Sprache verlor. Ich werde ruhig an dem Grabe dieses herrlichen Wesens stehen; ich konnte ihr noch etwas sein. Als ihre Welt in Trümmern zerfallen war, baute ich, so gut ich vermochte, ihr eine neue auf, und sie selbst ward ein guter Genius für mich. Sie widmete mir seit Jahren eine selbstlose Freundschaft voll unerhörter Seelengröße, und sie wird mit diesem Bewußtsein aus dem Leben gehen, aus dessen stürmischer Welle ich sie an ein ruhigeres Ufer zog. Die Gedanken graben noch in ihr – sie gehen, wie sie selbst heute sagte, ihre alten Pfade im Herzen. Davor fürchtet sie sich in der Einsamkeit – man scheuchte diese Geister auf, doch sie kehren ewig wieder, denn sie kennen eben ihre Pfade in dem dunkeln Labyrinth. Ich habe mich hier eingerichtet im Hause auf Wochen, die ich der Kranken gerne widme – dies verändert meine Sommerpläne. Zwar begann ich im Archiv zu arbeiten, doch ist dies nur wesenloser Schein.« Mittlerweile hatte Gregorovius sich bis zum sechsten und letzten Band seines großen Geschichtswerks vorgearbeitet. Als er nach einem Monat Florenz verließ, hatte sich Paulines Zustand gebessert.

Im Januar 1866 kamen dann »traurige Nachrichten aus Florenz. Pauline scheint ganz gelähmt.« Drei Monate später erreichte ihn die Nachricht von ihrem Tod. »Am 3. April abends um 7 Uhr, starb die edle Pauline zu Florenz, nach langem Leiden. Ein guter Genius ist von mir geschieden. Sie war mir eine wahre Freundin, groß im Denken und Empfinden, frei von den meisten Fehlern der Frauen, ohne Eitelkeit und Selbstsucht, von einer Klarheit des Geistes, die selten zu nennen war. Sie nahm Teil an meinem geistigen Leben, und das war ihr ein Ersatz geworden für den Verlust aller ihrer Lebenshoffnung, nachdem B. sie treulos verlassen hatte. Sie war die hochherzigste Seele, die mir im Leben begegnet ist, selbst ihre Täuschungen hatten sie nicht verbittert, nur edler und völlig selbstlos gemacht. Am 22. März beendigte ich das sechste Kapitel im Bande VI; aber jetzt fehlt mir für immer die ermunternde Teilnahme der edlen Freundin, die nicht mehr ist.«

Den versöhnlichen Schlußpunkt von Paulines trauriger Lebens- und Liebesgeschichte hat Gregorovius wohl bewußt nicht erwähnt. Aber er fand in das Tagebuch von William Cornwallis Cartwright. Rom, 11. Januar 1867, strömender Regen. Bei Cartwright, der wieder einmal in der Stadt überwintert, läßt sich Bergenroth melden. »Das ist ein geheimnisvoller Mann, der viele Abenteuer bestanden hat und nun endlich auf dem festen Boden eines ernsthaften Lebens und besseren Gewissens gelandet ist, nachdem man schon dachte, er sei rettungslos auf einem Weg rücksichtsloser Zügellosigkeit und schändlicher Liederlichkeit unterwegs«, notiert er. »Ich weiß jetzt, daß es in Bergenroths Leben eine tragische Liebesaffäre gab – mit einem gebrochenen Herzen und höchstwahrscheinlich bei ihm Reue – denn auf ihrem Totenbett erhielt die Frau von ihm einen Brief, in dessen Antwort sie ihm vergab. Was ich erfahren habe, stammt von Gregorovius, der in enger Verbindung mit ihr stand und sie für das traurige Opfer einer herzlosen Behandlung hält.«

GESCHICHTE SCHREIBEN

Wanderungen durch London

Nicht lange vor Bergenroth, im Herbst 1855, reiste Theodor Fontane in die »Riesenstadt« (weil, wie er bemerkte, anscheinend von und für Riesen erbaut) London. Sein Arbeitgeber, die preußische ›Central-Preßstelle‹, hatte ihn mit einer heiklen Mission betraut. 1850 hatten zwei Emigranten, Max Schlesinger und Jacob Kaufmann, eine lithographierte *Englische Correspondenz* gegründet, einen Pressedienst, der deutschsprachige Zeitungen täglich mit Nachrichten aus England versorgte. Auch in Preußen nutzte man sie, war aber zunehmend besorgt über die unverkennbar demokratische Tendenz der Berichterstattung. »Darüber hinaus hatte es sich überhaupt ergeben, daß die ganze deutsche Presse ein solches Bild von den Zuständen und Ansichten in England erhielt, wie die Schlesinger-Korrespondenz es darstellte und wie es der preußischen Regierung keineswegs recht sein konnte.« Deswegen wurde beschlossen, ihr mit einer preußenfreundlichen *Deutsch-englischen Correspondenz* Konkurrenz zu machen. Deren Vorbereitung und Gründung wurde Fontane übertragen.

Der war freilich skeptisch, und das mit gutem Grund, wie sich schnell herausstellte. Das Unternehmen stehe mal wieder auf der Kippe, schrieb er seiner Frau im Oktober, ja, es müsse »(im Vertrauen gesagt) *auf der Kippe stehn,* weil es von Anfang an verkehrt angefangen worden ist. *Alle Chancen waren und sind gegen mich.*« Er hatte erfahren, daß von der bereits existierenden *Correspondenz* nur 40 Exemplare täglich abgesetzt wurden, gerade soviel, wie er selbst zur Deckung der Kosten brauchte. Er hätte ihr also ihre sämtlichen Abonnenten abjagen müssen. »Wie ist das möglich?« Zudem seien die Konkurrenten Schlesinger und Kaufmann gescheit, schriftstellerisch versiert, schon seit längerem im Lande und gut vernetzt (»mit vielen hundert Leuten liirt«). »Wie kann ich dagegen aufkommen?«

Als ihm der Chef der »Central-Preßstelle« einen Mitarbeiter schickte, ließ sich Fontane aber trotz seiner Bedenken auf die Sache ein, weil man das Scheitern des Unternehmens nun nicht mehr ihm allein anlasten würde. Tatsächlich wurde es schon Ende März 1856 aufgegeben. Die Zeitungen in Deutschland waren mißtrauisch geblieben und hatten nicht anbeißen wollen, sie ahnten, daß die preußische Regierung hinter dem neuen Pressedienst stand. Was von ihren Berichterstattern gefordert wurde, war so etwas wie die Quadratur des Kreises: »Es war schwer, einerseits für die preußische Regierung zu optieren und andererseits die englischen Verhältnisse und Ansichten möglichst wahrheitsgetreu wiederzugeben.« Eine Variante des chronischen Konflikts, in dem sich der liberal gesinnte Fontane als Angestellter der (milde ausgedrückt) konservativen preußischen Regierung befand. Die finanzielle Ausstattung war unzureichend, und die Berliner Zentrale hatte mittlerweile andere Prioritäten. Es ging nicht mehr um Prinzipien und Standpunkte, man wollte mit möglichst aktueller Berichterstattung punkten. Daß nun eine »Hetzjagd nach Neuigkeiten« angestellt werden solle, verärgerte und überforderte Fontane. Hätte er vorher davon gewußt, würde er sich trotz seiner Liebe zu England und London für eine so »undankbare, nutzlose Quälerei bedankt haben«, klagte er. Und dann fand er seinen Konkurrenten Schlesinger auch noch sympathisch, als er im Café Divan am *Strand* (der berühmten Londoner Straße) seine Bekanntschaft machte (Jacob Kaufmann kannte er schon aus früheren Zeiten). Er erschien ihm »als ein netter, fixer Kerl und nicht blos nett, sondern sogar ho-nett«.

Nach dem Scheitern des Pressedienst-Projekts blieb Fontane als Korrespondent weiter in London und holte 1856 die Familie nach, zunächst in eine Wohnung, die er von Schlesinger übernommen hatte. Was seiner Frau übrigens gar nicht recht war. Fürchtete sie, daß die Beziehung zu Schlesinger ihren Mann in Schwierigkeiten bringen könnte?

Auch für Fontane war Schlesinger wohl zu rot – und außerdem ein Jude. Im März 1857 nahm Fontane eine Einladung seines »alten Gegners« zum Tee an. Mit einer Schwägerin Schlesingers, »einem hübschen dalbrigen Ding mit viel mehr Busen als Verstand«, behandelte er »die üblichen Themata: Sein und Scheinen, Tugend und Genuß, Lady Rotschilds Hochzeit, Lenaus Gedichte, Crinoline, Unsterblichkeit u. dgl. m. Als es vorbei war, hatt' ich einen Schwindel. Das Sch.sche Ehepaar war sehr freundlich; nichtsdestoweniger gehör' ich nicht dahin. Ich saß da wie eine Taube in einem Habichtsnest. Da war Dr. Meyen, der vor ohngefähr 4 Wochen gesagt hatte: ›ach, was geht mich dieser Regierungs-Schweinehund an!‹ (Das bin ich nämlich). Da war Dr. Herzen, von dem man nicht weiß ob er ein verrückter Socialist oder ein russischer Spion ist. Da war Dr. Althaus, der da glaubt, daß jeder liberale Privatdocent einen kapitalen Minister abgeben würde und da war – mit dem die Liste schließen soll – ein schieläugiger Jude, der mir auf dem Heimwege mittheilte: ›ich habe auch das Unglück ein Preuße zu sein‹, worauf ich natürlich antwortete: ›na, das läßt sich tragen.‹«

Lauter politische Flüchtlinge und Journalisten also. Eduard Meyen, nach der Berliner März-Revolution neben Georg Jung der Wortführer des Politischen (dann Demokratischen) Klubs und Mitherausgeber der *Reform*. Friedrich Althaus, ein Bruder des bekannten Theologen und Journalisten Theodor Althaus, der 1849 wegen Hochverrats zu einer Gefängnisstrafe verurteilt worden und bald nach seiner Freilassung an Leukämie gestorben war. Der große russische Schriftsteller und Publizist Alexander Herzen, einer der klügsten, engagiertesten Vertreter der Emigrantenszene in London. Und dann der »schieläugige Jude«, dem die »Taube« Fontane nicht einmal die Ehre eines Namens gönnt. Man kann sich eine schlechtere Gesellschaft vorstellen, aber auch, warum sie Fontane wenig behagte.

Zu dieser Zeit hätte er wohl auch schon Gustav Bergenroth bei Schlesinger treffen können. Die beiden waren miteinander befreundet. Vielleicht kannten sie sich schon aus Berlin.

Freilich, das ist nur ein kleines »vielleicht«, gemessen an dem, was wir über Schlesingers Biographie nicht genau wissen. Wenn er der Max(imilian) war, der früher Michael hieß, wie die Verfasser der ihm gewidmeten Lexikonartikel vermuten, dann wurde er 1822 im österreich-ungarischen Kismartin (Eisenstadt) als Sohn eines jüdischen Kaufmanns geboren, besuchte das Wiener Schottengymnasium, studierte an den Universitäten Prag und Wien Medizin und wurde mit *bene* (gut) zum Doktor promoviert.

Wir begegnen ihm zuerst 1848 in Wien, wo er sich als Journalist für die Freiheitsrechte der Ungarn einsetzte und zusammen mit dem späteren Balneologen Josef Seegen ein *Populäres Staats-Lexicon* als *politisches ABC für's Volk* herausgab. Ein pädagogisches Werk, das wöchentlich »in kleinen Heften« erschien, »so billig gegeben, daß sie Jedermann sich anschaffen kann«, und »in leichtfaßlicher Sprache« den (nicht durch ihre Schuld) ungebildeten Massen die wichtigsten Begriffe des sozialen und politischen Lebens erklären wollte. Die Artikel sind in gemäßigtem Ton gehalten; man kann auch heute noch daraus lernen und sich an treffenden Formulierungen und Analysen freuen.

Schlesinger war gerade in Leipzig, wo er zu Julian Schmidt und Gustav Freytag, den Herausgebern der Wochenschrift *Die Grenzboten*, Beziehungen angeknüpft hatte, als ihn eine Vorladung des österreichischen Kriegsgerichts erreichte. Er hatte keine Lust, den Märtyrer zu spielen und zog es vor, sich »bei Nacht und Nebel« aus Leipzig zu entfernen. Zunächst ging er nach Berlin, dann nach London, wo er schnell privat und beruflich Fuß faßte. Mit seinem aus Böhmen gebürtigen Freund und Hausgenossen Jacob Kaufmann begründete er die *Englische Correspondenz,* heiratete eine Londonerin und erschloß sich seine neue Heimat durch *Wanderungen durch London.* So der Titel eines zweibändigen Werkes, das an das deutsche Publikum gerichtet war. Aber auch die prächtig ausgestattete englische Ausgabe fand viele Leser. Schlesinger selbst tritt in den *Wanderungen* in der humoristischen Rolle des österreichischen Emigranten Dr. Keif auf.

London war ›in‹. »Die Hauptstadt des britischen Inselreiches« sei erst unlängst »entdeckt« worden, erklärt Schlesinger im Vorwort. Bisher habe sie immer zu abseits gelegen und im Schatten von Paris gestanden, nun aber hätten »Erleichterung der Communicationswege, die Kosmopolitik der Industrie, und der vernünftige Wunsch, jene merkwürdigen Inseln kennen zu lernen, in der letzten Zeit das Interesse für England und dessen Hauptstadt mächtig angeregt«. Deshalb habe er sich vorgenommen, dem Publikum »durch einfache Schilderungen Einiges von den Instituten, Lebensäußerungen, Menschen und Sitten Londons vor Augen zu führen«, und zwar »zwangs- und anspruchsloser Weise«. Und das tut er dann auch.

Verbringt mit dem Leser eine Nacht auf einer Polizeistation, nimmt ihn mit zur feierlichen Amtseinführung des Londoner Lordmayor, in den Vergnügungspark Vauxhall, das »Paradies der Cockneys«, zu einer Bootsfahrt auf der Themse, an die Börse, zum Gefängnis von Newgate, in den Hydepark, in die exklusiven Clubs von Pall Mall. Berichtet ausführlich über die englische Presse, das Postwesen, Neuerungen – die Schlitze für Briefe, die seit kurzem an den Häusern angebracht waren! –, die Gasbeleuchtung, die boomende Versicherungsbranche, die morbide Lust der Engländer an Hinrichtungen, das englische Wetter, den entsetzlichen Smog im November ...

»The past is a foreign country: they do things differently there.« Schlesingers London ist uns vertraut und fremd. Er führt uns auf die konziliante Art des Feuilletonisten durch die Stadt, ohne seine

liberale Gesinnung zu verleugnen. Erst am Ende der über 800 Seiten langen Wanderungen zeigt er als Dr. Keif seinen kritischen Pferdefuß und geißelt Mißstände, die ihr Erzähler großzügig verschwiegen hatte.

»Kein Wort von Euren rohen Hunds- und Rattenhetzen! Keine Erwähnung von der massiven Prostitution, dem Schmutz, der Lüderlichkeit, Bestialität und moralischen Versunkenheit in den untern Themsequartieren und der Borough! Keine ausführlichen Schilderungen Eurer Ginpaläste und Matrosenkneipen! Eure drei ehrsame Facultäten: die Jurisprudenz, die so verworren ist, daß Tausende von Advocaten sie glorreich auszubeuten nöthig sind – Eure Medicin, der die Quacksalberei über den Kopf gewachsen ist – Eure verrottete, salbungsreiche, vom Mark des Landes dickgefütterte Hochkirche, die dem armen Mann jede Stunde unschuldiger, geistesbildender Erholung versagt – Eure beiden bigotten Landesuniversitäten, Oxford, Cambridge, die Bornirtheit Eurer höchsten Aristokratie und der Snobismus (weil dafür schon kein besseres deutsches Wort es gibt) Eurer gesammten Bourgeoisie – kurz Alles, Alles wie vergessen!«

Als Ausgangs- und Stützpunkt seiner Wanderungen schildert Schlesinger ein typisches englisches Besitzbürgerhaus, mit den Gittern und dem Türklopfer außen, mit Diele, *parlour* (Wohnzimmer), der großen Küche, in die mit Ausnahme der Katze (»und Katzen und Bibeln fehlen in keinem englischen Haus«) nur abgeschlachtete Tiere kommen, darüber die Schlafzimmer, ganz oben eine winzige, zugige Dachstube, die von den Vermietern unweigerlich den Junggesellen zugewiesen wurde, denn »ein lediger Mensch ist in England schlimmer daran als ein verheiratheter Kater«.

Ob Bergenroth nach seiner Ankunft zunächst auch in einer Dachstube logiert hat? 1860 wohnte er in der George Street am Portman Square, später, als er einen großen Teil des Jahres im Ausland verbrachte, stieg er in Ford's Hotel an der Manchester Street ab, wann immer er in London war. Ab und zu traf er sich mit neuen und alten Freunden, mit Kinkels zum Beispiel, mit dem schwäbischen Arzt und Revolutionär Karl Schaible, der ihn in seinen Memoiren erwähnt, mit ehemaligen Kampfgefährten, die sich im »Verein der Vaterlandsfreunde« zusammengeschlossen hatten. Wir wissen auch, daß er als Gast den *Athenæum*-Club besuchte, dem vor allem Intellektuelle, Künstler und Wissenschaftler angehörten. Einmal hat er sich dort längere Zeit mit dem polnischen Naturforscher Paul Edmund de Strzelecki unterhalten, »wobei jeder versuchte, die Nationalität des anderen herauszufinden«. Vielleicht machte er hier die Bekanntschaft von Charles Dickens, der den Bericht über Bergenroths amerikanische Abenteuer in sein Journal *Household Words* aufgenommen hat. »Im Uebrigen« lebt er »sehr eingezogen und mit seinen Büchern beschäftigt«. Nur selten gönnt er sich ein paar freie Tage auf dem Land oder der Isle of Wight, manchmal zusammen mit Schlesinger. Er studiert sein neues Fach. Die meiste Zeit verbringt er in Archiven und Bibliotheken, vor allem wohl im *Public Record Office* und im neuen Lesesaal des *British Museum,* einem großen, hellen Wissenschaftstempel, der seine Benutzer der profanen Gegenwart entrückte. Karl Marx hat dort Teile des *Kapitals* geschrieben.

Kampf der Klassen

»Man trifft bei jedem Schritt einen Hochverräther«, spottete Max Schlesinger über die große Anzahl der politischen Flüchtlinge in London. Viele der hier gestrandeten Emigranten gaben ein trauriges Bild ab. Sie konnten sich von den Träumen und Hoffnungen ihrer Vergangenheit nicht lösen, waren untereinander zerstritten, verbrachten ihre Zeit mit fruchtlosen Diskussionen,

Umsturzplänen, Intrigen. Bergenroth hat auf einen neuen Anfang gesetzt. Nach den zwei gescheiterten Versuchen, Geschichte zu machen, das erste Mal als Revolutionär und Reformer innerhalb des politischen Systems, das zweite Mal als Mitglied einer alternativen Kommune, verlegt er sich nun auf das Schreiben von Geschichte.

Ein konsequenter Schritt, denn sind es nicht eigentlich die Historiker, die die Geschichte machen? Schließlich schreiben sie der Nachwelt die Geschichtserzählungen vor, die diese dann für wahr hält. Seinem gelernten Beruf blieb Bergenroth damit in gewisser Weise treu. Denn wie Juristen sind Historiker der Wahrheitsfindung verpflichtet oder sollten es sein. Folgerichtig und klug berechnet auf Karrierehoffnungen in England, erscheint auch seine Spezialisierung auf die Epoche der Tudor-Dynastie, die von 1485 bis 1603 an der Macht war. Also im Zeitalter von Renaissance und Reformationen, das als Beginn der Neuzeit gilt und die Epoche der Revolutionen einleitet, in die Bergenroth hineingeboren worden war. So jedenfalls erschien es ihm und seinen Zeitgenossen. Friedrich Engels: »Das deutsche Bürgertum machte seine Revolution – die zeitgemäß in religiöser Form erschien –, die Reformation. Aber wie lausig!«

Eine Rebellion, »die zeitgemäß in religiöser Form erschien«, das ist auch der Gegenstand von Bergenroths erster historischer Arbeit. In der von dem Bonner Historiker Heinrich von Sybel neugegründeten *Historischen Zeitung* erscheint 1859 als »Nebenproduct« seiner Forschungen 1859 ein Aufsatz über den »Volksaufstand in England im Jahre 1381«, der »gewöhnlich, obgleich mit Unrecht« den Namen von Wat Tyler, einem der Anführer, trägt. Während die bisherige Geschichtsschreibung die Rebellion religiös begründet sah – wenn sie überhaupt nach Gründen gesucht hatte –, erkennt Bergenroth ihre Ursache in der unerträglichen Lage, in welche die arbeitende Bevölkerung durch neue Verordnungen und Abgaben geraten war. Zwar wurde der Aufruhr niedergeschlagen und bestrafte man seine Anführer und Parteigänger auf unvorstellbar grausame Weise. »Die unteren Klassen waren jetzt mehr den oberen unterworfen als jemals. Es ging dieser Reaction indessen, wie es so oft Reactionen ergeht. Die äußere Macht wurde wieder hergestellt, die moralische blieb jedoch gebrochen. Die Leibeigenschaft wollte nicht mehr recht gedeihen in England.« Etwas mehr als hundert Jahre nach diesem »großen Siege der Herren« war sie »fast gänzlich aus England verschwunden. Von der Zeit an datiert der Kampf der Klassen, der auf national-ökonomischen Ursachen basiert ist.«

Kritische Feldzüge

Der deutsche Professor

In seinem Buch *Woodbrook,* das Autobiographie und Geschichtserzählung auf eigenwillige, eindrucksvolle Weise verbindet, schreibt der Schriftsteller David Thomson: »Historiker sollen unparteiisch sein, aber niemand kann das sein. Eine bloße Liste von Fakten hat in der Geschichte keine Bedeutung. Was zählt, sind Gefühle und Deutungen, und wenn man versucht, die Gefühle von Menschen aus der Vergangenheit zu verstehen, sind die eigenen Sympathien und Antipathien daran beteiligt.« Weil das so ist, kann und muß Geschichte immer neu geschrieben werden. In der Einleitung zu seinem Aufsatz über den Volksaufstand von 1381 hat Bergenroth dazu Überlegungen angestellt.

»Die Geschichtsschreibung keiner Periode kann jemals als definitiv abgeschlossen angesehen werden. Historiker des neunzehnten Jahrhunderts schreiben von Neuem die Geschichte von Thucydides und Livius, und ihre Arbeiten sind kein überflüßiger Luxus, sondern aus nothwendigen, dringend gefühlten Bedürfnissen der Zeit hervorgegangen. Der Sinn ist nicht etwa der, daß die späteren Schriftsteller ihre Vorgänger verbessern. Jede neue Entwicklungsstufe bringt vielmehr neue Interessen, Anschauungen und Bedürfnisse hervor. Jede Zeit will wissen, wie sich die Fragen, die sie vorzugsweise beschäftigen, in der Vergangenheit entwickelt haben.« Für Bergenroth lautete die bedeutendste Frage der Gegenwart: »›Welches Maß geistiger und materieller Kultur haben die verschiedenen Völker erreicht und in welchem Verhältnisse nehmen die einzelnen Volksklassen daran Theil?‹« Ein Bekenntnis also zu den Ideen der Aufklärung und den Zielen der Französischen Revolution, die in der Erklärung der Menschen- und Bürgerrechte kodifiziert sind.

Mit seinem Plädoyer für eine engagierte Historiographie zielte Bergenroth auf Leopold Ranke, den berühmtesten Geschichtsschreiber seiner Zeit, der vom Gegenteil überzeugt war. »Man hat der Historie das Amt, die Vergangenheit zu richten, die Mitwelt zum Nutzen zukünftiger Jahre zu belehren, beygemessen: so hohe Aemter unterwindet sich gegenwärtiger Versuch nicht: er will bloß zeigen, wie es eigentlich gewesen«, hatte Ranke schon 1824 in der Vorrede zu seinen *Geschichten der romanischen und germanischen Völker* bekundet. »Bloß«! Jede Epoche sei unmittelbar zu Gott, lehrte er, der Historiker müsse seine Gegenstände objektiv schildern, und: »Die Wahrheit kann nur eine seyn.« Vielleicht ist dieses Programm mitverantwortlich für seinen akademisch geschliffenen, aber merkwürdig grau und unsinnlich wirkenden Stil, den Ricarda Huch treffend charakterisiert hat: »Ich glaubte, die wirkliche Welt sei viel wilder, grausamer, böser und gemeiner, und doch auch wieder viel schöner. Verschwieg er auch keine von den Schandtaten, so verstand sein reinlicher Pinsel doch auch das Struppigste für die gute Gesellschaft annehmbar zu machen.«

»Interessen der Gegenwart in die historische Arbeit hineintragen, hat gewöhnlich die Folge, deren freie Vollziehung zu beeinträchtigen«, bekräftigt Ranke 1859 seine Haltung im Vorwort zum ersten Band seiner *Englischen Geschichte vornehmlich im sechzehnten und siebzehnten Jahrhundert*, die Bergenroth in einer sechzehn Druckseiten umfassenden Rezension verrissen hat.

Ranke war damals Mitte Sechzig, Professor an der Berliner Universität, Historiograph des preußischen Staates, schriftstellerisch außerordentlich produktiv, Verfasser einer dreibändigen *Geschichte der römischen Päpste in den letzten vier Jahrhunderten*, einer sechsbändigen *Deutschen Geschichte im Zeitalter der Reformation*, einer *Preußischen Geschichte* in neun (später zwölf) Büchern und einer *Französischen Geschichte* in sechs Bänden, um nur die großen Projekte zu nennen.

Nun also hatte er sich die *Englische Geschichte* vorgenommen. Ein gefundenes Fressen für Bergenroth, der sich offenbar schon lange über Ranke geärgert hatte. Der Angriff eines Raubtiers. Ein paar Sätze nur – und schon hängt er an seiner Kehle!

»Professor Ranke nimmt eine so hohe Stellung unter den Historikern unserer Zeit ein, daß, wenn er ein Buch schreibt, die gebildete Welt es mit Spannung erwartet. Wir dürfen von ihm nur etwas Vorzügliches erwarten, zumal da er weiß, daß etwas Mittelmäßiges ihm wenigstens einen Theil seines Ruhmes kosten würde. Für die ersten fünfzehn Jahrhundert seiner englischen Geschichte hat er freilich wenig Raum. Aber gerade solche gedrängte Darstellungen gewähren besonders interessante Ueberblicke, wenn sie mit sicherer Hand gezeichnet sind. Halten doch viele die Einleitung von Machiavelli zu seiner florentinischen Geschichte für das Beste, was dieser große Meister geschrieben hat. Von Professor Ranke können wir indessen nicht dasselbe rühmen. Sobald der Verfasser von der Höhe seines gezimmerten Systems herabsteigt, um auf englische Geschichte einzugehen, zeigt er zwar das volle Selbstvertrauen eines Mannes, der zu leiten gewohnt ist, zugleich aber auch die Hilflosigkeit eines Führers, der des Landes unkundig ist.«

Ausdrücklich nimmt Bergenroth die Kapitel aus, in denen

Ranke die »Wechselwirkungen zwischen England und dem Kontinent« zur Tudor-Zeit selbst durchforscht und vortrefflich beschrieben habe. Was allerdings die Tudor-Herrscher angeht, so kannte Ranke sie seiner Einschätzung nach nur aus zweiter Hand und hatte er sich überhaupt mit seinem Gegenstand übernommen.

»Die Geschichte des Hauses Tudor ist eine der interessantesten, zugleich aber auch schwierigsten Gegenstände, die sich ein Historiker wählen kann. Nichts ist freilich leichter, als eine Lobschrift auf Heinrich oder Elisabeth abzufassen, wenn man, wie das so oft geschehen, von dem praktisch-orthodoxen Grundsatze ausgeht, daß, wer gegen den Papst ist, darum für Gott sein müsse und kein Unrecht thun könne. Aber auch von der andern Seite ist es wahrlich nicht schwer, ein Gemälde in den schwärzesten Farben zu produciren, wenn man sich an die Schriftsteller der entgegengesetzten Schule hält. Geschichtsschreiber, die sich der Unparteilichkeit beflissen, haben es wohl auch versucht, etwas von der einen und von der andern Seite zu entnehmen. Aus diesem widersprechenden Material haben sie ein buntes Bild zusammengesetzt, das durch nichts als die größere oder geringere Kunst der Darstellung zusammengehalten wird. Nur derjenige Historiker kann der Geschichte dieser Zeit einen wesentlichen Dienst leisten, welcher überall auf die ersten Quellen zurückgeht und außerdem seine Studien auf die breitesten Grundlagen ausdehnt. Denn wenn man z. B. auch die einzelnen Handlungen von Heinrich dem Achten richtig erzählen wollte, so würden sie, die oft mehr gegen die menschliche Natur zu verstoßen scheinen, als die Extravaganzen vom König Blaubart und von halbdämonischen Zwergen, unverständlich bleiben, wenn nicht der moralische und intellektuelle Zustand des Volkes erst klargemacht wäre.«

Und doch waren es eigentlich nicht die Fehler und Irrtümer des Professors, die Bergenroth irritierten, es war der »falsche Ton« des Ganzen, der sich in ihnen manifestierte, und zwar »im Größten und im Kleinsten«.»Vom Kleinsten ein Beispiel aus vielen. Die Charakteristik von Heinrich dem Siebenten bei unserm Verfasser ist nichts, als eine freie Uebersetzung von Lord Bacon. Wenn der Letztere indessen sagt, daß dieser König etwas einem Geistlichen geglichen *(a little like a churchman),* so ist die Bemerkung des englischen Hofmannes dem deutschen Professor nicht ehrerbietig genug. Er muß aus dem Geistlichen einen ›hohen Geistlichen‹ machen.«

Im Großen hörte Bergenroth diesen falschen Ton vor allem aus Rankes ganzer Auffassung von Heinrich VIII. heraus. Daß er dessen Herrschertalente weit über Verdienst schätzte und seine Untaten viel milder beurteilte als die der katholischen Maria Stuart, lag nach Bergenroths Ansicht letztlich an Rankes Sympathien für die protestantische Seite.»Wir würden glauben, daß es in einer so gebildeten Geschichte, wie der unsers Verfassers, gegen den Anstand ist, von gemeinen Hinrichtungen zu sprechen, hätte Professor R. nicht selbst seine Entrüstung über die Executionen unter Maria zu erkennen gegeben, die, wie er dabei bemerkt, halb spanischer Abkunft war, und nach spanischen Beispielen handelte. Auf dieses Letztere legen wir wenig Gewicht, während wir im Uebrigen vollkommen mit dem Verf. übereinstimmen, daß die Königin für solche Akte ihrer Regierung persönlich verantwortlich war. Wir gehen nur einen Schritt weiter und messen Heinrich mit demselben Maaßstabe. Wir entnehmen die folgende Aufzählung von Lord Herbert, seinem ersten Biographen und seinem Vertheidiger. Heinrich ließ zum Tode verurtheilen: ›zwei Königinnen, 2 Cardinäle (Wolsey und Pole), 12 Herzöge, Marquis, Earls und Söhne von Earls, 18 Barone und Ritter, 77 Aebte, Priore u. s. w. und von mehr gewöhnlichem Volke der einen und der andern Religion ungeheuere Massen‹. Nicht von katholischer Seite, sondern von protestantischer erfahren wir, daß diese ›ungeheuren Massen‹ in der That nicht weniger als 72 000 Hinrichtungen begriffen, in einer Bevölkerung, die nicht mehr als 4 Millionen betrug.«

Mit seinem Angriff gegen Ranke hatte Bergenroth (wer war das überhaupt?) sofort einen großen Teil der deutschen Historiker gegen sich, auch wenn er so manchem damit aus der Seele gesprochen haben mag. Ein Sakrileg! Für einen Mann am Beginn seiner Laufbahn fast selbstmörderisch, aber Ranke war für Bergenroth eben das sprichwörtliche rote Tuch, das ihn einige Jahre später noch einmal in einer Rezension – über ein Werk des französischen Historikers Mignet – zu einem Angriff provozierte. »Wie milde ist Ihr Tadel!« schrieb er einem Freund, John Acton, der ihn deswegen kritisiert hatte. »Ich bin nicht so nachsichtig gegen mich selbst. Ich schäme mich meines Artikels, und das ist die härteste Strafe, die mich befallen konnte. Mein Ausfall gegen Ranke ist ganz unnötig, unverantwortlich, und so durchaus *mauvais goût*. [...] Kann ich Ranke nicht in Ruhe lassen? Die einzige Entschuldigung die ich anführen könnte – wenn es eine Entschuldigung ist – ist die daß ich vom langen Arbeiten so abgespannt bin, daß ich nur in einer Art nervöser Aufregung schreiben kann, und in aufgeregter Stimmung kann man nicht immer verantworten was man sagt.«

Der Heldenverehrer

Neben seiner Kritik an Ranke veröffentlichte Bergenroth 1860 noch weitere Rezensionen, in denen er sich mit Publikationen englischer Historiker auseinandersetzte. Man kann seine Antipathien daraus ganz gut kennenlernen. Er haßte Bigotterie, Intoleranz und Nationalismus; gegen Untertanengeist und den Hochmut der Eliten war er allergisch.

Mit den jüngsten zwei Bänden (drei und vier) von James Anthony Froudes *History of England from the Fall of Wolsey to the Death of Elisabeth* machte er kurzen Prozeß. »Mr. Froude macht kein Hehl daraus, daß Heinrich VIII. sein Held ohne Flecken und

Tadel ist, den seine Geschichte Englands verherrlichen soll. In einem einleitenden Kapitel von 80 Seiten stellt er den damaligen socialen Zustand als nahezu vollkommen dar, wenn es nur keinen Papst gegeben und die neue Zeit des alten Feudalismus nicht schon stark gedroht hätte. Die Begründung dieser gewagten Behauptungen ist indessen ungewöhnlich schwach. Sie verräth auf jeder Seite Unkenntniß und Mangel an Urtheil. Die Darstellung des socialen Zustands können wir als verfehlt aufgeben. Glücklicherweise steht sie mit der folgenden Geschichte in keinem Zusammenhange.« Der Autor wende sich darin nämlich »ausschließlich der Religion« zu und erzähle viele Geschichten, »die mit der Lossagung vom Papste im Zusammenhange stehen und dieselbe zum Theil erklären sollen«. Immer wieder erinnere er den Leser daran, »daß Heinrich kein gewöhnlicher Sterblicher, sondern ein höheres Wesen war. Darf ein solcher König nach den Regeln gewöhnlicher Moral beurtheilt werden? Gewiß nicht. Wenn er die Ehe bricht und mit Lady Tailbois einen Sohn erzeugt, so ruft unser Autor aus: ›Es ist kein kleines Verdienst, daß er nicht mehr als eine Maitresse gehabt hat!‹ Heinrich erklärt, daß Katharina von Arragon nicht sein rechtmässiges Weib, sondern seine Concubine gewesen ist. ›Welche Gewissenhaftigkeit! Seit der König Zweifel über die Gesetzlichkeit gefühlt, hat er keine Opfer gescheut, sich davon los zu machen.‹«

Nachdem Bergenroth seine Leser mit weiteren Blüten dieser Art erheitert hat, bemerkt er kühl: »Ein solches Buch ist keine Geschichte und der Schreiber kein Historiker.« Daß er danach doch noch etwas zu loben fand, zum Beispiel die »leichte und gefällige Darstellung« Froudes, wird diesen kaum versöhnt haben.

Der Haßprediger

Auch im ersten Band von Robert Vaughans *Revolutions in English History* fand Bergenroths Spottlust reiche Nahrung, aber sie war mit Grimm gepaart. »Der Plan des Werks ist, zuerst die großen Umwälzungen der Racen, dann die religiösen Umwälzungen unter den Tudors und endlich die Verfassungskämpfe unter den Stuarts zu beschreiben. Der erste Band, der uns hier beschäftigt, behandelt die Revolutionen der Racen, d. h. die Celten, Römer, Sachsen und Normänner in England. Waren die alten Briten Barbaren? Durchaus nicht. Dr. Vaughan, der so patriotisch ist, daß er das einfache Fürwort ›ille‹ bei Tacitus ›erlauchter Häuptling‹ übersetzt, sobald es sich um einen Celten handelt, erzählt uns von schönen und festen Städten auf luftigen Hügeln, von Häusern voll Wirthschaftsgeräth und Luxusgegenständen, von Damen in bunten wallenden Gewändern, von goldenen Gürteln, Spangen und Brustverzierungen ohne Zahl und, trotz dieses enormen Luxus, doch von reinen, einfachen Sitten und heiteren ländlichen Festen mit Gesang und Tanz zum Spiele der Laute. Alle diese Herrlichkeiten finden sich bei Dr. Vaughan nicht so zusammengedrängt, wie hier, sondern über fünfzig oder sechzig Seiten vertheilt.

Wäre dieses Bild das eigene Privatwerk von Dr. Vaughan, so würden wir es für grausam halten, ihn in seinen Illusionen zu stören. Das Gemälde ist aber weder Original noch ist es harmlos. Die zahlreiche Schule der englischen Alterthümler hat ihm daran geholfen und seine Absicht ist es, wie wir sehen werden, politisches Kapital daraus zu machen.«

Was trieb Vaughan dazu, die alten Briten gegen die Evidenz der Quellen zu verklären? »National-Eitelkeit, vielmehr aber noch Haß gegen Rom, dessen Bischof der Papst ist«, antwortet Bergenroth. »Wie die Juden ihre Feinde und deren Kinder und Kindeskinder verfluchten, so haßt Dr. Vaughan den Papst und das Land, das ihn gezeugt, bis in die frühesten Zeiten zurück.« Nachdem Bergenroth einige Seiten mit Belegen für diesen Befund gefüllt hat, kommt er in seiner Schlußbemerkung darauf zurück. »Wir haben gesehen, wie sich bei Dr. Vaughan Alles um seinen Haß gegen Rom dreht, wie er demselben alle Interessen des Staats und der Humanität opfert. Die religiös-politische Partei, deren Prophet er ist, obgleich in viele Unterabtheilungen zerbröckelt, wird nach Millionen gezählt und ist in stetem Wachsen. Von der andern Seite gewinnt die katholische Kirche in ihrer schroffesten Form in England neuen Boden. Wird ein gewaltsamer Zusammenstoß beider Parteien kommen? [...] Es ist nicht unsere Absicht, Dr. Vaughan zu nahe zu treten und seine Aufrichtigkeit zu bezweifeln. Indessen Leute in seiner Stellung brauchen, zumal in England, selbst den Haß nur zu oft als ein bloßes einträgliches Gewerbe, das sie aufgeben, sobald Gefahr damit verbunden ist. Wenn jedoch die Führer es mit ihrem Hasse nicht ernst meinen sollten, sind sie sicher, daß ihre Schüler es nicht redlicher meinen?«

Von hier aus fällt auch ein Schatten zurück auf Mr. Froudes protestantisch-patriotische Bewunderung für Heinrich VIII. Daß sie tatsächlich nicht so harmlos war, wie es auf den ersten Blick scheint, zeigen spätere Veröffentlichungen Froudes. Einschlägig ist sein Reisebericht *The English in the West Indies* von 1888, in dem er den farbigen Bewohnern der Karibik die Fähigkeit abspricht, sich selbst zu regieren, und ihre religiösen Bräuche attackiert. John Jacob Thomas, ein Lehrer aus Trinidad, hat darauf damals mit einem Buch geantwortet, dessen Titel in die englische Sprache eingegangen ist. *Froudacity* steht für eine imperialistische Geisteshaltung.

Der Ehrgeizige

Der um 1210 geborene englische Universalgelehrte Roger Bacon, der wegen seiner Lehren von der Kirche verfolgt und eingekerkert worden war, wurde später vor allem in seiner Heimat als revolutionärer Neuerer hochgeschätzt. Eine Edition seiner wichtigsten (auf Latein abgefaßten) Schriften bot Bergenroth die Gelegenheit, diesen berühmten Mann genauer kennenzulernen. Seine Auseinandersetzung mit Bacon ist der persönlichste, ambitionierteste und interessanteste der kritischen Feldzüge, mit denen er sich der Öffentlichkeit als Historiker präsentierte. Er hat wohl in Gestalt Bacons Versuchungen und Gefährdungen abgewehrt, denen er selbst ausgesetzt war.

Es ist schon erstaunlich, wie intensiv sich Bergenroth in die schwierige Materie der Scholastik eingearbeitet hatte (wie ehemals in Nationalökonomie und Statistik), um Bacons Leistungen im zeitgeschichtlichen Kontext beurteilen zu können. Das Ergebnis seiner Prüfung ist eindeutig. Er hielt Bacon für überschätzt, und er hatte dafür auch eine einleuchtende Erklärung. »Wenn wir uns nicht mit Hörensagen begnügen, sondern wirklich seine Werke lesen, so gehen wir gewöhnlich mit dem Vorurtheile heran, daß im dreizehnten Jahrhundert nichts als Aberglauben und Unwissenheit zu erwarten ist. Wir sind daher überrascht, soviel Licht zu finden, als die Schriften von Bacon ohne Zweifel enthalten. Die Folge davon ist, daß wir ihn für einen überlegenen Geist halten und ihm seine Behauptungen aufs Wort glauben.« Freilich, wer (wie er selbst) dieses Vorurteil als solches erkannte, konnte nicht »in das traditionelle Lob seines angeblich weit über seine Zeit erhabenen Geistes einstimmen«. Viele der angeblich neuen Erkenntnisse Bacons waren gar nicht neu, stellte er fest, sondern »zusammengesucht wie aus alten Lappen« oder mit Irrtümern behaftet und manchmal auch einfach absurd. »Wir müssen gestehen, daß wir es ihm gerne erließen, aus Christ, den zwölf Aposteln und den 24 Aeltesten der Apocalypse ›ein sehr schönes Viereck zu construiren‹.«

Aber mehr als für die wissenschaftlichen Defizite Bacons interessierte sich Bergenroth für die moralischen Ursachen, die ihnen seiner Einschätzung nach zu Grunde lagen. »Bacon war ein Mann von großen Anlagen und zugleich von engherziger Beschränktheit, ein Freund der Wahrheit und ein Anhänger der Lüge, kurz ein bizarres Gemisch von Tugenden und Lastern, das den ›Menschenfreund‹ tief kränkt, für den Beobachter menschlicher Natur aber besondern Reiz hat«, stellte er fest. »Sein Beispiel zeigt, daß wissenschaftliche Größe nicht allein Verstand und Fleiß, sondern auch einen unverdorbenen Charakter voraussetzt. Er selbst ist der Erste diesen Satz anzuerkennen. ›Wie der Mensch im Leben, so ist er in der Wissenschaft‹, ist ein Lieblingsthema von ihm. Er vergißt es nur, diese Wahrheit auf sich selbst anzuwenden.«

Bergenroths These, daß »wissenschaftliche Größe« einen »unverdorbenen Charakter« voraussetze, wirkt auf den ersten Blick freilich befremdlich. Ein unverdorbener Charakter ist so selten wie ein Einhorn. Wenn man für unverdorben integer setzt, kommt man dem, was er meint, näher. Es geht ihm um das Ethos des Wissenschaftlers.

Er sollte einzig der Wahrheit verpflichtet sein und sie nach bestem Wissen und Gewissen suchen. Doch es ist leicht, vom rechten Weg abzukommen. Viele Fallstricke sind für ihn ausgelegt. Wenn ihm eine Entdeckung unerträglich ist, kann er sie unterschlagen oder verfälschen. Er wird vielleicht erfinden, wenn er nichts findet. Wirtschaftliche Not und Erfolglosigkeit machen korrumpierbar, Vorurteile blind, Geltungsdrang führt zu Selbstüberschätzung und Prahlerei …

»Der Grundzug von Bacons Charakter war zweifelsohne ein großes, sogar ein zu großes Selbstgefühl.« So brachten nach Bergenroths Überzeugung übersteigerter Ehrgeiz und Eifersucht auf einen berühmteren Kollegen Bacon dazu, »den Weg der Gewöhnlichkeit zu verlassen«– und eben dadurch auf die schiefe Bahn. »Neue Wege führen selten zum Glück. Neuerungen sind fast nie Verbesserungen, wenn sie aus persönlicher Rivalität gesucht werden und nicht aus tiefer Ueberzeugung und aus der Nothwendigkeit in der Sache selbst fließen. Bacon verfiel seit dieser Zeit in eine Reihe von Irrthümern und in eine krankhafte Reizbarkeit, die es ihm oft unmöglich machte, die einfachsten Dinge richtig zu erfassen.«

Ich weiß nicht, ob Bergenroths Bacon-Kritik von der Forschung rezipiert worden ist. Seine Zweifel an dessen »über seine Zeit« erhabenem Geist jedenfalls waren offenbar wohlbegründet. »Bacon war kein Mann der Moderne, abgekoppelt von seinem Jahrhundert, Künder künftiger Dinge, sondern ein brillanter, kämpferischer, ziemlich exzentrischer Gelehrter des dreizehnten Jahrhunderts«, stellte der Wissenschaftshistoriker David C. Lindberg 1987 fest.

Literato prusiano

London, 1860. Bergenroth hat mittlerweile erkannt, daß er seine Forschungen zur Tudor-Zeit auf eine breitere Materialbasis stellen muß. Zwar waren »die Quellen zur Geschichte der inneren Entwicklung Englands in diesem Lande selbst zu finden«, die eigentlichen Schlüssel zur englischen Außenpolitik aber waren für diese Epoche »nicht in England zu suchen, das damals im europäischen Context noch eine untergeordnete Rolle spielte, sondern in dem Lande, welches damals an der Spitze Europas stand und alle übrigen Regierungen beeinflußte, in Spanien«. Im Mai wendet er sich an den preußischen Außenminister Alexander von Schleinitz mit der Bitte, ihm bei diesem Vorhaben behilflich zu sein. Er kann darauf hoffen, daß über seine revolutionäre Vergangenheit Gras gewachsen ist und sein herausfordernder Kündigungsbrief von 1849 in den Akten vergraben liegt.

»Früher Kammergerichts Assessor u dann auf mein Ersuchen aus dem Staatsdienste verabschiedet, beschäftige ich mich mit historischen Studien u beabsichtige zuvörderst ein Werk über die Geschichte Englands unter den Tudor's zu schreiben. Seit ungefähr 4 Jahren halte ich mich in England wegen des Quellen Studiums auf. Die englischen Staats-Archive, so reich sie sind, enthalten aber manche Lücken, die nur durch die Archive derjenigen Länder ausgefüllt werden können, mit welchen die englische Regierung damals im Verkehre stand. Für die Periode der Tudor's steht in dieser Hinsicht Spanien oben an. Es ist daher unerläßlich nothwendig für mich, die spanischen Archive einzusehen, wenn ich mit voller Sicherheit über manche der wichtigsten Staats Angelegenheiten sprechen will.

Ich habe erst privatim in Madrid angefragt, ob die spanischen Staats Archive zugänglich sind u zur Antwort erhalten, daß die spanische Regierung mir ohne Schwierigkeiten die Erlaubniß ertheilen will, die Haupt Archive von Simancas einzusehen, wenn mein Gesuch von der Königl. Preuß. Gesandtschaft empfohlen wird. Dasselbe hat man mir auf der hiesigen spanischen Gesandtschaft gesagt, nachdem man, wie ich glaube, erst in Madrid angefragt hatte. Simancas liegt bei Valladolid, ungefähr auf halbem Wege zwischen Bayonne u Madrid. Es würde mir daher eine große Erleichterung sein, wenn ich nicht genöthigt wäre, mein Gesuch persönlich in Madrid vorzutragen.«

Seinem Schreiben legt er die Eingabe an den spanischen Minister des Auswärtigen bei, mit der Bitte, es der preußischen Gesandtschaft in Madrid zur weiteren Beförderung weiterzuleiten, was auch geschieht. Der Gesandte, Graf Ferdinand Galen, wird angewiesen, sich »angelegentlich« dafür zu verwenden, »daß dem

Bittsteller die Benutzung der betreffenden Archive gestattet und jede thunliche Erleichterung bei der Verfolgung seiner wissenschaftlichen Zwecke gewährt werde«.

Das ist am 27. Mai. Am 14. Juni wird dem »D. Gustavo Bergenroth, literato prusiano« ab sofort die Erlaubnis zur Benutzung der Archive von Simancas erteilt. Aus irgendeinem Grund aber findet das Schriftstück den Weg nach London nicht.

Bergenroths Ungeduld kann man aus einem Brief vom 11. Juli heraushören, in dem er der Familie in Thorn von seinem Vorhaben und von seinem schlechten Gesundheitszustand berichtet.

11. Juli 1860.

Meine liebe Mutter und Schwester, – Vielen Dank für Eure Briefe vom 4. Sie waren umso willkommener, als ich sie lange erwartet hatte. Ich muß gestehen, daß ich mutlos und krank bin. Wenn ich krank bin, kann ich nicht arbeiten, und meine Krankheit dauert nun schon mehr als vier Monate. Das Wetter ist schlecht – wir haben immer noch keinen richtigen Sommer. Heute ist es so kalt, daß ich das Kaminfeuer anzünden lassen mußte. Da meine Krankheit ernst ist, muß ich mich den Verordnungen des Arztes fügen, der mir dringend rät, einige Zeit in einem anderen Klima zu verbringen. Ich werde England deshalb für eine Zeitlang verlassen, und ich habe folgenden Plan: In Simancas, bei Valladolid, in Alt-Kastilien, sind die großen spanischen Staatsarchive und insbesondere die Korrespondenzen der spanischen Gesandten mit Ferdinand und Isabella, Karl V. und Philipp II. Es ist absolut notwendig für mich sie zu sehen. Simancas ist ein kleines Dorf. Wenn ich dort hingehe, habe ich also Landluft in einem anderen Klima und kann meine Arbeiten fortsetzen. Ich habe bei den spanischen Autoritäten um die Erlaubnis zur Benutzung der Archive ersucht. Der preußische Außenminister, Baron Schleinitz, hat sich für mich eingesetzt, und so hoffe ich bald die Erlaubnis zu erhalten. So bald sie kommt, was noch in dieser Woche sein kann, werde ich aufbrechen.«

Als die ersehnte Nachricht Ende Juli immer noch nicht in London eingetroffen ist, macht Bergenroth sich auf den Weg. »Da mein Arzt mir eine Ortsveränderung dringend empfohlen hat, so habe ich nicht länger in London auf die Erlaubniß der spanischen Regierung warten können, die Staatsarchive in Simancas benutzen zu dürfen«, schreibt er dem Grafen Galen. »Ich bin einstweilen nach Paris gegangen, wo ich sehnsüchtig hoffe, die Antwort auf mein Gesuch an das spanische Ministerium zu erhalten noch ehe der Sommer vorüber ist.« Sobald die Erlaubnis eintreffe, möge der Gesandte sie ihm an seine Pariser Adresse schicken.

Erst in der zweiten Augusthälfte kann er sich von dort aus endlich nach Simancas aufmachen. Der Zeitschrift *Athenæum* will er regelmäßig Artikel über seine Entdeckungen schicken. Am 30. August meldet er von Galen seine Ankunft, mit dem »gehorsamsten und aufrichtigsten Dank« für dessen Bemühungen. »Die elende Monotonie meines hiesigen Aufenthalts ist überreichlich aufgewogen durch die historischen Schätze, welche mir Don Manuel Garcia, der Chef der Archivare, mit liebenswürdigster Bereitwilligkeit zu Gebote gestellt hat.«

Don Quijote in Simancas

»Die *dulcaina* hat die *plaza* erreicht und sich unter meinem Fenster aufgebaut«, seufzt Bergenroth. Arbeiten kann er beim Klang der nur so genannten »Süßtönenden« nicht. »Die *dulcaina* ist das Nationalinstrument von Kastilien. Sie ist etwas zwischen einer Flöte und einer Klarinette. Die Antiquare diskutieren mit großem Ernst, ob sie von den Eingeborenen erfunden oder von Phöniziern, Römern oder Arabern eingeführt wurde. Aber wer immer Schuld an der Erfindung oder Einführung eines so unmusikalischen In-

Abb. 15: Spanien um 1860

struments trägt, eingeführt ist es. Ihre schrillen Töne, die immerfort das gleiche spielen, eine Melodie aus ›La Traviata‹ und ein spanisches Volkslied, und nichts anderes, machen mich manchmal fast wahnsinnig. September ist der Festmonat in Kastilien. Fast jeder Tag ist ein Feiertag. Sie ähneln einander wie zwei Blätter eines Baumes. In Begleitung einer Trommel führt die *dulcaina* das Volk morgens in die Kirche, steht an der Spitze der Prozession, und wenn die Prozession vorbei ist, marschiert sie zur *plaza*, wo mit kurzen Unterbrechungen bis zum Tagesanbruch getanzt wird. Während der Nacht brennt ein großes Feuer in der Mitte des Kreises, der von den Tänzern gebildet wird.«

Und dann fügt Bergenroth noch eine Betrachtung über populäre Lustbarkeiten an.

»Nur wenige Menschen haben so sublime Empfindungen, daß

sie ohne Unterbrechung ein Leben des ruhigen Nachdenkens und rein intellektueller Freuden führen können. Gewöhnliche Sterbliche brauchen manchmal Aufregungen, um die Monotonie ihrer Existenz zu unterbrechen, und für die große Menge müssen diese Aufregungen billig sein. In manchen Ländern helfen sich die Menschen deshalb mit Trinken und Kämpfen. In Spanien tanzen sie. Tanzen ist ihnen so notwendig, daß es sogar in ihre Kirchen Einlaß findet. Ich spreche nicht nur von Simancas und anderen abgelegenen Dörfern, wo dergleichen weniger überraschend ist. In der Kathedrale von Sevilla gibt es während der Fronleichnamswoche regelrechte Ballette, die in Anwesenheit des Erzbischofs von jungen Männern in alter spanischer Tracht vor dem Hochaltar aufgeführt werden.

Ich muß jetzt schließen. Benancia und Aurea, zwei weibliche Boten, die noch nicht zwölf Jahre alt sind, betreten mein Zimmer und sagen mir, daß alle auf der *plaza*, alt und jung, es sehr unhöflich finden, daß ich nicht am allgemeinen Vergnügen teilnehme. Die Frauen singen gerade unter meinem Fenster den Refrain:

Estrellas en cielo son ciento y doce,
Las dos de tu cara ciento cuartorce.

Die Sterne im Himmel sind hundertzwölf,
Hundertvierzehn mit denen in deinem Gesicht.«

Bergenroth tanzt leidenschaftlich gern, und er kann Ablenkung gut gebrauchen. Hatte er vor seiner Ankunft in Simancas manchmal gefürchtet, daß er in den Archiven womöglich weniger finden würde als erhofft, so leidet er nun an der Überfülle des zu sichtenden Materials. Zwar gibt es in anderen europäischen Ländern und selbst in Spanien noch größere Archive als das von Simancas, aber für seine Forschungsperiode ist es seiner Überzeugung nach das wichtigste.»Der Leser findet darin Dokumente, die sich auf die großen politischen Transaktionen des 16. Jahrhunderts beziehen, in einer Vollständigkeit, als studierte er gegenwärtige Verhandlungen des Auswärtigen Amtes.« Die Lücken, entstanden zuletzt in den Napoleonischen Kriegen durch Raubzüge der französischen Besatzer, die einen Teil der Bestände nach Paris gebracht hatten, sind seiner Überzeugung nach nicht sehr groß. Insgesamt hätten die Archive von Simancas in ihrer langen Geschichte weit geringere Verluste erlitten als die Staatsarchive von England, Frankreich und Belgien.

»Ich muß gestehen, daß ich nicht sicher bin, ob ich nicht davonlaufen werde, weil ich daran verzweifle, meine Arbeit jemals beenden zu können. Wenn ich zu den Archiven hin und wieder zurück gehe, gefolgt von Pedro, der mir mit wichtiger Miene meine Schreibutensilien nachträgt, kann ich mich nicht enthalten, ihn mit Sancho Pansa zu vergleichen, ein Vergleich, der logischerweise für mich nicht schmeichelhaft ist. Bin ich nicht ein literarischer Don Quijote? Warum ertrage ich die Strapazen des Lebens in Simancas? Warum verbringe ich Monat für Monat mit Papieren, die voller Buchstaben sind, die fast so schwer zu lesen sind wie die ägyptischen Hieroglyphen? Sind nicht Historiker zu höchstem Ansehen gekommen, die sich damit zufrieden gegeben haben, die alten, wohl bekannten Überlieferungen auseinanderzunehmen und neu zusammenzusetzen, unter gelegentlichem verfälschenden Zusatz von Parteiengeist?

Und doch fürchte ich, daß ich nicht die Willenskraft habe, abzureisen, bevor ich alle fraglichen Dokumente gelesen habe. Sie faszinieren mich. In der Tudorzeit waren die meisten spanischen Botschafter in England fähige Diplomaten. Sie betrieben nicht nur ihre regulären Amtsgeschäfte, sie beschäftigten sich zugleich auch mit allen Vorfällen, die die englische Regierung im Inneren oder Äußeren stärkten oder schwächten. Sie beobachteten mit nie nachlassender Wachsamkeit die Projekte Englands in fremden Ländern und die Intrigen fremder Länder in England, um ihren eigenen Intrigen zum Sieg zu verhelfen. Diese Briefe sind meiner Meinung nach unentbehrlich für den Historiker, der ernsthaft anstrebt, Geschichte zu schreiben, wie sie wirklich war. Aber von fast noch größerem Interesse sind die Instruktionen der spanischen Regierung an ihre Botschafter in London. Ferdinand der Katholische war ein Fürst von beträchtlichen Fähigkeiten und noch größerem Fleiß. Er war immer gut informiert und hatte bei seinen Instruktionen die ganze europäische Politik im Auge. Karl V. war das Zentrum des politischen Lebens seiner Zeit, und obwohl Philipp II. nie die herausragende Stellung seines Vaters erreichte, so stand er doch an der Spitze des einen Teils Europas, die gegen die andere Hälfte aufgestellt war. Alle waren Hauptdarsteller im großen Drama ihrer Zeit. Ihre Meinungen und Absichten verdienen unsere Aufmerksamkeit, auch wenn wir sie mißbilligen.«

Das Jagdfieber hat ihn gepackt. An Hand von Kostproben versucht er den Lesern des *Athenæum* deutlich zu machen, wie spannend die neuen Quellen sind, und wie vielversprechend deshalb die noch unerforschten Dokumente. Allerdings denke er oft, daß eine solche Arbeit nicht einem Privatmann überlassen bleiben sollte, der all die Hilfsmittel nicht nutzen könne, die nur mit Geld zu haben seien.»In England werden jetzt historische Zeugnisse und Staatsakten unter der Leitung des *Masters of the Rolls* publiziert.«

Das war, wie die Folge der *Athenæum*-Beiträge insgesamt, die öffentliche Bewerbung um eine Stelle als Mitarbeiter an dem großen editorischen Projekt, das Sir John Romilly (ab 1866 Lord Romilly) erst kürzlich in Angriff genommen hatte. Als zweithöchster Richter des Königreichs war er zugleich Generaldirektor der britischen Staatsarchive und damit *Master of the Rolls*, ein ehrwürdiger, auf das 13. Jahrhundert zurückgehender Titel. Die wichtigsten Quellen zur englischen Geschichte sollten entweder vollständig publiziert werden oder nach Sachgebieten gesammelt, in Regesten zusammengefaßt, chronologisch in *Calendars* angeordnet und so der Forschung zugänglich gemacht werden. Und das ist dann auch geschehen. Es ist gut möglich, daß Bergenroth die Mitarbeit an diesem Unternehmen schon länger ins Auge gefaßt, sich auch deshalb auf die englisch-spanischen Beziehungen der Tudor-Epoche spezialisiert hatte und mit Romilly schon vor seiner Reise nach Simancas Kontakt aufgenommen hatte.

Jedenfalls war seine Bewerbung erfolgreich, wozu seine fesselnden Artikel vermutlich beigetragen haben. Im März und im April 1861 meldeten verschiedene deutsche Zeitungen, daß »unser Landsmann, G. Bergenroth, ein geborner Ostpreuße, von der englischen Regierung den für einen Ausländer ehrenvollen Auftrag« erhalten habe, das reiche Material des Archivs von Simancas für die Darstellung der Geschichtsepoche Heinrichs VII. zu ordnen.

Im Sommer dieses Jahres schickt Romilly dann mit John Sherren Brewer (dem Herausgeber von Bacons Schriften) einen bewährten Mitarbeiter des *Calendar*-Projekts nach Simancas. Er soll Bergenroth beratend zur Seite stehen – und über ihn und die dortigen Zustände berichten. Alles sei äußerst primitiv und ursprünglich, so ungeniert wie zu Adams Zeiten, meldet Brewer. »Man findet hier keine Annehmlichkeiten des Lebens – überhaupt keine, nicht einmal solche, die man im ärmsten französischen Dorf antreffen würde, von England ganz zu schweigen. Simancas ist eine Ansiedlung von armseligen Hütten, halb vergraben in Staub und Sand. Es gibt hier kein einziges anständiges Haus. Das, in dem Mr. Bergenroth wohnt, gehört einem Gutsverwalter, es hat zwei Stockwerke, alle Zimmer verputzt und die Fußböden aus Ziegeln. In keinem Raum gibt es einen Kamin, und da der Winter hier von November bis Februar sehr hart ist und die Wände voller Löcher sind, kann nur das stärkste Verlangen, der Geschichte zu dienen, jemanden dazu bringen, sich mit diesen Strapazen abzufinden. Mr. Bergenroth übertreibt nicht, wenn er seine Existenz hier als Einsiedlerleben bezeichnet und sich über seine völlige Isolation beklagt. Ich kann die Ausdauer und Entschlossenheit nur bewundern, die so vielen persönlichen Unannehmlichkeiten trotzt, gar nicht zu reden von anderen Behinderungen, besonders da Mr.

Bergenroth zunächst einzig und allein von dem Wunsch getrieben wurde, die englische Geschichte zu studieren, ohne Aussicht auf Vergütung für seine Mühen.«

Das ändert sich nun. Bergenroth wird als *Calenderar* angestellt, mit einem jährlichen Gehalt von 550 £ (so Cartwright) oder 400 £ (so Bergenroth in einem Brief an Lord Acton), von dem alle Unkosten (Reisen, Mitarbeiter, Kopisten, Schreibmaterialien) bestritten werden mußten. Außerdem soll er für jeden gedruckten *Calendar*-Bogen ein Honorar von acht *Guineas* erhalten.

Über die Bedingungen seiner Anstellung und seinen wissenschaftlichen Nachlaß ist es dann nach Bergenroths Tod zu heftigen Auseinandersetzungen zwischen seinen Erben und dem englischen Staat gekommen.

Corrida

»Wenn ich auf die Monate zurückblicke, die ich in Simancas verbracht habe, komme ich zu dem melancholischen Schluß, daß ich, was mein eigentliches Vorhaben angeht, fast die Hälfte meiner Zeit verloren habe. Im Monat September waren die Archive zum Entstauben der Räume vierzehn Tage geschlossen. Außerdem gab es die alljährlichen Stierkämpfe, den Geburtstag der Königin, den Namenstag der Königin, den Namenstag des Königs, ein Feuer, nicht in den Archiven, sondern im Dorf, und *last but not least* die Firmung von etwa dreißig Christen im Alter von sechs Tagen bis sechs Jahren durch den Erzbischof von Valladolid. Ich denke, in den beiden Monaten September und Oktober waren die Archive nicht mehr als etwa neunundzwanzig Tage offen.«

Die Zeit, die der Historiker verliert, für den Schriftsteller Bergenroth und die Leser des *Athenæum* ist sie ein Gewinn. Bevor er ihnen im Dezember 1860 einen neuen, äußerst interessanten Archivfund präsentiert, unterhält er sie mit farbigen Szenen aus dem Volksleben, die er im Festmonat September eingefangen hatte. Eine reizvolle Mischung!

Das mit der Monotonie des elenden Dorfes Simancas stimmte zwar, war aber doch nur die halbe Wahrheit. Bergenroth wußte sich an einem Ort und in einer Gegend, die historisch, aber auch literarisch geadelt waren.

Die noble Brücke über den Río Pisuerga erinnerte an die römischen Gründer von Septimanca – Simancas. Sein mächtiges Kastell, nun eine Schatzkammer der spanischen Geschichte, Bergenroths Arbeitsplatz, hatte jahrhundertelang als Bollwerk gegen die Mauren gedient, die hier im 10. Jahrhundert eine entscheidende Niederlage erlitten hatten. Das nahe gelegene Valladolid war lange Residenz der Könige von Kastilien und von 1600 bis 1606 Hauptstadt von ganz Spanien gewesen. Auf Schritt und Tritt begegnet Bergenroth berühmten und berüchtigten Protagonisten der Geschichte, dem Großinquisitor Tomás de Torquemada, Königin Isabella der Katholischen, Karl V., dem Archivgründer Philipp II. ... Kolumbus verbrachte in Valladolid seine letzten Lebensjahre, Cervantes hat hier den *Don Quijote* in Druck gegeben und einige seiner *Exemplarischen Novellen* geschrieben.

Vielleicht hat sich Bergenroth von ihm und seinem zwischen Ironie und Anteilnahme schwebenden Ton inspirieren lassen? Bei aller Spottlust sind seine Schilderungen bemerkenswert frei von Vorurteilen und voller Respekt und Sympathie für seine neuen Landsleute.

Aber hören wir ihn selbst.

»Die Stierkämpfe stehen natürlich an erster Stelle der altkastilianischen Festlichkeiten. Aber ich habe nicht die Absicht, mit einer detaillierten Beschreibung die Gefühle ihrer Leser zu verletzen, vor allem, weil ich nur vom Hörensagen berichten könnte. Da ich schon früher Zeuge ähnlicher Spektakel gewesen war, begnügte ich mich damit, die Menschen draußen zu beobachten, die aus ihren kleinen Städten und Dörfern in langen Reihen zur alten Hauptstadt von Kastilien strömten. Obwohl die Brücke von Simancas zwei Meilen entfernt von Valladolid ist, war sie oft buchstäblich vollgestopft mit Pferden, Maultieren, Eseln und Karren, bepackt mit Männern, Frauen und Kindern. Ich beobachtete manchmal, daß ganze Familien, vom Großvater bis zum Säugling, auf den Rücken eines Maultiers oder Esels aufgeladen waren. Es ist erstaunlich, wie wenig Komfort ein Spanier braucht und was für schwere Lasten seine kleinen Tiere tragen können. Der Esel wird gewöhnlich von den jüngeren Frauen bevorzugt. Sie sind in dieser Gegend Spaniens nicht hübsch. Aber es gibt einige wenige Ausnahmen von dieser Regel, und fast alle sitzen mit natürlicher Eleganz auf ihren breiten Sätteln ohne Steigbügel. Sie sehen so weiblich, so madonnenhaft aus. Sie haben nichts von einer Amazone.

Das Tempo, mit dem die Reise vorangeht, ist natürlich sehr langsam. Diejenigen, die aus Orten kommen, die 20 oder 30 Meilen entfernt sind, verbringen zwei oder drei Nächte auf der Straße. Sie bringen ihre Vorräte und alles Nötige von zu Hause mit. Die Aristokraten – das sind zum Beispiel die Familien der vermögenden Bauern – gehen manchmal in eine *posada,* einen Gasthof. Aber der größere Teil der Menge (wenn er sich nicht mit kalten Mahlzeiten begnügt) stellt seine Töpfe zwischen zwei Steine auf ein Feuer, an der Straße, auf der *plaza* eines Dorfes oder in eine Ruine, nicht die einer alten Burg, sondern einer verhältnismäßig modernen Scheune, von denen es auf dem Lande sehr viele gibt. Mit Einbruch der Nacht legen sie sich auf den Boden, eingehüllt in ihre langen Mäntel und unzähligen Decken, die am Tag den größeren Teil des Sattels bilden. Es ist offensichtlich, daß eine solche Art des Reisens außerordentlich gesellig ist. Auf diese Weise ließ ich mich mit dem Strom der Menschen und Tiere von der Brücke von Simancas zur Puerta Santiago von Valladolid treiben.

Ich fand die Stadt weniger interessant als die Straßen, die zu

ihr hinführen. Die Stadt mit dem schönsten Himmel der Welt –
das ist der Anspruch der ›Valladolisonitanos‹ – hatte sich sogar in
der Festwoche einen guten Teil ihrer gewöhnlichen Langeweile
bewahrt. Ich war froh, als ich mich wieder auf der Straße nach Simancas befand.

Seitdem ist Valladolid hart getroffen worden. Die Radikalen haben die Wahl eines Metzgers in den Stadtrat durchgesetzt. Da er
mir gutes Fleisch verkauft, mißgönne ich ihm diese Ehre nicht.
Aber meine Freunde sind untröstlich. Was für eine Schande wäre
es, sagen sie, wenn dieser Mann, der hinter der Fleischbank steht
und allen Käufern auf hölzernen Stöckchen Rind- und Schwei-
nefleisch offeriert, wenn dieser Mann – was durchaus passieren
könnte – einen Stierkampf ausrichten und auf dem Ehrenplatz
sitzen würde, den einst Kaiser Karl, der Herr der halben Welt, in-
negehabt hatte. *Sic transit gloria mundi!* Die *feria* von Valladolid
war kaum zu Ende, als nach einer Sitte aus unvordenklichen Zeiten kleinere Orte in der Nachbarschaft mit ähnlichen Festlichkeiten, nur von etwas rustikalerer Art, auftraten. Tordesillas und Medina del Campo, beides einst Residenzen der Könige von Kastilien,
zeichneten sich vor allen anderen Orten aus. Hohe Gerüste wurden aufgestellt, die die Festung der Christen symbolisierten, und
die Stiere standen für die Mauren. Mit sehr verzeihlicher Mißach-
tung der Chronologie traten der tapfere *Hidalgo de la Mancha* und
sein Schildknappe unter den christlichen Helden auf. Was Dulci-
nea angeht, so konnte keine Dame überredet werden, ihre Rolle zu
spielen. Aber an männlichen Laienspielern herrschte kein Mangel.
Alles in allem enthielt die Burg des Christentums mehr als Frauen
verkleidete Männer als wirkliche Frauen. Die Fröhlichkeit, unver-
wässerte spanische Fröhlichkeit, war erstaunlich.

Aber ich spreche von Tordesillas und von Medina nur auf der
Grundlage der Informationen, die ich von den angesehensten *caballeros* erhielt, die staubbedeckt und glühend vor patriotischer Bewunderung für das, was sie gesehen hatten, heimkehrten. Ich für

meinen Teil wollte nichts mehr sehen, nachdem ich Zeuge der sehr viel bescheideneren Vorstellung von Simancas gewesen war. Wir in Simancas konnten es uns nicht leisten, daß die Stiere getötet wurden – sie kosten jeder zwischen drei- und viertausend *Real* –, und hatten deshalb nur eine einfache *Corrida de Novillos.* Dem Lexikon zufolge sind *novillos* junge Stiere, die nicht viel größer als Kälber sind. Aber in Wirklichkeit sind sie mächtige Bullen im besten Alter, das heißt zwischen vier und sechs Jahren. Der Unterschied zwischen einer *Corrida de Toros* und einer *Corrida de Novillos* besteht in nichts anderem als dem Umstand, daß in einer *Corrida de Novillos* die Tiere ungestraft davonkommen. Schon bei Anbruch des großen und vielbesprochenen Tages vollführten die bekannte *dulcaina* und die Trommeln einen solchen Lärm, als ob die Mauren angriffsbereit schon mindestens an der Brücke stünden. Nur zwei Straßen führen [zur *plaza*], die von Karren verbarrikadiert waren. Außerdem war auf der *plaza* selbst, ein paar *yards* von den Häusern entfernt, eine ununterbrochene Linie, die von den gleichen plumpen Karren gebildet wurde. Die unentbehrliche Burg – das heißt zwei Karren – stand in der Mitte, und die vierte Seite der *plaza* hatte man unversperrt gelassen, weil die Tiere von dort die Arena betreten mußten. Zwei Stunden vor Beginn der Vorstellung waren die Burg, die Karren, alle Fenster und alle Balkone von einer bunten Menge bedeckt, die aus etwa fünfmal mehr Fremden als Einwohnern von Simancas bestand. Aber wenn wir auch in der Minderheit waren, so stellten unsere Damen an Glanz alle anderen in den Schatten. Es war überraschend zu sehen, was für unglaublich voluminöse Krinolinen aus einigen der kleinen Häuser heraussstießen. Als ich aus dem Fenster schaute, mußte ich den guten Geschmack der spanischen Frauen anerkennen, die keine Hauben tragen. Die natürliche Form eines weiblichen Kopfes und Nackens ist nach meiner Ansicht ein sehr viel angenehmerer Anblick als die beste Haube vom besten Hof-Putzmacher.

Die Vorstellung selbst war ziemlich albern. Da die Männer

keine Waffen benutzen, haben sie nicht die geringste Möglichkeit, anzugreifen oder sich zu verteidigen, und ihre einzige Sicherheit liegt in ihren Beinen. Wenn ein armer Teufel erwischt wurde, war das ein Höhepunkt des Tages. Das passierte fünfmal, und die Kenner erklärten, es sei eine rühmenswerte *Corrida*. Einmal brach ein wilder, unermeßlicher Jubel los, als ein Bursche, den ein Stier auf seine Hörner genommen und dann weit weg auf den Boden geschleudert hatte, hastig aufstand und davonrannte, um sich zwischen den Rädern eines Karrens zu verstecken.

Mein Zimmer und mein Balkon wurden früh von *señoras* und *caballeros* eingenommen, die ich nie gesehen hatte und wahrscheinlich in Zukunft nie wiedersehen werde. Sie fühlten sich ganz zu Hause und bedienten sich frei von den eingemachten Früchten, die ich auf den Tisch gestellt hatte. Einige, die näher mit Pedro, meinem Wirt, bekannt waren, erkannten mich mit ein paar Worten als ihren Gastgeber an. Aber die meisten ignorierten mich völlig. Ihr gutmütiges, freies und offenes Benehmen war recht anziehend. Eine junge Dame bekam Anfälle, als unten ein Mann anscheinend leblos weggetragen wurde. Sie wurde ohnmächtig, kam wieder zu sich und stieß kreischend Verfluchungen gegen die barbarische Unterhaltung aus und gegen die Männer, die schlimmer als Tiere waren, und fiel wieder in Ohnmacht. Ich war gerade dabei, eine Flasche Eau de Cologne für sie zu öffnen, als ein wilder Schrei der Menge sie wieder zur Vernunft brachte. Während Tränen über ihre Wangen liefen, eilte sie auf den Balkon, wo sie bis zum Ende der Vorstellung blieb. Mein Eau de Cologne blieb in der Flasche.

Kaum war das letzte Tier in Sicherheit gebracht worden, als alle Zuschauer von ihren Plätzen sprangen; die *dulcaina* und die Trommel spielten die alten Melodien herunter, und der Tanz begann. Er dauerte, mit der Unterbrechung einiger Stunden, drei Tage und drei Nächte. Als die Vergnügungen vorbei waren, wurden vier Kinder von unter einem Jahr zum Friedhof getragen. Sie wurden im Sterberegister *niños Jesus* genannt, weil die Jungfrau gewöhnlich mit einem Kind in ihren Armen dargestellt wird. Die Begräbnis-Gebühren für ein *niño Jesus* belaufen sich auf zwei *Real*, das ist etwas mehr als *threepence;* aber die Mutter muß jemanden finden, der das Grab gräbt, eine Tätigkeit, die hier äußerst einfach ist. Särge sind allerdings nicht ganz unbekannt. Wenn ein reicher Mann in seinem Testament verfügt hat, daß er in einem Sarg beerdigt werden soll, müssen seine Erben nach Valladolid gehen und von dort diesen unglückseligen Kasten auf dem Rücken eines Maultiers zu dem Haus bringen, wo er gestorben ist. Aber ein solcher Luxus ist wenigen vorbehalten. Die große Mehrheit bedient sich eines der Särge, die der Kirche gehören, um ihre Toten zum Rande des Grabes zu tragen, in das der Leichnam gelegt wird, eingehüllt nur in feines Tuch. Die drei Särge von Simancas sind wegen ihres Alters bemerkenswert. Es heißt, daß sie fast so alt sind wie die Kirche selbst, und mehr als zehn Generationen zur letzten Ruhestätte begleitet haben.

Aber ich muß zum Fest zurückkommen. Die Häuser in Simancas sind keine Burgen. Nichts ist leichter, als Zutritt zu ihnen zu bekommen, für die Polizei ebenso wie für einfache, ehrliche Besucher. So fand ich mich in einer ganz anderen Welt, wenn ich manchmal vor dem betäubenden Lärm der *plaza* in den hinteren Räumen von einigen der abgelegeneren Häusern Zuflucht suchte. Von den acht Stieren und der einen Kuh, die bei der *Corrida* eine Rolle gespielt hatten, und von den fünf Burschen, die sich durch Mißgeschick unrühmlich ausgezeichnet hatten, war kaum die Rede. Aber Freunde und Verwandte, die sich jahrelang nicht gesehen hatten, erneuerten ihre früheren Beziehungen; Rechnungen wurden beglichen; alte Streitigkeiten wurden beigelegt, allerdings muß ich sagen, daß es auch zu neuen kam. In einem Land wie Spanien, wo das Reisen so langsam und mühselig ist, scheint ein starker Anreiz nötig zu sein, damit Dörfer und Marktflecken nicht zu lauter voneinander isolierten Bezirken werden. Was mich aber am meisten beeindruckte, war die große Aufmerksamkeit, mit der Eltern sich nach den Verdiensten von Schulen und Lehrern andernorts erkundigten.

Ich glaube, es ist eine weitverbreitete Meinung, daß die Spanier zu träge sind, um sich mit Fragen zu beschäftigen, die die Erziehung ihrer Kinder betreffen. Ich jedenfalls hielt das bei meinen früheren Reisen nach Spanien für ausgemacht. Nähere Betrachtung aber lehrt mich, daß ich mich darin irrte. Es ist eine Tatsache, die ich aus eigener Kenntnis bezeugen kann, daß es in Simancas und seiner Nachbarschaft nur einige wenige Landarbeiter und Schäfer gibt, die nicht lesen und schreiben können und nicht die Rudimente des Rechnens kennen. Früher, als es viele Klöster gab, und die Zahl der Mönche Legion war, gab es kaum eine Familie, nicht einmal unter den Ärmsten, aus der nicht wenigstens einer in den heiligen Ordensstand eingetreten war; und weil die Liebe zu ihrer Familie stärker war als ihre Bequemlichkeit, wurden die Mönche Lehrer ihrer jüngeren Brüder und Schwestern, Neffen und Nichten. Nach der Unterdrückung der Klöster wurde ein sehr umfassendes System des öffentlichen Unterrichts etabliert. In unserem etwa 1000-Seelen-Dorf haben wir zwei öffentliche Schulen, eine für Jungen und eine für Mädchen; und die kleinen Weiler in der Nachbarschaft, die aus 20 bis 40 Häusern bestehen, sind mit ihren eigenen kleinen Schulen versehen. Die Lehrer und Lehrerinnen sind unabhängig von der Kirche. Mein Freund, der *maestro* der Knaben in Simancas, ist ein gutmütiger, gesund aussehender Mann von etwa 50 Jahren. An Schultagen bringt er seinen Schülern bei, was er von seinen Lehrern gelernt hat, und an den freien Tagen verbringt er gern einige Stunden mit dem hierzulande meist vergeblichen Versuch, ein Kaninchen oder ein Rebhuhn zu schießen. Was den Elementarunterricht angeht, hat Spanien keinen Grund, einen Vergleich mit anderen Ländern zu fürchten. Aber sein schwacher Punkt liegt in dem fast vollständigen Fehlen von nützlichen Büchern; die Folge ist, daß, obwohl sogar ganz einfache Leute meist lesen und schreiben und einen Brief lesen und ein Ausgabenbuch führen können, ihre Gedanken unentwickelt und ihre Ansichten beschränkt bleiben, und die Unkenntnis aller Dinge, die sie nicht unmittelbar betreffen, ist fast vollständig. Als der Erzbischof hier war, ließ er ein paar Dutzend kleiner Bücher zur Verteilung an die Kinder zurück. Aber man muß kaum erwähnen, daß sie sehr wenig mit der Wohlfahrt der Menschen in dieser Welt befaßt sind, und ich glaube, weder die Jungen und Mädchen noch ihre Eltern waren sehr erpicht auf sie. Insgesamt war die Gegenwart eines so hohen kirchlichen Würdenträgers von weit geringerer Bedeutung, als man erwarten würde. Natürlich wurde er mit allem Respekt empfangen, der seiner hohen Stellung gebührt. Der Sohn des Küsters ritt am Tag zuvor auf dem Rükken des Esels von Señor Cura auf der Suche nach Aalen von einer Mühle zur anderen, bekam diese glitschigen Tiere aber nicht zu fassen. Als der Erzbischof in die Stadt kam, wurden die Glocken geläutet, die Autoritäten traten zu seinem Empfang an, die Frauen debattierten darüber, ob Exzellenz seine Strümpfe eigenhändig anzöge oder ob das die Priester machten, die ihm assistierten. Die Männer diskutierten über die Qualitäten seiner vier ausgezeichneten Maultiere, und Claudio, der Sohn unseres Pförtners – ich meine den vom Archiv –, sagte mir ganz im Vertrauen, daß er selbst gern eines Tages Erzbischof von Valladolid sein würde. Aber hier endete das Gespräch. Es war nicht das geringste Zeichen von Fanatismus erkennbar, und ich, obwohl Protestant, wurde mit der gleichen Höflichkeit behandelt wie sonst. Wenn ich mich nicht sehr irre, beobachten die Menschen von Simancas die weißen Spuren der Lokomotivschornsteine auf der Bahnstrecke von Valladolid nach Medina mit sehr viel mehr Neugier als die Bewegungen ihres Prälaten. Allerdings rate ich keinem Protestanten, nach Simancas zu kommen und dort gegen die römisch-katholische Kirche zu predigen.«

Geheime Schriften

Ende 1862 publiziert Bergenroth seinen ersten spanischen *Calendars of State Papers*-Band, knapp zweieinhalb Jahre nach seiner Ankunft in Simancas. Er hat in dieser Zeit schier Unglaubliches geleistet.

Wie ein Entdeckungsreisender nimmt er die Leser der »Einleitung« mit auf seine strapaziöse Expedition zu den Quellen von Simancas, schildert die Gegend, das Wetter, die Lebensbedingungen. »Das Land ist unfruchtbar und baumlos. In neun von zwölf Monaten gibt es keine Vegetation, und das Klima ist wegen der Höhenlage sehr angreifend. Die Sonne brennt wie in Afrika, und die Winde sind so kalt wie in den Ebenen des nördlichen Asien.« *(Tres meses de infierno, nueve meses de invierno,* drei Monate Hölle, neun Monate Winter, sagt man in Spanien.) Erzählt von der Unmöglichkeit, eine erträgliche Unterkunft zu finden. Den wenigen wohlhabenden Dörflern verbietet es der Stolz, Wohnraum zu vermieten, die anderen können es nicht. »Vortrefflich und in vieler Hinsicht kultiviert, wie die Bauern Altkastiliens sind, ist es sehr schwer, mit der spärlichen Unterkunft zufrieden zu sein, die sie anzubieten haben. Die Räume in ihren Häusern sind sehr klein, die Fenster, Türen und Dächer sind so schlecht gearbeitet, daß bitterkalte Windböen, glühende Sonne und Platzregen leicht Einlaß finden. Der Bewohner solch einer Unterkunft leidet abwechselnd unter Kälte, Hitze und Nässe. Das Essen ist schlimmer als das Logis. Kein sozialer Umgang, keine Bücher, nicht einmal die gängigsten Nachschlagewerke sind zu finden.«

Und dann führt er seine Leser in die zinnenbewehrte Archiv-Burg und in den Benutzerraum. Der geht nach Norden, »und da im Gebäude keine Feuer erlaubt sind, ist es im Winter so bitterkalt, daß das Thermometer fast auf den Gefrierpunkt sinkt und die Tinte geliert.«(Man arbeitet da»in Gesellschaft einer Anzahl von Beamten, die ihrer Unbehaglichkeit durch eine geräuschvolle Unthätigkeit Ausdruck geben, während die fremden Forscher unter der empfindlichen Kälte der Monate Dezember und Jänner mit halb starren Fingern schreiben«, berichtete der böhmische Historiker Anton Gindely, der den Winter 1861/62 in Simancas verbrachte und mit Bergenroth –»der seine Studien auf englische Kosten anstellte« – im Archiv saß.»Es erfroren mir in Simancas die Finger, obwohl ich über der Hand einen Pelzhandschuh angezogen hatte und in dieser unbequemen Stellung schreiben musste.«)

Hatte Bergenroth seiner Mutter Simancas nicht als Erholungsort angepriesen?

Auf die Schwierigkeiten, auf die er bei seinen Recherchen stieß, war er erst recht nicht gefaßt gewesen. Er hatte sich schließlich gut vorbereitet, ein Standardwerk zur Paläographie studiert und sich in Pariser und Londoner Archiven im Lesen spanischer Dokumente geübt. Aber als ihm die ersten *legajos* vorgelegt werden, fühlt er sich»wie ein Mann, der aus dem kleinen Fluß, den er befahren hat, plötzlich ins offene Meer versetzt wird und völlig verwirrt [ist] von Wellen, die sich zu Bergen türmen«. Die hastigen, unzusammenhängenden, mit Streichungen und Zusätzen versehenen Schriftstücke von Fernan Alvarez, einem Staatssekretär (Minister) unter Ferdinand II. von Aragon und Isabella I. von Kastilien, lassen ihn fast verzweifeln. Er brütet Tage über wenigen Zeilen, und nur mit Hilfe des greisen Archivars Don Manuel García González bringt er ihren Sinn schließlich heraus. Die eigentliche Härteprüfung steht ihm noch bevor.

»Sobald die Geschäftsführung aus den Händen des alten, geistig erschöpften Alvarez in die von Miguel Peréz Almazán überging, ist ein großer Fortschritt in Stil und Schrift zu beobachten. Wären alle Staatspapiere von Almazán verfaßt worden, es wäre leicht gewesen, sie zu lesen. Aber da sich nur bei einem, obwohl sehr wichtigen Staatsmann etwas geändert hatte, konnte die Verbesserung auch nur einen Teil betreffen. Wenn ich dennoch einerseits Grund hatte, Almazán dankbar zu sein, so entdeckte ich andererseits bald, daß er mir weit größere Hindernisse in den Weg gelegt hatte als Alvarez. Almazán war, wenn nicht ihr Erfinder, doch jedenfalls derjenige, der Codes in Spanien einführte. An Hand von Dokumenten, die aus einer Periode von etwa fünfzehn Jahren stammen, kann die ganze Geschichte der Verschlüsselung studiert werden, von den unbeholfensten Anfängen bis zu einem System, das so kompliziert geworden war, daß selbst die Staatsmänner, die in diese Kunst gründlich eingewiesen worden waren, unfähig waren, davon Gebrauch zu machen. Auf einigen dieser chiffrierten Sendschreiben kann man Randbemerkungen wie die folgenden finden: ›Unsinn‹, ›Unmöglich‹, ›Kann man nicht verstehen‹ oder ›Befehlen Sie dem Botschafter, eine andere Depesche zu schicken‹. Nach dem Jahr 1504, in welchem die Königin Isabella starb, war es nötig, zu einem einfacheren System der Chiffrierung zurückzukehren.

Vor mir hatte ich Hunderte von verschlüsselten Schreiben, in den meisten davon kam nicht ein einziges Wort in normaler Schrift vor. In welcher Sprache waren sie abgefaßt? Worum ging es darin? Handelte es sich dabei um chiffrierte Kopien oder um Entwürfe, die ich schon in normaler Schrift gelesen hatte? Ich konnte diese Fragen nicht beantworten. Ich fragte nach Schlüsseln für die Chiffren, aber ich erhielt die Antwort, daß es zu diesem frühen Zeitpunkt keine gebe.« Don Manuel, der anfangs so hilfsbereite *Archivero*, sabotierte ihn nun.

Bergenroth war wieder einmal auf sich allein gestellt. In einem Anhang zu seiner *Calendar*-Einleitung hat er das Labyrinth der Zeichen beschrieben, in dem er herumirrte.

»Es gibt verschiedene Abhandlungen über die Kunst des Dechiffrierens. In fast allen wird der Leser angewiesen, zunächst herauszufinden, welche Zeichen am häufigsten vorkommen, und daraus zu schließen, ob sie für Vokale oder für Konsonanten stehen.

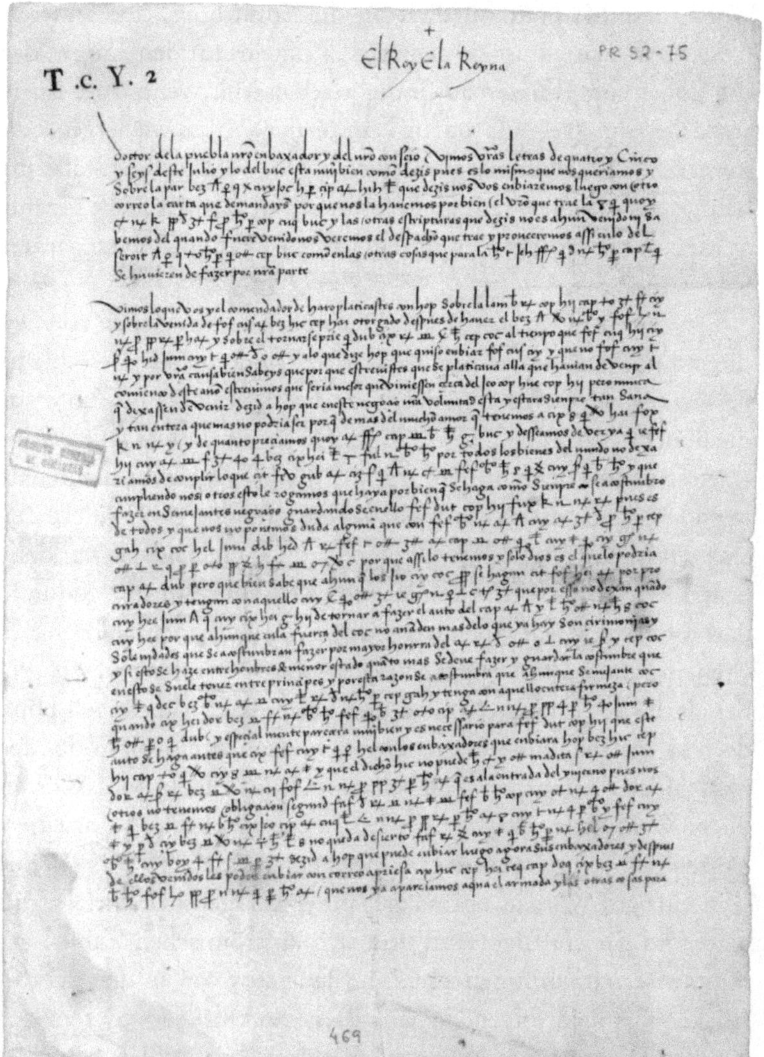
T .c. Y. 2

El Rey e la Reyna

PR 52-75

469

Abb. 16: Chiffrierte Depesche des spanischen Königspaars Isabella und Ferdinand an den spanischen Botschafter in London

Wenn diese Methode nützlich für die Ermittlung jedes anderen Codes sein mag, so ist sie ganz gewiß nutzlos für denjenigen, der die Codes von Almazán ausfindig machen will. Wenn jeder Buchstabe des Alphabets auf fünfzig verschiedene Arten wiedergegeben werden kann, kann man unmöglich sagen, welcher Buchstabe am häufigsten vorkommt. Zudem können Buchstaben nicht gezählt werden, wenn ein Zeichen für ein ganzes Wort oder einen ganzen Satz steht.

Die Codes, die in spanischen Depeschen zu den Zeiten von Ferdinand und Isabella verwendet werden, sind von sehr verschiedener Art. Am einfachsten ist der Code, bei dem arabische Zahlen in die übliche Schrift eingestreut sind. Da sie diese nicht vollständig ersetzen sollten, war ihre Anzahl beschränkt, ich glaube nicht, daß irgendein Code dieser Art mehr als etwa fünfzig bis hundert Zeichen enthielt. Eine andere Art von Code folgte bald. Er war dem ersten sehr ähnlich und unterschied sich von ihm nur dadurch, daß römische Zahlen benutzt wurden. Aber die Anzahl der Zeichen, die zu diesem System gehörten, war von Anfang an viel größer als die des vorausgehenden und wuchs bald von einigen Hundert zu einigen Tausend an. Der Schlüssel zu einem Code, der zwei- oder dreitausend Zeichen enthält, ist ein kleines Wörterbuch. Wenn jedes Zeichen für ein ganzes Wort oder sogar einen ganzen Satz steht, ist es nicht schwer, einen Brief zu verfassen, der kein einziges Wort in normaler Schreibweise enthält. Briefe, die ganz und gar chiffriert sind und sich aus römischen Zahlen zusammensetzen, kommen zuerst im Jahr 1495 vor. In den Schriftstücken aus dem folgenden Jahr ist schon ein neues System der Codierung eingeführt. Während die römischen Zahlen noch beibehalten sind, wird ein Alphabet angefügt, bei dem jeder Buchstabe durch ein bestimmtes Zeichen repräsentiert wird. Im ersten Code zu einem Alphabet dieser Art wird jeder Vokal durch fünf verschiedene Zeichen abgebildet, und jeder Konsonant durch vier. Die Anzahl der Zeichen für jeden Buchstaben wurde aber bald auf dreizehn oder vierzehn oder sogar noch mehr erhöht, so daß zwischen vier- und fünfhundert Zeichen und mehr den einundzwanzig Buchstaben des spanischen Alphabets entsprechen. Zu dieser schon höchst komplizierten Codierung wurde eine dritte Art hinzugefügt. Einige Ausdrücke wurden durch einsilbige Wörter wiedergegeben. Zum Beispiel ›bax‹ bedeutet ›ciertamente‹, ›dem‹ bedeutet ›gente de armas‹, ›ham‹ ›Yo, el Rey Catolico‹ und so weiter. Um die Dechiffrierung noch schwieriger zu machen, wurden Zeichen ohne Bedeutung, ›nichil importantia‹, wie man sie nannte, eingefügt. Sie glichen entweder den Zeichen für Buchstaben oder Einsilblern, oder es waren Wörter in normaler Schreibung, wie etwa ›Semper ille Cesar‹ oder ›Je vous prie‹ oder irgendein anderes Wort in irgendeiner anderen Sprache. Diese verschiedenen Zeichen wurden dauernd miteinander vermischt, nicht nur im gleichen Brief oder auf derselben Seite, sondern im gleichen Satz und manchmal sogar im gleichen Wort. Ich will ein Beispiel dafür geben. ›DCCCCLXVIII le N o y malus ζ‹ kann zum Beispiel nicht mehr bedeuten als das einzige Wort enviando (sendend). Es ist zusammengesetzt wie folgt:

DCCCCLXVIIII	bedeutet	en (in)
Le	bedeutet	vi (ich habe gesehen)
N	bedeutet	a
O	bedeutet	n
Y	bedeutet	d
Malus	bedeutet	nichil importans
ζ	bedeutet	o

Ich denke, es ist nicht verwunderlich, daß es mich verwirrte, wenn viele Hundert Seiten mit Zeichen dieser Art bedeckt waren, ohne irgendeine Unterbrechung, die auf einen Absatz oder ein Wort hingewiesen hätte. Überdies waren die Briefe von Almazán diesbezüglich keineswegs tröstlich. Viel öfter, als mir lieb war, fand ich

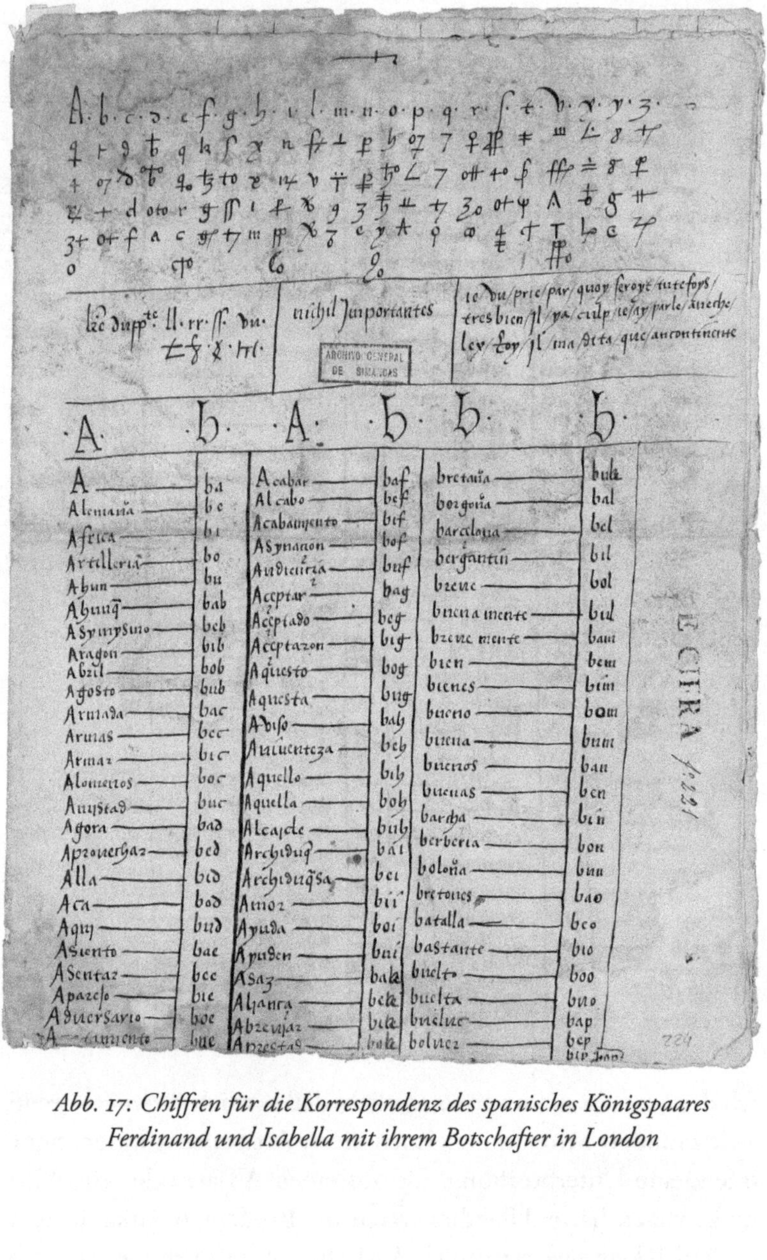

Abb. 17: Chiffren für die Korrespondenz des spanisches Königspaares Ferdinand und Isabella mit ihrem Botschafter in London

einen Satz, in dem er einem Gesandten sagte, daß er den Code geändert hatte, und der alte nicht mehr benutzt werden konnte.

Als erstes hielt ich es für nötig, nicht nur die spanische Orthographie dieser Periode sehr genau zu studieren, sondern insbesondere die eines jeden Politikers, der als Verfasser eines der chiffrierten Briefe in Frage kam. Selbst das war nicht hinreichend. Ich mußte die Denkweise und die Lieblingswörter und -ausdrücke eines jeden Staatsmanns studieren. Lange und merkwürdige Listen, die viele Seiten Papier bedeckten, lagen viele Monate lang auf meinem Schreibtisch und hingen an den Wänden meines Zimmers.

Keinen der Schlüssel zu den Codes entdeckte ich auf systematische Weise. Während ich sie kopierte, hielt ich beständig Ausschau nach einem schwachen Punkt, in der Überzeugung, daß niemand seine Gedanken auf die Dauer völlig verbergen kann und er sich von Zeit zu Zeit einem genauen Beobachter verraten wird. Wann immer ich auf einen solchen Fall stieß, versuchte ich die Bedeutung der Zeichen zu erraten. Hundertmal war das vergeblich, aber am Ende triumphierte ich. Ein Beispiel: Einmal, während ich eine Depesche in einer mir unbekannten Chiffrierung kopierte, fand ich Zeichen mit Markierungen für Abkürzungen. Was für Wörter, fragte ich mich, können in einem Code abgekürzt werden? Nur die allergebräuchlichsten. Aus vielen Umständen schloß ich, daß die abgekürzten Zeichen *n. f. (nostra fija)* bedeuten mußten. Wenn meine Vermutung richtig war, dann war es mehr als wahrscheinlich, daß die vorausgehenden Zeichen *Princesa de Gales* [Prinzessin von Wales] bedeuteten. Bei näherer Betrachtung fand ich fünf Zeichen, die grundsätzlich für Buchstaben standen. Ich nahm an, daß die fünf Buchstaben G. a. l. e. s. waren. Ich hatte mich nicht getäuscht, und am nächsten Tag um drei Uhr morgens hatte ich den Schlüssel so weitgehend gefunden, daß keine ernsthaften Schwierigkeiten blieben.

Wäre die Entdeckung aller folgenden Zeichen eines Systems so schwierig gewesen wie der Anfang, wäre ich vermutlich niemals im Stande gewesen, meine Arbeit zu vollenden. Aber sosehr der Mensch auch danach streben mag, ohne Zusammenhang zu handeln, er wird nicht fähig sein, sich von gewissen Regeln zu befreien. So hat es auch niemals einen Dichter gegeben, dem es mit der unbegrenzten Ausübung seiner Einbildungskraft gelungen wäre, den Charakter eines Wahnsinnigen zu schaffen, dessen Worte und Taten nicht gewissen, wenn auch unvernünftigen Regeln gehorcht hätten.«

Man sieht, was für eine Herkulesarbeit Bergenroth zu verrichten hatte. Sie erforderte seine volle Konzentration, war so erschöpfend, daß er fürchtete, darüber verrückt zu werden. »Wenn ein Mann ein Buch in einer Sprache lesen müßte, von der er nichts weiß, und bei jedem Wort das Wörterbuch konsultieren müßte, würde er diese Aufgabe gewiß als mühselig betrachten. Doch würde das nur einen schwachen Eindruck von dem vermitteln, was ich zu bewältigen hatte. Denn ich mußte die Schlüssel nicht nur für jedes Wort, sondern für jeden Buchstaben zu Rate ziehen. Die mir auferlegte Arbeit war um so größer, als in der überladenen Sprache Spaniens viele Wörter zehn und mehr Buchstaben haben.«

Als Bergenroth seine Schlüssel fast alle beisammen hat, kommen im Archiv Zweifel auf, ob es ihm erlaubt werden soll, die chiffrierten Dokumente zu kopieren. »Da ich der einzige lebende Mensch war, der sie deuten konnte, war die Kontrolle durch den Archivar unmöglich. Die chiffrierten Depeschen wurden mir entzogen. Alle meine Mühen schienen vergebens gewesen zu sein. Ich ging nach Madrid.«

Bei seinen Verhandlungen beweist er Geduld und diplomatisches Geschick. Er sichert sich die Unterstützung des britischen Botschafters und spricht beim Generaldirektor des Unterrichtswesens vor, der die Erlaubnis zum ungehinderten Zugang zu den Quellen an die Forderung knüpft, daß Bergenroth den Inhalt der dechiffrierten Depeschen dem Archiv zugänglich mache. Die spanische Regierung wolle nicht, daß die *miserias de España* Verbreitung fänden. Auch die preußische Gesandtschaft setzt sich für ihn ein, ebenso der französische Botschafter. Der Philologe und Epigraph (Inschriftenforscher) Emil Hübner, der sich gerade in Madrid aufhält, sieht in der Sache »einen Präzedenzfall von äußerster Wichtigkeit«, kann sich sehr gut in die »fatale Lage« von Herrn Bergenroth hineinversetzen und bietet seine Hilfe an.

Nach seinen Bittgängen macht Bergenroth vierzehn Tage Ferien in Granada und Malaga. Zurück in Madrid, sichert man ihm zu, daß er seine Arbeit in Zukunft ungehindert fortsetzen könne. Von der Bedingung, er müsse dem Archiv Kopien seiner Dechiffrierungen und die gefundenen Schlüssel überlassen, rückt man indes nicht ab.

In Simancas bekommt der *Archivero* einen Wutanfall, fügt sich aber dann der Weisung von oben und rückt sogar noch einen Schlüssel (und Teile von zwei anderen) heraus, was Bergenroth die Möglichkeit gibt, seine Dechiffrierungen zu überprüfen. Am 23. Juli 1861 kann er dem *Master of the Rolls* mitteilen, daß alle Depeschen bis auf zwei kleine Ausnahmen entziffert und kopiert sind. Am Ende war es nur ein einziges Schreiben, das er nicht entziffern konnte.

»In zehn Monaten übertraf Bergenroth die Leistungen vieler professioneller Kryptoanalytiker, indem er neunzehn Nomenklaturen rekonstruierte – durchschnittlich alle zwei Wochen eine –, einige davon mit 2000 oder 3000 Elementen. Und das zusätzlich zu seiner eigenen Kopierarbeit, der Beaufsichtigung eines Kopisten, seiner Suche nach Dokumenten, seinen Kämpfen mit der Bürokratie und den vielen Briefen, die er nach Hause schrieb.« So David Kahn in seinem Buch *The Codebreakers*, dessen Protagonisten vor allem im militärischen Bereich zu finden sind. Die Historiker, die sich in dieser Disziplin auszeichneten, nennt Kahn unbesungene Helden, die einzigen Kryptologen, deren Arbeit ein Beitrag zur Aufklärung der Menschheit gewesen ist.

Wie Bergenroth herausfand, war die Hauptquelle seiner Leiden

persönlicher Natur gewesen, nämlich »Eifersucht des Archivars« ...
Die biographische Skizze, die er von Don Manuel García González entwarf, ist überraschend verständnisvoll.
»Seine Karriere ist außergewöhnlich. Er war Kanonier in der Armee, die gegen Napoleon I. kämpfte. Im Jahre 1806 wurde er als
Kriegsgefangener nach Nancy gebracht, wo er Französisch lernte,
das er noch nicht ganz vergessen hat. Nach dem Frieden bekam er
eine untergeordnete Stelle in den Archiven. Durch Fleiß stieg er in
die Position des *Archivero* auf. Für einen Kanonier (*gunner*) weiß
er außerordentlich viel; aber auch ein sehr gelehrter Kanonier ist
noch nicht hinreichend für eine Stelle als Leiter von Archiven wie
die von Simancas qualifiziert. Er ist sich dessen vollkommen bewußt. Trotz seiner unzureichenden Ausbildung versorgt er alle lebenden spanischen Gelehrten, die historische Forschungen betreiben, mit Materialien, und um ihm Gerechtigkeit widerfahren zu
lassen, war er es, der die halbe Arbeit von Mr. Gachard verrichtet
hat, und dreiviertel der Arbeit von Mr. Tiran. Zugegeben ziemlich
schlecht, aber aus reinem Interesse an der Sache und dem Bestreben sich auszuzeichnen. Hätte ich mich seiner Leitung anvertraut,
hätte er für mich gearbeitet, wie er mir sagte (und ich glaube ihm).
Aber weil ich ganz unabhängig von ihm Fortschritte machte und
seine Reputation als Gelehrter gefährdete, hat er mir das verständlicherweise verübelt.«

Königsdramen

In seinem ersten Band für die *Calendar of State Papers* dokumentiert und analysiert Bergenroth die englisch-spanischen Beziehungen während der Regierungszeit von Henry VII, die von
1485 bis 1509 währte. Gegen Ende seiner weit ausgreifenden Ein-

leitung, die diese Beziehungen in den Kontext der europäischen Politik einordnet, fällt Bergenroth ein höchst ungünstiges Urteil über diesen ersten Tudor-Herrscher, um es dann gleich zu verallgemeinern.

»Noch befremdlicher als das Schauspiel von Henrys Leben ist der Umstand, daß man, in welches Land man auch schaut, nicht einen einzigen Staatsmann findet, der zur Erreichung seiner politischen Ziele nicht völlig gewissenlos bei der Wahl der Mittel gewesen wäre, völlig rücksichtslos in bezug auf die Wahrheit, und völlig gleichgültig Verträgen gegenüber, die zu halten er die heiligsten, großartigsten Eide geschworen hatte. Wir dürfen uns nicht mit der Feststellung zufriedengeben, daß das Zeitalter durch und durch korrupt war. Denn die grundsätzliche Frage ist nicht, ob einige Hundert oder einige Tausend Staatsmänner so niedrige Vorstellungen von Moralität im öffentlichen Leben hatten, daß sie Recht und Unrecht nicht voneinander unterscheiden konnten. Vielmehr interessiert es uns zu sehen, wie wenig Moral es braucht, um öffentliche Angelegenheiten zu betreiben.«

In seiner neuen Stellung als Historiker des englischen Staats wechselt Bergenroth die Perspektive. Nicht die Untertanen, sondern die Regierenden, nicht die anonyme Masse, sondern das Individuum, nicht der ökonomisch motivierte Kampf der Klassen, sondern die Machtkämpfe der Regierenden stehen nun im Zentrum seines Interesses. Er blickt auf seine Protagonisten mit den Augen eines Dramatikers und »Beobachters der menschlichen Natur«, eines Psychologen. Wer sind sie? Was treibt sie an? Er stellt sie uns lebendig vor Augen.

Da sind etwa die einflußreichen spanischen Gesandten am englischen Hof, deren Korrespondenz mit ihren Herrschern er in seinem *Calendar* dokumentiert. Roderigo Gondesalvi de Puebla, Doktor beider Rechte, unterhielt verdächtig enge Beziehungen zu Henry VII. Seinen Charakter kann man sich gar nicht schwarz genug vorstellen. »Kurz gesagt, de Puebla war ein Lügner, Schmeichler, Verleumder, Bettler, Spion, Informant, Feind der Wahrheit, verlogen, prahlerisch, protzig, ein streitsüchtiger Intrigant und darüber hinaus ein schlechter Christ.« Sein Nachfolger, Don Pedro de Ayala, bildete zu ihm den »denkbar größten Kontrast«. Ein Mann nach Bergenroths Herzen, zwar kein großer Gelehrter – sein Latein war schlecht und sogar im Spanischen unterliefen ihm Fehler –, aber er hatte Lebensart, legte Wert auf gute Küche und einen wohlbestückten Weinkeller und war freundlich und ungezwungen. Mit seinen angenehmen Umgangsformen machte er sich Freunde, wo immer er hinkam.

Und da sind natürlich die Herrscher selbst. Henry VII, ein mittelgroßer Mann mit lebhaftem Gesichtsausdruck, der eher aussah wie ein Franzose und tatsächlich sehr gern französisch sprach. Überhaupt war er ohne nationale Vorurteile, nicht einmal die englischen Vorurteile gegen die Schotten hatte er sich zu eigen gemacht. Er hätte ein großer Herrscher sein können, »hätte er nicht eine Eigenschaft besessen, die den Rest verdarb, nämlich seine Liebe zu Geld«.

»Ich komme als nächstes zu Ferdinand und Isabella.« Im dritten Kapitel der Einleitung entwirft Bergenroth das Doppelportrait eines Power-Paares, dessen Partner politisch an einem Strang zogen und überhaupt vom gleichen Schlag waren, sogar ihre Handschriften waren einander zum Verwechseln ähnlich. Die Historiker allerdings hätten davon bisher nichts wissen wollen, bemerkt er. »Was ihren moralischen Charakter angeht, so ist die Königin als ohne Falsch und fromm gerühmt worden, während man den König mit Schmähungen überhäuft hat. Aber wenn zwei Personen so eng miteinander verbunden sind wie Ferdinand und Isabella, ist es sehr schwer zu entscheiden, welches Maß an Lob oder Tadel dem einen und dem anderen zukommt. Sie stritten manchmal über private Angelegenheiten. Das konnte auch kaum anders sein, wenn man sich daran erinnert, daß Ferdinand vier illegitime Kinder von verschiedenen Frauen hatte. Aber was die aggressive Außenpolitik und die Unterdrückung im Inneren angeht, waren sie sich immer einig.« Wenn einer der beiden verlogener war als der andere, dann sei das die Königin gewesen.

Bergenroth deutet die von Ferdinand und Isabella initiierte Inquisition als religiös verbrämten Raubzug in einer Zeit akuter Finanznot und innenpolitischer Auseinandersetzungen. Eine der wichtigsten Einnahmequellen des Staates war das Vermögen verurteilter Verbrecher und die Verfolgung von Juden und deren liberalen Unterstützern ein Mittel, sowohl die Begehrlichkeiten des Finanzministers zu stillen als auch die starke Partei der fanatischen Katholiken zu befriedigen. Die Gnadenlosigkeit der Verfolgung erschreckte selbst den Papst, der das Unternehmen zunächst mit einer Bulle unterstützt hatte. Sein Versuch, sie mit Worten und Taten (so etwa der Absetzung der grausamsten Inquisitoren) abzumildern, wurde von Ferdinand mit einem Drohbrief beantwortet, und der Papst gab klein bei. Doppelzüngig, immer bereit, Verträge zu brechen, und von kalter, mitleidloser Strenge unter einer lächelnden Oberfläche, unterschied Ferdinand sich nach Bergenroths Urteil von den anderen Herrschern seiner Zeit in einer allerdings bedeutsamen Hinsicht. In diesem dynastischen Zeitalter, in dem die einzig verläßlichen politischen Bündnisse durch Heiraten geschmiedet wurden, war Ferdinand der Überzeugung, »daß die Verbindungen der regierenden Häuser höheren politischen Grundsätzen untergeordnet sein sollten. Er war wahrscheinlich der erste Staatsmann des Mittelalters, der erkannte, daß eine starke Regierung nicht auf heterogenen nationalen Elementen und unzusammenhängenden Provinzen gründen konnte. Wenn nicht Ereignisse, die von Menschen nicht beeinflußt werden können, ihn daran gehindert hätten, seine Pläne auszuführen, hätte die Landkarte Europas vor 350 Jahren fast so ausgesehen wie sie heute ist.«

Was nicht bedeutet, daß Heiratspolitik für Ferdinand unwichtig gewesen wäre. Das wichtigste englisch-spanische Projekt dieser Zeit war eine Verbindung von Henrys ältestem Sohn, Arthur, mit Katharina von Aragon, der Tochter von Ferdinand und Isabella, die beide Länder zum Nachteil Frankreichs stärken sollte. Nach langen Verhandlungen und vielen chiffrierten Depeschen konnte tatsächlich am 14. November 1501 in St. Paul's Cathedral Hochzeit gefeiert werden, mit einer prunkvollen Inszenierung, die man in England auch als Siegesfeier verstehen konnte. Nach der Hochzeitsnacht soll Arthur seinen Diener mit den Worten zu sich gerufen haben: »Willoughby, bringe er mir einen Becher *Ale*, ich war diese Nacht in der Mitte Spaniens.« Doch nur wenige Monate später, am 2. April 1502, starb Arthur. Für Katharina der Beginn einer schlimmen Zeit, in der ihr geiziger Schwiegervater sie und ihre Entourage finanziell äußerst kurzhielt und sich auch das Verhältnis zwischen England und Spanien eintrübte. Nach Henrys Tod (»er starb unbeweint«) hat sein zweiter Sohn und Nachfolger, Henry VIII, Katharina dann zur Frau genommen, mit den bekannten welthistorischen Folgen.

Ein Mann ohne Vorurteile

Bevor der Historiker und Publizist John Acton Anfang 1863 in der Zeitschrift *The Home and Foreign Review* den ersten *Calendar*-Band Bergenroths besprach, stellte er ihn seinen Lesern auf Grund von dessen bisherigen Veröffentlichungen, dem Aufsatz über Wat Taylor und den Rezensionen über Ranke, Froude und Vaughan, als einen »Mann ohne Vorurteile« vor, der frei sei »von einer allzu großen Furcht vor gelehrten Traditionen und Autoritäten und somit im Besitz der wichtigsten intellektuellen Qualifikationen, die von denen gefordert werden, die die dunklen Aufenthalte unveröffentlichter historischer Quellen erforschen«. Wenn er sich nicht täusche, sei Bergenroth dazu bestimmt, als Schriftsteller »einen sehr hohen Rang unter unseren kritischen Historikern einzunehmen«.

Wenn dem Leser von Bergenroths *Calendar*-Einleitung besonders die lebendigen Portraits in Erinnerung bleiben, so liegt die Bedeutung des Bandes vor allem in den dokumentierten Quellen. Wohl zum ersten Mal stellten sie einer größeren Öffentlichkeit den außerordentlichen Wert diplomatischer Korrespondenzen für die Geschichtsschreibung vor Augen. »Sie erhellen nicht nur dunkle Stellen in zeitgenössischen Annalen; in der Tudor-Zeit hingen Aktionen des Staates in einem solchem Ausmaß von den persönlichen Ansichten der Könige ab, daß es unmöglich ist, ihre Geschichte zu verstehen, ohne mit den Depeschen vertraut zu sein, die nur von ihnen und wenigen engen Ratgebern gesehen werden sollten.« Unschätzbar waren diese Schriftstücke nicht nur, weil sie wahre Informationen enthielten, die sonst nirgendwo zu finden waren, sondern auch, weil sie Täuschungen und Lügen der Regenten ans Licht brachten. »Wenn Ferdinand zum Beispiel an Henry schreibt, daß er entschlossen und bereit ist, gegen Frankreich in den Krieg zu ziehen und die Normandie und die Bretagne für England zu erobern, um dadurch bessere Konditionen für den Friedensvertrag zu erlangen, den er schon verhandelt, dann ist seine Falschheit so offensichtlich, daß man sie sofort erkennen kann. Aber der Wert des Dokuments ist dadurch nicht im mindesten beeinträchtigt, denn wir erfahren dadurch, daß die Verhandlungen mit Täuschungen geführt wurden. Die Staatsakten einer Großmacht sind in dieser Hinsicht denen von zweitrangigen Staaten weit überlegen. Wenn die Bevollmächtigten einer Führungsmacht falsche Behauptungen machen, beeinflussen sie den Gang der politischen Ereignisse. Deshalb ist es für den Historiker unabdingbar, ihre Berichte zu kennen. Sogar was Informationen angeht, die nicht Gegenstand von Verhandlungen sind, müssen Diplomaten, wie groß ihre Neigung auch sein mag, Unwahrheiten zu verbreiten, mehr auf der Hut sein als Privatpersonen. Während letztere ihre Animositäten und Sympathien ohne Furcht vor schlimmen Konsequenzen offen äußern dürfen, müssen Diplomaten sich darüber im klaren sein, daß fortwährende unwahre Behauptungen politische Fragen aufwerfen und auf sie selbst zurückfallen würden.«

Bergenroths spektakuläres Debüt als englischer Geschichtsschreiber machte ihn mit einem Schlag in Fachkreisen bekannt. Sein *Calendar* »erregte allgemeine Aufmerksamkeit und fand Anerkennung und Lob in den angesehensten englischen Blättern. Auch französische zollten der Erscheinung großen Beifall.«

In deutschen Landen war selbst der Historiker-Kollege Reinhold Pauli, der Bergenroth wegen dessen Kritik an Ranke streng gerügt hatte, beeindruckt. »Unter allen von der Commission des *Master of the Rolls* besorgten Sammlungen und Ausgaben ist wohl keine geeignet, ein so allgemeines, europäisches Interesse zu erregen, wie diese, durch welche der historischen Forschung eine bisher verborgene, weit über die Geschichte des einzelnen Landes hinaus fließende Quelle erschlossen worden ist. Es ist wieder einmal ein Deutscher, der sich durch keine Schwierigkeiten der Fremde, der Zunge, des nationalen Argwohnes hat abschrecken lassen, der Wissenschaft einen großen Dienst zu leisten.« Es scheine jetzt »die Aufmerksamkeit des ganzen Abendlandes auf jene altcastilische Feste gerichtet zu sein«.

Er würdigte Bergenroths Leistungen als Code-Brecher und versuchte nacherzählend, wenigstens einen Eindruck vom reichen Inhalt des Bandes zu geben. »Das bedeutendste Ergebnis ist ohne Zweifel die tiefe Einsicht, die [die Quellen] uns in das bodenlos unsittliche Staatstreiben aller betheiligten Fürsten eröffnen.« Allerdings meinte er, daß der Herausgeber in seiner »musterhaften Einleitung« mit dem Verdikt über Heinrich VII. zu weit gehe und seine Darstellung überhaupt nicht frei von Übertreibungen und Kraftausdrücken sei. Auch das Urteil über die Königin Isabella fand er »unmäßig hart«, obwohl er es dann doch nachvollziehen konnte, »sobald Isabellas leidenschaftliche Theilnahme an der Inquisition, einem förmlich organisirten Raubmordsystem, rücksichtslos aufgedeckt wird«.

»Musterhafte Einleitung«? Mr. Froude war ganz anderer Meinung. Er hatte Bergenroths vernichtenden Satz über seine *History of England* noch im Ohr (»ein solches Buch ist keine Geschichte und ihr Verfasser kein Historiker«), als er sich in der von ihm herausgegebenen Zeitschrift *Fraser's Magazine* mit dem *Calendar* beschäftigte. Zwar rühmte er den Dokumententeil des Bandes und die Dechiffrierkünste des Herausgebers, aber das Lob war vergiftet. »Der eine Teil des Bandes, den wir nicht zur Nachahmung empfehlen können, ist der historische Kommentar über die Inhalte des Bandes, der besser weggeblieben wäre, selbst wenn er besser wäre, als er ist. Die Neigungen und Fähigkeiten, die einen guten Entdecker, Sammler, Entzifferer, Arrangeur, Erklärer, Zusammenfasser und Herausgeber umfangreicher Bündel gemischter Korrespondenzen ausmachen, sind nicht die Neigungen und Fähigkeiten, die einen guten Interpreten ihrer historischen Bedeutung ausmachen.«

Wie du mir, so ich dir! Doch Froude hätte sich über Bergenroths Einleitung in jedem Fall geärgert, über das wenig schmeichelhafte Portrait von Heinrich VII., die Einschätzung der europäischen Politiker überhaupt und über lakonische Passagen wie diese: »Auf Piraten konnte man [damals] überall treffen. Piraterie beschränkte sich nicht allein auf Mauren und Ungläubige. Wenn Christen einer Nation auf das Schiff einer anderen trafen, kam es gewöhnlich zum Kampf. Der einzige Unterschied zwischen Ungläubigen und Christen bestand in der Behandlung der Gefangenen. Die Ungläubigen machten Sklaven aus ihnen. Die Christen, denen es durch die Religion und ihr Gewissen verboten war, andere Christen als Sklaven zu verkaufen, betrachteten sie als Belastung und warfen sie über Bord.«

Don Pascual

Im Herzen von Madrid, wo die *Calle del Barquillo* auf die *Calle de Alcalá* stößt, befindet sich mit der Hausnummer 2 das imponierende, von Säulen eingeschnürte *Edificio de las Cariátides* (Gebäude der Kariatiden), in dem früher eine Bank, heute das *Instituto Cervantes* (das spanische Goethe-Institut) untergebracht ist. Eine passende (wenn auch posthume) Nachbarschaft für den Gelehrten, der einst im dritten Stock des nebenan liegenden Hauses eine Wohnung hatte. Die wertvolle Bibliothek, die sie beherbergte, machte sie seinerzeit zu einer kulturellen Institution. Santiago Santiño, der dem Forscher und Sammler Pascual de Gayangos y Arce erst unlängst (2018) die erste umfassende Biographie gewidmet hat, beginnt sie – wie Cervantes die Vorrede zu seinem *Don Quijote* – mit den Worten *»Desocupado lector«*, also »Müßiger Leser«, eine Verbeugung vor seinem Helden Don Pascual, der Cervantes verehrt und sich immer wieder mit ihm beschäftigt hat. Zu seinen vielen Verdiensten gehört auch eine umfangreiche Sammlung und Katalogisierung spanischer und portugiesischer Ritterromanzen, der Gattung, deren Lektüre Don Quijote den Kopf verrückte.

Die *Real Academia de la Historia* (Königliche Akademie der Geschichte), für die Gayangos in seiner Heimat auf ausgedehnte und ergiebige literarische Entdeckungsreisen gegangen ist, nennt ihn in ihrem Online-Lexikon einen »Arabisten, Historiker, Bibliophilen und Bibliographen«, eine Liste, die sich erweitern ließe. Geboren 1809 in Sevilla, gestorben 1897 in London, durchlebte er den größten Teil des 19. Jahrhunderts, indem er lernend, lehrend, schreibend und reisend unterwegs war. Gelehrter und Weltmann, Patriot und Kosmopolit, Mitglied vieler europäischer Akademien und Institutionen, zu Hause nicht nur in Madrid, sondern auch in Paris und London, der Heimat seiner englischen Frau Frances

Abb. 18: Pascual de Gayangos y Arce,
Freund Bergenroths

Revell, die er mit 19 Jahren geheiratet hat. Überhaupt war er mit allem immer ziemlich früh dran und bis ins hohe Alter unermüdlich tätig. Das Verzeichnis seiner Veröffentlichungen beginnt 1834, seine letzte Rezension über ein Buch zur *Ikonographie von Don Quijote* ist 1896 erschienen.

Späte Fotos zeigen uns Don Pascual als würdigen alten Herrn mit weißem Vollbart und Glatze. Mit Anfang 50, als Bergenroth zu ihm in nähere Beziehung trat, sah er verwegener aus. Glänzende braune Augen in einem rundlichen Gesicht, das von gelichteten, dunklen Haaren umrahmt wird; in den gebogenen schwarzen Schnurrbart mischen sich weiße Stellen. Er lebte zusammen mit seiner gescheiten, gebildeten Tochter Emilia (seine Frau war 1855 gestorben), die dem Haushalt vorstand und ihn bei seinen gelehrten Projekten unterstützte. Als sie 1864 den Juristen und Publizisten Juan Facundo Riaño y Montero heiratete, zog auch der Schwiegersohn mit in die *Calle del Barquillo.*

Abb. 19: Emilia Gayangos de Riaño, Pascual de Gayangos' Tochter und Mitarbeiterin

Wenn Bergenroth in Madrid und Gayangos nicht gerade unterwegs war, wird er oft die Treppen zu ihm hochgestiegen sein, zu langen Gesprächen und um seine Sammlung von wertvollen Handschriften zu studieren, von denen er einige in seinen zweiten *Calendar*-Band aufgenommen hat. Wohl niemand ist ihm bei seinen spanischen Forschungen so wichtig und nützlich gewesen wie Don Pascual. Umgekehrt hat Bergenroth auch Gayangos unterstützt, der ihn im Herbst 1867 in Simancas besuchte, wahrscheinlich nicht zum ersten und einzigen Mal. Auch in London haben sie sich getroffen.

Aus der kollegialen Zusammenarbeit war mit der Zeit Freundschaft geworden, in die auch die Familie eingeschlossen war. Auf einer Daguerreotypie posiert Emilia festlich gewandet vor einem

Spiegel, offenkundig stolz auf ihre Figur, das Muster einer eleganten, jungen Dame von Stand. Bergenroth wird an ihr Gefallen gefunden haben und die kultivierte Atmosphäre und gepflegte Gastlichkeit bei den Gayangos nach den spartanischen Monaten in Simancas genossen haben. Von Besuchern hören wir von erlesenem Mobiliar, kostbarem Porzellan, wertvollen Antiquitäten. Juan Facundo Riaño war ein Kenner; später hat er das *Victoria and Albert Museum* in London bei Ankäufen beraten. Berichtet wird auch von einem prächtigen, bunten Kakadu, der übrigblieb, als Bibliothek und Einrichtung der Wohnung in der *Calle del Barquillo* nach dem Tod von Pascual de Gayangos verscherbelt wurden.

Weltbühne

Paris, *5 Rue Neuve des Capucines,*
25. Januar 1862
Meine liebste Mutter,
Obwohl ich in Paris bin, führe ich doch ein sehr ruhiges Leben. Manchmal gehe ich abends aus, und besuche den einen oder anderen meiner wenigen Bekannten in Paris. Früher hatte ich mehr. Je älter ich werde, und je beschäftigter ich bin, desto kleiner wird der Kreis derer, mit denen ich Umgang habe. Ab und zu gehe ich ins Theater. Das ist für mich nicht nur Erholung, sondern in gewisser Hinsicht eine Pflicht. Jemand, der wie ich so oft den Anspruch erhebt, über sein Zeitalter zu urteilen, sollte sich darüber so gut wie möglich informieren; und das Theater, zumindest das in Paris, ist eine der wichtigsten Quellen, aus denen man sein Zeitalter kennenlernen kann. In Deutschland hat man keinen Begriff davon, was das Theater in Frankreich wirklich bedeutet. Alle Fragen des Lebens, die großen wie die kleinen, werden auf der Bühne

erörtert, und das Publikum ist als Kritiker anwesend. Ob sie nun ernst oder komisch sind, die Stücke versuchen immer ein Bild des wirklichen Lebens wiederzuspiegeln. Beim Spielen sind die französischen Schauspieler nicht so steif wie unsere deutschen, die meinen, sie hätten genug getan, wenn sie ihre Rollen deklamieren. In Frankreich gibt es auf der Bühne kein Deklamieren. Man spricht und bewegt sich so natürlich wie im Alltagsleben. Aber die meisten Abende bin ich zu Hause und arbeite. Die Arbeit, an der ich jetzt sitze, wird so erschreckend lang brauchen, daß ich mit dem Rest meines Lebens haushalten muß.«

Langstrecke

Im Herbst 1862 ist Bergenroth längst wieder in Simancas. Er hat sein Logis bei Don Pedro aufgegeben und sich ein Häuschen gemietet, an dem freilich noch gebaut wird, vorläufig kann er nur ein Zimmer benutzen. »In gewissen Umständen ist Geduld eine große Tugend.« Im Hof hält er Hühner, »aber sie sind so trocken wie ein Stock, nichts als Knochen und Federn«. Er hat eine Frau gefunden, die für ihn kocht.

In den nächsten Jahren hat er überreichlich Gelegenheit, sich in der Tugend der Geduld zu üben. Die Arbeit am neuen *Calendar* erweist sich als noch weit langwieriger und mühseliger als vermutet. Die vielfältigen Gründe dafür finden sich in den Briefen, in denen Bergenroth dem *Master of the Rolls,* Sir John Romilly, regelmäßig über den Fortgang seiner Arbeit berichtet. Briefe, die deutlich machen, wie sehr ihm an dessen Gunst und seiner gut bezahlten Stelle gelegen war. Das erforderte diplomatisches Geschick. Romilly war nach dem Urteil seiner Bekannten »eitel wie ein Pfau« und mußte mit Glacéhandschuhen angefaßt werden.

*Abb. 20: Sir John Romilly, Jurist, Politiker, als Direktor
der Englischen Staatsarchive Arbeitgeber Bergenroths.*

Und zudem war Bergenroth als Ausländer und Autodidakt im historischen Fach keineswegs ungefährdet. Erst kürzlich hatte Romilly einen *Calendarer,* einen Mr. Turnbull, entlassen, weil der zum Katholizismus konvertiert war. Trotz namhafter Fürsprecher hatte er dem Druck der Presse nicht standgehalten. »Die römisch-katholische Art des Umgangs mit Geschichte ist eine der systematischen Fälschungen«, proklamierte die *Daily Mail.*

»Seit ich in Simancas bin, habe ich jeden Tag, an dem die Archive offen waren, in den Archiven gearbeitet und an den anderen Tagen zu Hause. In den Archiven verlasse ich meinen Schreibtisch gewöhnlich für keinen einzigen Augenblick, bis der Pförtner ankündigt, daß er gleich schließen wird. Ich habe in den letzten zehn Monaten keinen einzigen freien Tag genommen.« Mit jedem seiner Schreiben an Romilly hat Bergenroth zeigen wollen, daß er überaus fleißig und sein Geld wert war, daß es nicht an ihm lag, wenn sich die Herausgabe des neuen *Calendar*-Bandes immer wieder verzögerte, und daß die gefundenen Quellen so interessant waren, daß sie den Zeitaufwand lohnten. Er kannte seinen Arbeitgeber. Schließlich waren die Romillys, Nachfahren eines hugenottischen Emigranten, auch durch Tugenden wie Fleiß, Sparsamkeit und Effizienz gesellschaftlich aufgestiegen.

Was also hält Bergenroth auf? Ein Grund ist die unübersichtliche Quellenlage. Während die Dokumente zur Regierungszeit von Henry VII zum großen Teil im Bestand *Inghilterra* gesammelt waren, muß Bergenroth die Materialien zum Nachfolgeband aus verschiedenen, jeweils sehr umfangreichen Beständen zusammensuchen. »Ich arbeite manchmal eine ganze Woche und lese Hunderte von Schreiben, ohne ein einziges Wort zu entdecken, das auf England verweist, während ich gleich danach einen Überfluß an Papieren finde, die England angehen.«

Im August 1863 zieht er eine Zwischenbilanz. Ein Muster protestantischer Arbeitsethik! »Ich bin jetzt ein Jahr in Simancas. Die Archive sind in dieser Zeit etwa 230 Tage geöffnet gewesen, vier Stunden am Tag im Winter und fünf Stunden am Tag im Sommer; das macht insgesamt etwa 1935 Stunden. Das ist eine ziemlich lange Zeit, und Sie sind vollkommen berechtigt, entsprechend viel Arbeit von mir zu erwarten. Ich denke, ich habe sie geleistet. Wie auch immer, ich weiß, daß ich nicht müßig gewesen bin. Ich habe grob geschätzt etwa 20 000 Dokumente untersucht, die in Lateinisch, Spanisch, Französisch und Italienisch abgefaßt waren, außerdem einige wenige in Deutsch und ein paar in Holländisch. Viele davon sind kurz, manche andererseits füllen zwanzig oder dreißig eng beschriebene Folioseiten. Die meisten davon sind leserlich geschrieben, aber andere sind außerordentlich schwer zu lesen. Da nach meinen Berechnungen die durchschnittliche Zeit für jedes Dokument drei Minuten beträgt, scheint es mir, als ob man mir eher vorwerfen könne, zu eilig gewesen zu sein, als meine Zeit vertrödelt zu haben. Aber ich glaube sicher, daß ich in den Dokumenten nichts von Belang für die Geschichte Englands übersehen habe.«

Auch die Sicherung der Quellen erweist sich als schwierig, denn mit ihrer Sichtung ist es natürlich nicht getan. Bergenroth muß die einschlägigen Dokumente in seinen Besitz bringen, und zwar möglichst viele möglichst schnell. Kopierer und Scanner waren damals noch Science-fiction. Er ist also auf menschliche Hilfe angewiesen, aber die ist in Simancas schwer zu finden. In seiner Not engagiert Bergenroth einen belgischen Exprofessor, der im Auftrag eines französischen Historikers im Archiv recherchiert. »Er ist ein intelligenter Mann und lebt in äußerster Armut. Vor kurzem hatte er im genauen Wortsinn *kein* Hemd und *keine* Strümpfe. Er besitzt jetzt *ein* Hemd und zwei Paar Strümpfe. Ich bot ihm eine großzügige Vergütung an, aber es erwies sich als unmöglich, ihn zum Arbeiten zu bewegen. Die äußerste Anstrengung, die er sich auferlegt, ist eine halbe Stunde – und zu ganz besonderen Gelegenheiten eine dreiviertel Stunde – Aufenthalt im Archiv, wobei er die Zeit nicht immer sehr gewinnbringend nutzt. Auf diese Weise verdient er so viel, wie er für sein elendes Leben braucht. Die übrige Zeit verbringt er in seinem Bett (es ist alles andere als luxuriös), ohne Bücher, ohne Gesellschaft und abends ohne Kerzen. Als ich erkannte, daß ich auf seine Hilfe nicht zählen konnte, nahm ich Zuflucht zu Spaniern. Sie versprachen viel und wurden mir sehr empfohlen, aber nicht einer von ihnen war mir von geringstem Nutzen. Zur Zeit hält sich ein junger Herr bei mir auf. Er ist ein Freund von mir und leistet mir ausgezeichnete Dienste. Unglücklicherweise kann er nicht viel länger hierbleiben.«

Dieser junge Herr ist der 23jährige Paul Friedmann, der in den nächsten Jahren Bergenroths Assistent und wichtigster Mitarbeiter wird. In der Einleitung zu seinem zweiten *Calendar of State Papers*-Band dankte Bergenroth ihm für seine sehr wertvolle Hilfe.

Was den Fortgang von Bergenroths Arbeit aber wohl am meisten aufhielt und sie ernsthaft gefährdete, war die »Phalanx offizieller Böswilligkeit«, die sich ihm nach seiner Rückkehr nach Simancas entgegenstellte. Mit der Einleitung zu seinem ersten *Calendar of State Papers* hatte er sich in Spanien einflußreiche Feinde gemacht. »Die ultramontanen und national-conservativen Kreise fühlten sich davon unangenehm berührt, daß Personen, wie Ferdinand und namentlich seine gerühmte Frau Isabella, in dem neuen Lichte stark compromittirt erschienen. Diese Elemente, welche dem Throne zunächst standen, wußten auch auf das Ministerium Einfluß zu üben, und so kam es denn, daß B. seinen bisherigen Schutz gegen das Uebelwollen des Archivero verlor. Schon sogleich bei seiner Wiederkehr nach Simancas bemerkte er, daß gewisse Documente, welche er früher benutzt, nicht mehr an ihrem Orte zu finden waren. Nun wurde ihm klar, daß Vieles, auf das es ihm hauptsächlich ankam, ihm ganz vorenthalten wurde. Als er sich an den Minister in Madrid wandte, tadelte dieser anfänglich den Archivero. Nach längeren Verhandlungen kam es aber doch darauf hinaus, daß dieser Beamte wirklich die Anweisung hatte, keine chiffrirten Documente, deren Entzifferung oder Schlüssel nicht vorhanden, B. in die Hand zu geben, sondern die Entzifferung selbst vorzunehmen und ihm nur die Uebertragung vorzulegen. Darauf erklärte der Archivero, daß er die Documente zu entziffern nicht im Stande wäre, und die Lage B.'s blieb ziemlich trostlos.«

Bergenroth hält es für klüger, die stolzen Spanier nicht durch Einschaltung der englischen Botschaft zu reizen und überhaupt mit größter Vorsicht zu agieren. Schon hatte die Presse Wind von der Sache bekommen. In Gesprächen mit den Behörden zeigt er sich überzeugt davon, daß man ihm die chiffrierten Dokumente doch noch aushändigen werde. Es sei »unmöglich, daß die Regierung eines Landes, das die Wissenschaften fördert, vorsätzlich die Forschungen anderer« behindere.

Seine gesundheitlichen Probleme spielt Bergenroth in den Berichten für Romilly herunter. Wir hören eher Allgemeines von Unpäßlichkeiten. Immer wieder leidet er an Anfällen von Wechselfieber, außerdem wohl an Rheumaschüben, Magen-Darm-Problemen, Infekten ... Am bedrohlichsten ist ein Augenleiden, das er sich durch die angestrengte Arbeit bei Kerzenlicht zugezogen hat, weil er die Ausgaben für eine gute Lampe gescheut hatte. Eine Ersparnis, die ihn teuer zu stehen kommt. »Um gleich mit dem Schlimmsten zu beginnen: Es ist jetzt ganz klar, daß ich in diesem Jahr meine Recherchen in Simancas nicht werde beenden können«, schreibt er am 23. August 1863 an Romilly. Ich muß gestehen, daß ich mich nicht stark genug fühle, um noch einen Winter an diesem Ort zu verbringen.« Er will seine Forschungen zunächst in Madrid fortsetzen und dann nach Paris gehen, um in den *Archives nationales* die aus Simancas verschleppten Dokumente einzusehen und um sich dort in die Behandlung des berühmten ›Okulisten‹ Dr. Liebreich zu begeben.

»Ich darf Ihnen sagen, daß meine Augen viel besser sind, als ich je zu hoffen gewagt hätte«, meldet er im März 1964. »Obwohl ich noch in medizinischer Behandlung bin, kann ich vier bis fünf Stunden am Tag lesen und schreiben und nach einigem Ausruhen ebenso viele Stunden in der Nacht. Das einzige, was jetzt noch nötig ist, ist die Wahl einer passenden Brille. Das ist aber nicht so leicht, wie es scheint. Meine Augen müssen ganz langsam an den Gebrauch einer Brille gewöhnt werden, und ich kann nicht unmittelbar mit den Gläsern beginnen, die die Erhaltung meines Augenlichts erfordert. Ich habe mit schwachen Gläsern angefangen und steige jetzt zu stärkeren auf. Die Brillen, die ich benutze, sind keine gewöhnlichen. Jedes Paar muß entsprechend angefertigt werden. Deshalb war und bin ich noch verpflichtet, jede Woche ein oder zwei Stunden im Wartezimmer meines Augenarztes und drei oder vier Stunden in der Werkstatt von Mr. Nachet, dem Optiker, zu verbringen.«

In den *Archives nationales* entdeckt er wichtige Quellen, dann findet er einen Sekretär, einen jungen Engländer, gibt Abschriften bei leider wenig vertrauenswürdigen Kopisten zu überhöhten Preisen in Auftrag und reist nach Brüssel weiter. Dort trifft er sich mit dem renommierten belgischen Staatsarchivar und Historiker Louis Prosper Gachard, der 1844 als erster Ausländer in Simancas geforscht und ein grundlegendes Werk über das Archiv und seine Bestände veröffentlicht hatte. Ein sachkundiger Gesprächspartner also, der Bergenroth bei seinen Recherchen mit Rat und Tat unterstützt. Er öffnet ihm nicht nur alle »verborgenen Winkel« des Brüsseler Archivs, sondern teilt ihm auch seine privaten Aufzeichnungen über die Bestände anderer europäischer Archive mit. »Meine Aufgabe wird mit jedem Tag mühsamer«, schreibt Bergenroth an Romilly, »aber die Hoffnung, ein Werk fertigzustellen, das Ihrer Förderung würdig ist, gibt mir Kraft«. Mittlerweile arbeiten fünf Kopisten für ihn, einer in Brüssel, zwei in Paris und zwei in Simancas.

Zurück nach Paris, wo er seine neue Brille bekommt, die fertigen Kopien kollationiert (mit den Handschriften vergleicht) und viele Fehler findet. Dann nach Madrid, in dessen Archiven er eine »erstaunliche Fülle« weiterer Materialien entdeckt. »Ich arbeite jetzt so hart wie möglich«, meldet er Romilly. »Seitdem ich in Madrid bin, habe ich mir keine einzige Nacht freigenommen. Ich arbeite nicht allein. Wir sind bei dieser Arbeit nun zu viert. Die Sammlung wächst beträchtlich, und doch bleibt soviel zu tun, daß ein Ende nicht absehbar ist. Ich weiß, daß es nicht in Ihrer Macht steht, mir zu helfen, und daß Klagen wie diese sehr ermüdend sind. Aber auf der anderen Seite denke ich auch, daß es meine Pflicht ist, Sie über den Stand der Dinge zu informieren.« Dann Wien, Lille, wieder Paris, wieder Simancas, Barcelona, wieder Brüssel, Rom, Florenz, Venedig, wieder Madrid, wieder Simancas, mit der Eisenbahn, mit Kutschen, mit Segel- und Dampfschiffen ...

Bergenroth fühlt sich unter immensem Druck, von außen und von innen. Daß er ihm standhält, ist seinem Stoff geschuldet, der ihn um so mehr fasziniert, je tiefer er in ihn eindringt. »Es gibt verschiedene Anreize, selbst pekuniärer Art, meine Recherchen abzuschließen und mit dem Druck so bald wie möglich zu beginnen. Ich muß gestehen, daß ich sogar überzeugt davon bin, in der literarischen Welt durch dieses Werk bekannt zu werden, und ich bin dem Ruhm gegenüber nicht ganz gleichgültig. Aber all solche Überlegungen verschwinden, sobald sie die bestmögliche Ausführung meiner Aufgabe gefährden. Ich habe den Ehrgeiz, meine Arbeit gründlich zu machen und so gut, wie es jeder andere in meiner Position auch könnte. Obwohl ich mich manchmal unter der schweren Last müde fühle, will ich sie mir nicht durch Beschneidung meiner Sammlung leichter machen. Die großen Ereignisse des 16. Jahrhunderts, und besonders die von Heinrich und Karl, bilden ein großes Drama, in dem jede Szene zum Verständnis der nächsten nötig ist. Die Papiere, die diese Ereignisse in sich schließen, sind über halb Europa verstreut. Ich habe den Ehrgeiz, sie zu sammeln, zu ordnen, zu gestalten und zu beleben, so daß die Vergangenheit wieder lebendig vor dem geistigen Auge steht, nicht dem des flüchtigen Lesers, sondern dem des ernsthaften Forschers.«

In jedem seiner Berichte versucht Bergenroth, Romilly durch Mitteilung interessanter Funde von der Bedeutung seiner Arbeit zu überzeugen – und ihn zu unterhalten. So, als er zufällig (durch Unachtsamkeit eines Archivangestellten) an geheime Dokumente zum Heiratsprojekt von Ottavio Farnese, einem Enkel von Papst Paul III., mit Margarethe von Österreich, der späteren Margarethe von Parma, gelangte. »Ein Sensationsroman der untersten Sorte kann nicht zügelloser, schmutziger und extravaganter sein als die realen Fakten der Geschichte. Stellen Sie sich zum Beispiel Abgesandte des Papstes und des Kaisers vor, die assistieren, als der junge Bräutigam zwei Mädchen beiwohnt, die diese ernsten Würdenträger der Kirche und Botschafter seinem Bett zugeführt hatten. Der Sinn dieses Verfahrens war es, herauszufinden, ob Ottavio Farnese die physische Kraft hatte, seine Frau zu erkennen. Gift, Zaubertränke, menschliche Seelen, Beschwörungen, Vergewaltigung, Inzest, Päderastie, bekehrte Juden, Mönche, Inquisitoren, unterirdische Verliese, Todesurteile, Morddrohungen an hochgestellte Persönlichkeiten – all das und noch viel mehr findet man in den Korrespondenzen.«

Simancas, im Sommer 1864. Bergenroths Köchin, eine Frau »auf der falschen Seite der Fünfzig«, gesteht ihm, sie habe sich unsterblich in ihn verliebt, weshalb er es für ratsam hält, einen »Ersatz von weniger romantischer Art« zu suchen.

Ein Hilfsangebot kommt von Gustav Körner, einem Landsmann mit revolutionärer Vergangenheit, der in den USA Karriere gemacht hatte und 1862 als amerikanischer Botschafter nach Madrid gekommen war, als Nachfolger des Kinkel-Befreiers Carl Schurz.

»Der amerikanische Botschafter in Madrid hatte die Absicht, nach Deutschland zu reisen, und erbot sich, mir während seiner Abwesenheit seine Köchin zu leihen. Ich nahm das Angebot an. Madrid ist nicht sehr groß, und seine Bewohner sind nicht so sehr beschäftigt, daß sie sich nicht auch für Kleinigkeiten interessieren würden. So waren die die Köchin betreffenden Transaktionen bald sogar über die diplomatischen Kreise hinaus bekannt, und ich bemerkte, daß die Mitglieder der Akademie und der Vereinigung der Archivare viel höflicher zu mir waren als zuvor. Keine Hindernisse sollten mir mehr in den Weg gestellt werden. Ich war zuerst töricht genug, zu glauben, daß mein persönlicher Einfluß oder meine gerechte Sache eine Änderung zu meinen Gunsten bewirkt hätten. Aber ich erfuhr bald, daß es die Köchin der amerikanischen Botschaft war, die für ihre kulinarischen Leistungen berühmt war.

Unglücklicherweise bekam Spanien Probleme mit Peru, und die Vereinigten Staaten hielten es für ihre Pflicht, in diesem Konflikt ihre Dienste als Vermittler anzubieten. Die Folge war, daß der amerikanische Botschafter Madrid nicht verlassen konnte; folglich konnte er auf seine Köchin nicht verzichten; folglich wurde ich wieder eine arme, köchinnenlose Person; folglich konnte ich nicht länger auf meine neuen Freunde zählen. Aber die Köchin des amerikanischen Botschafters war eine vernünftige, gutmütige Person. Sie hatte Mitleid mit mir und empfahl mir ihre Freundin, Señora Lina Alonzo y Silva, die nun die braven Bauern von Simancas durch ihre Anwesenheit in Erstaunen setzt. Ihr Arzt hat ihr befohlen, während des Sommers auf dem Lande zu leben. Das ist der Grund, weshalb sie mein Angebot angenommen und sich dazu herabgelassen hat, einige Monate in einem Dorf zu verbringen. Ob sie eine gute Köchin ist oder nicht, spielt keine Rolle. Ihre Freundin und Kollegin von der amerikanischen Botschaft hat erklärt, daß es in allen Königreichen Spaniens außer ihr selbst keinen größeren Künstler in diesem Fach gebe. Können Fakten gegen eine solche Autorität ankommen? Gewiß nicht.

Aber entschuldigen Sie, daß ich Ihnen einen Brief schreibe wie diesen. Ich hoffe, Sie haben die Nachsicht, mir zu verzeihen.«

Nach Abschluß seiner peruanisch-spanischen Mission kehrte Gustav Körner zurück in die USA. Über seine Eindrücke *Aus Spanien* berichtete er zuerst in einem Buch dieses Titels, später dann in Memoiren, die posthum in englischer Sprache erschienen sind. Bergenroth wird darin nicht erwähnt, kommt aber indirekt doch vor, in einer Passage über Kaiser Karl V. Darin klingen Gespräche nach, die er mit Bergenroth über diesen Herrscher – und dessen allzu große ungesunde Liebe zum guten Essen – geführt hat.

»Er hatte eine starke Individualität. Alle Portraits, die ich von ihm gesehen habe, sind einander sehr ähnlich. Seine kalten Augen zeigen Verstand, aber keine Seele. Der untere Teil seines Gesichts ist ›burgundisch‹, unangenehm hervorstehend, sinnlich, Gefräßigkeit verratend. Und doch mischen sich in seinen Zügen Adel und Melancholie.« Und ein paar Sätze später heißt es: »Er war ein armer, gequälter, leidender Mann, immer mehr oder weniger krank; und wenn es ihm einmal gutging, zogen ihn sein aufwendiger Lebensstil und seine Gefräßigkeit wieder nach unten. Die Archive von Simancas enthalten die Dokumente über die medizinische Behandlung, der er sich während seines Aufenthalts im Kloster St. Justus unterzog. Es war eine echt spanische, denn [die Dokumente] bezeugen Hunderte von Aderlässen. Wie wenig beneidenswert war das Schicksal dieses mächtigsten Herrschers der Welt! Selbst die vergänglichen Reiche von Napoleon und Alexander oder die Herrschaft Roms in seiner größten Epoche können mit der Ausdehnung seiner Herrschaft nicht verglichen werden.«

Am 8. April 1865, einem Samstag, wird Bergenroth vom Fenster seines Hotels, der *Fonda de las cuatro Naciones,* Augenzeuge von tumultuösen Auseinandersetzungen zwischen Bürgern und Soldaten,»das Volk schimpfend, schreiend, pfeifend, die Soldaten dem Anschein nach bereit, beim ersten Befehl zu schießen«. Ausgelöst werden die Unruhen durch Studentenproteste gegen die Entlassung eines Hochschullehrers, aber sie eskalieren schnell zum Protest gegen die Politik der Regierung. Man fürchtet (oder erhofft) eine Revolution, und Bergenroth, der schon eine erlebt hatte, plant, seine Papiere für diesen Fall in die englische Botschaft in Sicherheit zu bringen. Es kommt dann anders. Nach einem, wie sich zeigte, trügerischen Ruhetag – am Sonntag,»der in Spanien den Stierkämpfen vorbehalten ist, hatten die Menschen keine Zeit gegeneinander zu kämpfen« – gibt es neue, größere Proteste, die die Regierung blutig niederschlagen ließ.»Man sagt, daß von etwa 50 bis zu über 100 Personen verletzt oder getötet worden sind. Die Regierung untertreibt ihre Zahl, und die Opposition übertreibt sie, wie ich glaube.«

Mit der Verschiebung der politischen Kräfteverhältnisse schwindet Bergenroths Hoffnung, doch noch an die begehrten Quellen zu kommen. Seine Fürsprecher, darunter so gut wie alle ausländischen Botschafter, die in Madrid residieren, finden kein Gehör. Selbst Königin Isabella, die ihm auf Vermittlung einer preußischen Prinzessin eine Audienz gewährt, setzt sich erfolglos für ihn ein. »Die ultramontane Partei wird nicht einmal von der Herrscherin besiegt.« Im Juni 1865 kündigt ihm seine Vermieterin in Simancas. Man will ihn offenbar aus dem Ort vertreiben. Bergenroth mietet ein Logis in Valladolid und steht jeden Morgen um sechs Uhr früh auf, um die vierzehn Kilometer nach Simancas zu reiten. Und abends wieder zurück.

Im Herbst des Jahres gab Bergenroth erst einmal auf und ging zurück nach London, um die Publikation seines *Calendar*-Bandes vorzubereiten. Wie immer wohnte er in *Ford's Hotel*. Er arbeitete hart diesen Winter und bis in den Sommer hinein. Der neue Band, welcher zur doppelten Stärke anwuchs, machte ihm viel Mühe und oft Wochen lang enthielt er sich jeglicher Zerstreuung und sogar des Umgangs mit seinen näheren Freunden. Nur gelegentlich gab er kleine Einladungen. »Solche geselligen Zusammenkünfte waren immer ein großer Genuß für ihn, Zeiten, in der er sich seiner Rolle als asketischer Forscher völlig entledigte und in die eines perfekten Gastgebers schlüpfte. Wenn man Bergenroth in diesen seltenen Momenten gesellschaftlicher Lustbarkeiten sah, hätte man ihn als einen Mann eingeschätzt, der nur Vergnügen und Witz kannte – als einen klugen Sybariten, der keine schwereren Studien kannte als das gute Leben.«

Zu seinen Gästen gehörte auch Gottfried Kinkel, der in London eine Anstellung als Deutschlehrer gefunden hatte und mit Vorlesungen über deutsche Literatur großen Zuspruch fand.

»Ford's Hotel Manchester Street. Manchester Square.
21. Juni 1866.
Lieber Kinkel, Dank für Ihre Einladungskarte zu Ihren Vorlesungen. Die erste Vorlesung hat mich sehr interessirt.

Sie haben mir nicht geschrieben, welchen Abend Sie in dieser Woche frei haben, und bei mir essen wollen. Seien Sie so gut es mich wissen zu lassen. Ich überlasse es Ihnen auch die Stunde zu wählen, 6, 6½ oder 7 Uhr, wie Sie wollen. Natürlich erwarte ich auch Frau Kinkel, wenn sie mit einem Junggesellen dinner vorlieb nehmen will. Sagen Sie es mir ganz ohne Rückhalt, ob Ihnen die Gesellschaft von Doctor Medicinae Julius Althaus u Frau angenehm ist. Wenn das der Fall ist, bitte ich sie, Ihnen Gesellschaft zu leisten.

Viele Grüße von Ihrem GBergenroth.«

Isle of Wight

»Die Londoner Sonne lebt, wie die deutsche Freiheit, zumeist im Bewußtsein des Volkes, welches fest daran glaubt, daß beide herrlich sichtbar sein könnten, wenn sich nicht zwischen den obern und untern Regionen ein schwarzer häßlicher Nebel gelagert hätte. Wir stehen jetzt im October. Seit drei Wochen hat sich unsere Sonne nicht blicken lassen«, klagte Max Schlesinger in seinen *Wanderungen durch London*. Die Winternebel nannte er grauenhaft. »Wer sie nicht gesehen, kann sich keine genügend düstere Vorstellung von ihnen machen. Wer ihren Einfluß auf Leib und Geist und Seelenstimmung kennen gelernt, wundert sich nicht halb so viel mehr über die englische Nationalkrankheit: den Spleen, und über das Wintervergnügen der Engländer: sich zu erhängen. Die Luft ist kaum athembar; sie wird grau, gelb, orange bis zum tiefen Schwarz; dabei feucht, dick, stinkend, erstickend. Die Nebel steigen oft langsam, wie bedächtig tragische Bühnengespenster auf, oder überfallen die Straßen der Stadt wie der Samum die Wüstencaravanen. Bald lagern sie sich gleichmäßig über das ungeheure Häusermeer hin, bald finden sie eine schwache Grenze an unsichtbaren Hindernissen und ballen sich dort zu hohen Wänden zusammen, aus denen man die Gestalten der Fußgänger wie den fahrenden Schüler aus der Wolke hinter Doctor Faust's Ofen sich entwickeln sieht.«

Südlich von London dagegen zeigte sich die Sonne »nicht seltener als anderswo in voller, breiter, angewohnter Glorie. Bristol, Bath, Hastings, die Insel Wight sind ihre Lieblings-Residenzen. Dort wehen im Spätherbst noch milde Sommerlüfte; der Himmel und das Meer sind blau; an Strauch und Baum kein welkes Blatt; die Wiesen grün und herrlich anzuschauen; an Geisblattblüthen saugen Schmetterlinge; die Ceder vom Libanon gedeiht vortrefflich; Myrthen und Fuchsien, Hortensien und Eriken, Rosen und Passionsblumen in üppigster Blüthe bedecken die freundlichen Landhäuser am Meeresufer; Dorfkirchen sind bis zum Dach hinauf mit Efeu überwuchert; Farrnkräuter in ungewöhnlicher Stärke fächeln leise mit ihren Federblättern, wenn sie die sanfte Brise von der See her durchweht; Vögel zwitschern lustig im Gezweig des baumartigen wilden Lorbeers; das Vieh weidet die Dünen auf der Landseite der steilen Meeresfelsen ab; und Jung und Alt badet lustig in offener See, während auf unsern deutschen Flüssen vielleicht schon die ersten Eisschollen treiben, während in London schon der dicke Winternebel sich durch die Straße wälzt.«

Wight, die vor Hampshire gelegene Kanalinsel, war mit ihren Steilküsten, dem milden Klima, der üppigen Vegetation, den malerischen Dörfern und repräsentativen Landsitzen das beliebteste Urlaubsziel der Londoner. Jungverheiratete aus dem »behäbigeren Mittelstand« verbrachten hier ihre Flitterwochen und ritzten ihre Initialen in die Klippenwände ein, Königin Viktoria war jeden Sommer da, Aristokraten kamen ebenso wie Künstler und Intellektuelle. Manche ließen sich auch ganz hier nieder. Einige der prominenten Inselbewohner und -besucher hat Lynne Truss in ihrem sommerleichten Roman *Tennyson's Gift* aufeinandertreffen lassen.

Von 1851 bis 1866 ist Max Schlesinger jedes Jahr auf die Insel gekommen, manchmal zusammen mit Gustav Bergenroth. Das wissen wir aus einem Reisefeuilleton über »Die Insel Wight«, das Schlesinger im August 1874 in der Wiener *Neuen Freien Presse* veröffentlicht hat.

Nicht lange vorher, acht Jahre nach seinem letzten Aufenthalt dort, war er in Begleitung von Freunden noch einmal nach Wight gereist. Alles hatte sich »merkwürdig verändert«, wie so oft bei Reisen in die Vergangenheit. Sein Ferienort Shanklin war mittlerweile vom »allerliebsten Dörfchen« zum »Städtchen« geworden, »und mancher schöner Punkt, der sonst Baum- und Wiesengrund gewesen, von Häusern bedeckt.« »Dagegen hilft kein Klagen«, wußte Schlesinger, »es ist das Schicksal aller schön gelegenen Küstenorte, zumal derer, denen eine Eisenbahn beschert worden. Im Gefolge der letzteren tritt in der Regel ein großes Hotel auf, die Speculation baut Reihen von Landhäusern, neue Läden springen aus dem Boden, die Ansprüche mehren sich, es steigen die Preise, und die ehemalige Ursprünglichkeit geht darüber unwiederbringlich verloren.«

Aber dann fand er doch noch ein Stück Vergangenheit wieder, das unversehrt geblieben war. Von Shanklin aus waren er und seine Freunde die *Chine*, wie man die steilen Klippenwege in der Region nannte und nennt, zum Strand hinuntergestiegen. Gegen Ende des Weges wurden sie von einem Platzregen überrascht. »Raschen Schrittes eilten wir dem Ausgang der *Chine* zu und suchten Unterkunft in dem vereinzelt am Strand stehenden Häuschen, rechts am Ausgang der Schlucht, wo das bescheidene Wässerchen der letzteren der großen Salzfluth des Ozeans entgegenläuft.

Es ist ein kleines, aus unbehauenen Steinen gefügtes Haus. Die Eingangshalle ist zugleich die Küche, und diese vertritt zugleich die Stelle des Speise- und Empfangssalons. Dahinter liegen zwei Schlafstuben und zwei andere stecken oben unter dem Dach. Zur Seite steht ein in der Breite entzweigesägtes altes Boot, welches seine Zeit ausgelebt hat und als zweisitzige Veranda benutzt wird. Aus rothen Ziegeln besteht das Parquet; Kochgeschirr und Bootzeug hängt an den Wänden, ein paar Holzschnitte mitten zwischen ihnen. Auf dem Fenstersims stehen zwei Blumentöpfe, ein lustig Feuer brennt im Kamin, und darüber hängt ein Kessel, der nie ohne siedendes Wasser ist. So steht das Häuschen am Strande, mit dem Rücken an die schützende Klippe gelehnt, die Vorderseite dem offenen Meer zugewendet, das bei hoher Fluthzeit die Schwelle bespült.

Ich kenne es nun schon 23 Jahre lang, kenne den Mann, der es bewohnt, kenne sein Weib und habe die schöne Frau, die jetzt mit einem blühenden Knaben im Schoße am Fenster sitzt, gekannt, als sie selber noch ein Kind war und barfuß im Sande spielte. Gar oft in früheren Jahren habe ich mehrere Nächte in einer der beiden Dachstuben geschlafen, habe von ihren Fenstern die Sonne ins Meer sinken, den Mond aus ihm auftauchen sehen und Sturmmesscenen miterlebt, die ich nimmer vergessen werde. Auch mein alter, unvergeßlicher Freund Jacob Kaufmann hat in der Dachstube logirt, und Emanuel Deutsch, der Talmud- und Korangelehrte, und Gustav Bergenroth, der Geschichtsforscher, wenn er von den Archiven von Simancas herüber nach England kam, um von der Arbeit auszuruhen und sich für neue Studien vorzubereiten. In diesem Haus saßen wir einmal alle Vier zusammen. Heute liegt Kaufmann in Wiesbaden begraben, Bergenroth in spanischer Erde und Deutsch an den Ufern des Nil –

>How do you do Mr. Sampson? How are You Mrs. Sampson? How are the children? Thank God, I find You alive!<

Mit diesen Worten trat ich triefend in die Hausflur, und dreier Menschen Hände streckten sich mir zum warmen Willkomm entgegen. Ich war seit acht Jahren nicht zur Stelle gewesen, aber sie erkannten mich sofort. *Old Mr. Sampson* schreitet den Siebzigen zu, aber noch schimmern nur wenige weiße Haare aus seinem braunen Barte heraus, und fest gefügt wie sein Steinhaus steht der wak-

kere Mann auf dem Grunde, wettergebräunt, aber auch wetter-
gestählt, ein Bild kernigster Kraft und Gesundheit. Heute wie vor
dreiundzwanzig Jahren bewirthschaftet er seine Badekarren, die
zum großen Theil seinen Erwerb ausmachen, aber er steuert auch
sein Boot, führt das Ruder und handhabt das Segel noch immer
so sicher und kräftig wie nur je zuvor.

Ohne Verzug wurde Thee gekocht, wurden einige Gläser steifen
Grogs credenzt. Denn, wie oben bemerkt, es brannte das Feuer im
Kamin, und in dem alten Kessel brodelte das Wasser altbekannte
Melodien. Dann ging es an ein langes Plaudern über frühere Zeiten, Erkundigungen nach Diesem und Jenem, Rückerinnerungen
an die gestorbenen Freunde, Mittheilungen über Vieles, was sich
im Orte und der Umgebung neuester Zeit verändert hat.

Gar gerne hätte ich wieder einmal eine Nacht in der alten
Dachstube geschlafen oder auch nicht geschlafen, aber Rücksicht
für die beiden Reisegefährten drängte zum Aufbruch. Noch einige
Worte mit *Old Mr. Sampson*, dann gegenseitiges herzliches Hän-
deschütteln und wir schieden. *God bless You!* riefen mir Mutter
und Tochter noch aus dem Fenster nach. Ob ich sie wohl jemals
wiedersehen werde?«

Wann hat das Zusammentreffen von Schlesinger, Kaufmann,
Deutsch und Bergenroth stattgefunden? Wann haben Schlesinger
und Bergenroth sich dort zum letzten Mal gesehen? Vielleicht im
Herbst 1866?

Ein Jahr später mußte Jacob Kaufmann England verlassen. Er
litt an schwerem Asthma, und das Londoner Klima war für ihn
Gift. 1871 ist er in Wiesbaden gestorben.

Über Emanuel Oscar Menahim Deutsch wissen wir nicht sehr
viel, und was wir wissen, ist bedrückend. Weil der gebürtige Schle-
sier in dem Land, das er im Namen trug, keine Stellung finden
konnte, die seinen Neigungen und intellektuellen Fähigkeiten entsprach, ging er 1855 nach London, wo er eine bescheidene Anstel-

lung als *assistent* an der Bibliothek des Britischen Museums fand. »Als solcher setzte er mit rastlosem Eifer seine ausgedehnten wissenschaftlichen Untersuchungen, insbesondere über talmudische, phönikische und assyrische Litteratur fort, aber unvermögend sich mit ganzer Kraft Einem Gegenstande zuzuwenden und durch aufreibende Berufsgeschäfte in Anspruch genommen, hat er weniger Bedeutendes geleistet, als ein reicher Geist, ein beispielloser Fleiß und ein umfassendes Wissen erwarten ließen. Von Arbeit, qualvoller Krankheit und vielfachen Widerwärtigkeiten verzehrt, starb der begabte und liebenswürdige Mann auf seiner zweiten Orientreise am 12. Mai 1873 in Alexandria voll bitteren Schmerzes, daß er keinen seiner großen wissenschaftlichen Pläne auszuführen vermocht hatte.«

Mein lieber Sir John!

Es ist manchmal schon kurios, was von uns im Gedächtnis bleibt. Von John Emerich Dalberg-Acton (ab 1869 Lord Acton) vor allem zweierlei. Zum einen genießt er den zweifelhaften Ruhm, mit seiner *History of Liberty* Verfasser des »bedeutendsten Buches zu sein, das nie geschrieben wurde«. Die Materialien, die er jahrzehntelang dafür gesammelt hat, füllen ungezählte Kästen und sind in den Magazinen der *Cambridge University Library* begraben. Zum anderen eine oft zitierte Sentenz, die im englischen Original eingängiger klingt als in der deutschen Übersetzung: *»Power tends to corrupt, and absolute power corrupts absolutely«.* Der darauf folgende Satz wird seltener zitiert: *»Great men are almost always bad men«.* Ich vermute hinter diesen und anderen An- und Einsichten Actons auch den Einfluß Bergenroths.

In seiner Besprechung des ersten *Calendar*-Bandes hatte Acton dessen Vorurteilslosigkeit gerühmt, eine Einschätzung, die er im persönlichen Umgang bestätigt fand. Er »ist ein durch und durch wahrhaftiger Mann mit wenigen Gewißheiten und, soweit ich sehe, ohne Vorurteile, eine Geisteshaltung, die den Frommen außerordentlich schmerzlich ist«. Das ist so ziemlich das höchste Lob, das er zu vergeben hatte, obwohl (oder vielleicht weil?) er selbst zu den Frommen gehörte. Einer seiner Vorfahren war zum Katholizismus konvertiert, was die altadeligen Actons in England zu Außenseitern machte und Aufstiegschancen zu hohen politischen Ämtern begrenzte. Seine Mutter Marie Louise Pelline war eine geborene Dalberg, aus deutschem Reichsadel, der die Fürstbischöfe von Mainz gestellt hatte. Die Familie ließ ihren Stammbaum indirekt mit Jesus Christus höchstpersönlich beginnen. Marie Louises Vater war unter Napoleon in französische Dienste getreten und zum Franzosen geworden. Geboren aber wurde John Acton 1834 in der Villa der Familie bei Neapel, wo sein Großvater als Minister des erzreaktionären Königs Ferdinand und Liebhaber der Königin Caroline Karriere gemacht hatte. Acton war dieser Verwandte später so peinlich, daß er nichts mit ihm zu tun haben wollte, sogar die Einkünfte aus dessen Besitztümern wies er zurück. Als John drei Jahre alt war, starb sein Vater. Das Verhältnis zu Lord Granville, seinem protestantischen Stiefvater, war kühl, sicher auch, weil er früh auf katholische Internatsschulen geschickt worden war. Für sensible, intelligente Kinder war das englische *boarding school*-System Gift. »Liebe Mama, ich bin sehr, sehr, sehr unglücklich hier und bitte Dich, so bald wie möglich zu kommen und mich abzuholen«, schrieb er einmal.

Mit 16 Jahren bewarb er sich um einen Studienplatz in Cambridge, wurde aber abgewiesen, zweifellos aus konfessionellen Gründen. Deshalb ging er zum Studium nach München, wo er eine emotionale und intellektuelle Heimat fand. Bei seinem Onkel, dem Grafen Arco Valley, der schönen, lebhaften, italienischen Tante und deren acht Kindern, sechs Cousins und zwei Cousinen,

*Abb. 21: John Emerich Dalberg-Acton,
Historiker, Freund Bergenroths*

von denen er eine später heiratete, bei den Münchner Verwandten also fand er die familiäre Wärme, die er nie gehabt hatte. An den Sonntagen besuchte er sie, die Ferien verbrachte er mit ihnen in der Villa Arco am Tegernsee (wo er auch gestorben ist). Und in dem Theologen und Kirchenhistoriker Ignaz Döllinger, der ihn in seinen spartanischen Junggesellenhaushalt aufnahm, fand er einen Mentor, Lehrer und Freund. Auch wenn Acton außerdem Vorlesungen anderer Professoren besuchte und in unersättlicher, universaler Wißbegier ganze Bibliotheken nicht nur verschlang, sondern bald auch zusammenkaufte, so ist es doch Döllinger gewesen, der ihn entscheidend prägte und das Terrain absteckte, auf dem sich Acton dann als Historiker und Publizist am liebsten bewegt hat. An den Wänden von Döllingers Arbeitszimmer in der

Wohnung in der Theatinerstraße hingen neben Stichen von Oxford, Paris und London die Portraits bedeutender Kirchenmänner, von den Päpsten Julius II. und Leo X., von einem streitbaren jesuitischen Ordensgeneral – und von dem französischen Theologen Jean de Launoy, »der die Unfehlbarkeit des Papstes, die unbefleckte Empfängnis und die Himmelfahrt der Jungfrau Maria bestritten hatte«.

Zurück in England, lebte Acton meist auf Aldenham bei Bridgnorth, dem Stammsitz der Familie im idyllischen Shropshire, Heimat der wolligen Shropshire-Schafe. Aber natürlich hatte die Familie auch eine Residenz in London. Ziemlich lustlos unternahm er den Versuch, in die Politik zu gehen, verlor aber seinen Sitz im Parlament, wo man von ihm wenig gesehen und kaum etwas gehört hatte, bald wieder. Um so energischer setzte er sich als Herausgeber von katholischen Zeitschriften mit zahlreichen Artikeln für einen liberalen Katholizismus ein, der Glaube und Wissen miteinander versöhnen sollte. Ein Unterfangen, das der Quadratur des Kreises glich und von höchster Stelle verurteilt wurde, wie sich bald herausstellte. Der *Syllabus errorum*, eine Liste von 80 verdammenswerten Irrtümern, den Papst Pius XI. 1864 erließ, war eine Kriegserklärung an die Aufklärung und den säkularen Staat. Gertrude Himmelfarb hat in ihrer intellektuellen Biographie Actons herausgearbeitet, wie er in seiner Kritik an der Kirche in Gestalt ihrer Würdenträger mit zunehmendem Alter immer radikaler wurde. Das 1870 verkündete Dogma von der päpstlichen Unfehlbarkeit, gegen dessen Zustandekommen er zusammen mit Döllinger einen Pressefeldzug geführt hatte, erschütterte ihn, bestätigte aber letztlich nur Überzeugungen, für die ihm Bergenroth mit seinen Arbeiten eine Fülle von Beweismaterial geliefert hatte.

Merkwürdigerweise haben Actons Biographen von ihrer Freundschaft keine Notiz genommen. Bei Himmelfarb erscheint Bergenroth nur in einer Fußnote als Herausgeber des zweiten *Calendars*, den Acton doch immerhin in seiner kurzlebigen Zeitschrift *The Chronicle* ausführlich besprochen hat. Und in Roland Hills materialreicher Biographie kommt er gar nicht vor.

Von 1866 bis 1869 sind etwa 30 Briefe und Billets von Bergenroth an Acton überliefert, in Deutsch, einige auch in Französisch und Italienisch, die meist mit »Lieber Sir John« oder »Mein lieber Sir John« beginnen. In dieser Zeit also waren sie in beständiger Verbindung miteinander und sahen einander, wann immer Bergenroth in London war, aber ihre Beziehung bestand schon länger. Ende 1863 meldete Acton seinem Mitherausgeber Richard Simpson erfreut, er habe »einen sehr befriedigenden Brief von Bergenroth. Seine Augen hindern ihn zur Zeit am Arbeiten, aber so bald wie möglich wird er uns historische Artikel mit neuen Materialien liefern. Davon gibt er mir eine Probe. Nach 1530 wollte sich Luther im Austausch für einen Kardinalshut unterwerfen und Rom schlug vor, allen Skandalen ein Ende zu machen, dadurch, daß die weltlichen Geistlichen zum Heiraten genötigt werden sollten. Karl V. scheint die Versöhnung verhindert zu haben.«

Acton war eine charismatische Persönlichkeit. »Unter seinen englischen Zeitgenossen war er singulär, eine Klasse für sich.« So Sir Mountstuart Grant Duff in einem Nachruf, der versucht, das letztlich Unfaßbare der Anziehungskraft seines Freundes zu fassen. Sie hatte mit dem Glanz von Actons illustrer europäischer Verwandtschaft zu tun, mit seiner Weltläufigkeit, seiner universalen Bildung, besonders aber mit seiner Unterhaltungsgabe, ihrer Leichtigkeit und sanft zynischen Verspieltheit. »Er liebte kleine Gesellschaften, in denen ein allgemeines Gespräch möglich war.« Zeitgenossen schildern ihn als ausgesprochen gutaussehend, was ein Foto des 24jährigen bestätigt. Die späteren Portraits allerdings – das eindrucksvollste stammt von Franz von Lenbach – lassen das kaum erkennen, sie werden beherrscht von einem sehr langen, sehr dunklen, später grauen Vollbart.

Bergenroth muß der Umgang mit dem fast 20 Jahre Jüngeren viel bedeutet haben, der als so ziemlich einziger in einem zunehmend feindlichen Umfeld seine Bedeutung sofort erkannt und ihm eine große Zukunft vorausgesagt hatte. »Sie fehlen mir sehr«, schrieb er ihm einmal. Und ein andermal: »Lieber Sir John! Haben Sie, bevor Sie London verlassen, noch ein paar Stunden Zeit übrig, so thun Sie mir vielleicht den Gefallen, noch ein Mal bei mir zu frühstücken oder zu lunchen. Jeder Tag und jede Stunde des Tages ist mir recht. Ich werde Ihre Gesellschaft nun für lange Zeit vermissen und möchte Sie so gerne vorher noch etwas für mich alleine haben, ohne mit Ihren anderen Freunden zu theilen.« Für ein Gespräch mit Acton nahm er manchmal mehrere Stunden Zugfahrt auf sich. »Ich gedenke am Montag um 10 Uhr früh in Paddington Station zu sein und nach Mittag zwischen 4 und 5 Uhr in Bridgnorth zu sein. Hoffentlich werde ich mit Ihnen ruhig in Ihrer Bibliothek und in Ihrem Arbeitszimmer sprechen können.« Bibliotheken stellt man sich als angenehme, heimelige Orte vor, die in Aldenham allerdings glich eher einem »gigantischen Buchladen«.

Die Abteilung Briefe nahm darin einen großen Raum ein, Acton liebte diese Gattung. Durch sie könne man den Charakter eines Menschen am besten kennenlernen, meinte er, »da er nicht besser als sein Wort« sei »und in der Regel in seiner unverhüllten privaten Korrespondenz seine Niedrigwasserlinie« verrate.

An dem Versuch, den glühenden Liberalen und frommen Katholiken John Acton zu verstehen, sind seine Freunde gescheitert. »Sein Verstand arbeitete in einer Weise, die mir völlig unverständlich war, und ich war zufrieden, mich an dem zu freuen und davon zu profitieren, was ich verstand, und zog es vor, lieber nicht in die Labyrinthe einzutauchen, zu denen mir der Schlüssel fehlte«, bekennt Grant Duff. Einmal habe Acton zu ihm gesagt, er sei sich nicht bewußt, »daß er in seinem Leben jemals auch nur den Schatten eines Zweifels an irgendeinem Dogma der katholischen Kirche gehabt« habe. »Diese Feststellung von einem Menschen, der ebenso ein profunder Theologe wie ein profunder Historiker war, sie war das Erstaunlichste, was ich je von einem Menschen gehört habe.«

Auch Bergenroth hätte solche Geschichten erzählen können. Wohl im Januar 1867 gab er in Rom eine Abendgesellschaft, zu der er auch Acton gebeten hatte. Das Gespräch kam auf die religiösen Legenden der Kinderjahre und ihre Unfruchtbarkeit für das spätere Leben.»›Wer glaubt heute schon noch an einen Teufel mit Hörnern und Schwanz?‹ sagte einer. ›Ich‹, antwortete eine Stimme aus dem schummrigen Hintergrund des Raums. Es war Actons Stimme.«

Ein Rhinozeros von Calendar

Wenn es für Bergenroth schon außerordentlich mühsam gewesen war, die Dokumente für seinen zweiten *Calendar*-Band zu sammeln, so erforderte ihre Edition noch einmal seine ganze Kraft. Angesichts der überreichlich fließenden Quellen entschied er sich, nur Materialien aus spanischen Archiven zu berücksichtigen, außerdem Dokumente, die während der Napoleonischen Kriege aus Simancas nach Paris abtransportiert worden waren. (Für die Publikation von Quellen aus englischen Archiven zeichnete John Sherren Brewer verantwortlich.)

Trotz dieser Beschränkung gab es immer noch viel mehr einschlägige Quellen, als aufgenommen werden konnten, was Bergenroth vor schwierige Entscheidungen stellte. Weil der größte Teil davon in einem mitunter schwer verständlichen Spanisch abgefaßt war,»nicht in einem Spanisch, das Literaten Anfang des 16. Jahrhunderts schrieben, sondern in einem, wie es Staatsbeamte, Geschäftsleute, Sekretäre und Soldaten unter dem Druck von Geschäften gebrauchten«, hielt er es für sinnvoll, ihren Inhalt ausführlicher wiederzugeben als bisher üblich. Die Arbeit zukünftiger Forscher sollte damit erleichtert und ihnen aufwendige Reisen in spanische Archive erspart werden. Außerdem wollte er die Quellen für die Wissenschaft retten. Leidgeprüft durch das Gerangel mit Archivaren und Behörden, war er nicht sicher, ob nicht vieles wieder in den Tiefen der Archive verschwinden würde. Am liebsten hätte er die Dokumente wohl vollständig abgedruckt, in der Überzeugung, daß jede Inhaltsangabe in gewisser Weise schon eine Fälschung ist.

Die größten Schwierigkeiten allerdings bereitet ihm die Einleitung. Ihm ist bewußt, daß er daran eigentlich nur scheitern kann. Das Konzept der *Calendars* sah vor, daß die Herausgeber dafür nur die im Band abgedruckten Dokumente berücksichtigen sollten, aber da diese ja nur in einem größeren Kontext eingeschätzt werden konnten, zu dem sie selbst als Puzzleteile beitrugen, war das faktisch unmöglich. Auch der erwünschte Gestus des sachlichen Berichterstatters fällt Bergenroth schwer. Immer wieder versucht er demonstrativ Urteilsabstinenz zu üben, mit Floskeln wie »es sei dahingestellt«, »wie dem auch sei«, »sei dem, wie es wolle«. Aber manchmal geht sein Temperament doch mit ihm durch. Zum Beispiel wenn er festhält, wie wenig Achtung sich Papst Hadrian VI. bei der römischen Kurie hatte verschaffen können. »Nicht einmal nach seinem Tod schonten die Kardinäle das Andenken an ihn. Das Protokoll zur Wahl von Clemens VII. beginnt mit den Worten: ›Papst Hadrian VI. starb am 18. Oktober 1523, den Ruf hinterlassend, sehr geizig und sehr schwach gewesen zu sein. ›*Avarior iudicatus est et inertior.*‹« Und dann fügt er hinzu: »Wir sind froh, daß wir mit ihm fertig sind.«

Ende August 1866 ist der Dokumententeil des Werkes beim Drucker. »Bergenroth und Brewer haben die Cholera gehabt, sind aber wieder gesund«, schreibt Acton an Ignaz Döllinger. »Ich habe die Bogen des neuen Bandes Spanischer Regesten gesehen. Sie werden eine grosse Freude daran haben. Nur kommt Adrian VI.

nicht mit grosser Ehre davon.« Und einen Monat später berichtet er, Bergenroth habe sich »einige übertriebene Stellen aus seiner Einleitung ausstreichen [lassen]. Es ist aber schwer aufzukommen gegen die ausserordentliche Fülle neuen authentischen Materials, das er über jene Zeit anbringt. Sie werden selbst darüber staunen.«

Endlich, am 16. Oktober, kann Bergenroth aufatmen. »Die Einleitung zu meinem Rhinozeros von Calendar (1200) Seiten ist endlich fertig geschrieben. Erst gestern! Wenn ich sie selbst zu rezensiren hätte, würde Ranke gerächt werden. Ich weiß es, daß ich den redlichen Willen gehabt habe. Das Ganze aber ist ein elendes Machwerk. Nur die absolute Nothwendigkeit treibt mich, es drucken zu lassen. Wenn das nicht wäre, würde ich die ganze Arbeit ins Feuer werfen, und noch eine neue anfangen. Alles was ich sage ist wahr, und doch nur halb wahr, also falsch. Außerdem ist es ein elendes Stückwerk. Das große, breite Fundament, auf dem das Leben der Zeit ruht, fehlt gänzlich. Wie kann das aber bei einem Calendar anders sein?«

Am Schluß der Einleitung warnt er den Leser sehr ernsthaft davor, seine Skizze für den Versuch von Geschichtsschreibung zu halten. »Es ist nicht mehr und kann auch nicht mehr sein, als ein knapper Versuch über die wichtigsten Ereignisse einer Periode, so wie sie im Licht der in Spanien aufbewahrten Teile der spanischen und kaiserlichen Dokumente erscheinen. In anderen Archiven findet man andere Staatspapiere, die die Dinge unterschiedlich zeigen. Es steht mir jedoch nicht zu, von ihnen zu sprechen, und ich muß es dem zukünftigen Historiker überlassen, ein Urteil zu fällen«.

Weiß Bergenroth, daß er mit dieser Selbstkritik seinen Rezensenten ihre Munition gleichsam auf dem Silbertablett serviert? Vermutlich schon, aber er weiß auch, daß er von ihnen ohnehin nichts Gutes zu erwarten hat.

In einer Rezension über ein Werk des französischen Histori-

kers Mignet hat er die »Schere im Dunkeln«, also die lückenhafte
Kenntnis und Überlieferung der Quellen, als ein zentrales Problem
der Geschichtsschreibung reflektiert. Erst wenn alle einschlägigen
Dokumente für die Forschung erschlossen seien, könne der Historiker sachgerecht urteilen. Soweit aber sei es noch lange nicht. »Die
umfassendsten Projekte (die man bisher nur entworfen, aber nicht
ausgeführt hat) betreffen die Veröffentlichung der Korrespondenzen einer Regierung mit einer anderen. Nehmen wir zum Beispiel
an, die französische Kommission hätte wirklich die gesamte Korrespondenz zwischen Franz I. auf der einen Seite und dem Papst,
Karl V., dem König von England, etc. auf der anderen Seite gesammelt: Können wir auf deren Grundlage ein Urteil über die politischen Beziehungen von Franz mit seinen Bruder-Königen fällen?
Gewiß nicht. Der Papst, der Kaiser, der König von England etc.
konnten alle liebreiche Friedensbotschaften an Frankreich schik-
ken und zur gleichen Zeit miteinander den Plan schmieden, dieses
Königreich zu vernichten. Das ist keine bloße Spekulation. So ist
die Politik des 16. und 17. Jahrhunderts fast durchgehend gewesen,
eine fortwährende Verschwörung aller gegen alle.«

Machtspiele

König Heinrich VIII. »sah nur die helle und leichte Seite seiner
hohen Stellung. Staatszeremonien, Audienzen für ausländische
Botschafter, das Leben im großen Stil, das waren seiner Meinung
nach die einzigen Verpflichtungen eines Herrschers. Er tat sogar
noch mehr. Er wußte in groben Zügen Bescheid über die politischen Verhältnisse und war deshalb nicht ganz unfähig, mit einem
ausländischen Botschafter über einen Vertrag oder einen Krieg zu
sprechen. Da er sich mit einer oberflächlichen Sicht der Dinge be-

gnügte und es lästig fand, in lange Debatten über die Gründe für oder gegen eine bestimmte Maßnahme oder ihre wahrscheinlichen Konsequenzen einzusteigen, erhob er kaum Einwände, was Details angeht, und äußerte schnell Zustimmung oder Ablehnung.«

»Die Feststellung, daß ein Herrscher dazu geneigt ist, einem anderen Herrscher größtmöglichen Schaden zuzufügen, ohne Rücksicht auf die nachteiligen Folgen für sich selbst, ganz zu schweigen von den Leiden, die das für seine Untertanen bedeuten konnte, ist eine so schwerwiegende Anschuldigung, daß wir zögern, bevor wir zugeben müssen, daß sie zu Recht besteht. Zum Nachteil für die Reputation von König Heinrich haben wir seine eigenen Worte, die keinen Zweifel daran erlauben.«

»König Heinrich und seine Berater taten bei dieser Gelegenheit, was sie hätten vermeiden sollen, und vermieden, was sie hätten tun sollen.«

Ziemlich sicher wird man sich bei diesen und vielen anderen Analysen Bergenroths an heutige Politiker erinnert fühlen. »Während alle anderen Wissenschaften vorangeschritten sind, tritt die Regierungskunst auf der Stelle; sie wird heute kaum besser geübt als vor drei- oder viertausend Jahren.« So John Adams, der zweite Präsident der USA, den Barbara Tuchman in ihrem Buch *Die Torheit der Regierenden* zitiert. Sie zeigt darin an Fallstudien, wie die Mächtigen immer wieder eine Politik gemacht haben, die gegen alle Vernunft und ihre eigenen Interessen war, angefangen mit dem sagenhaften Pferd, das die Trojaner in ihre Stadt einließen. Im ersten Kapitel erzählt sie, wie die Renaissancepäpste durch skandalösen Lebenswandel, Habsucht, Nepotismus und Machtgier die Kirche in Verruf brachten und, weil sie unwillig und unfähig zu den immer lautstärker angemahnten Reformen waren, damit letztlich Reformation und Kirchenspaltung ausgelöst haben. Als politische Akteure spielen die letzten vier dieser Päpste eine wichtige Rolle in den anderthalb Jahrzehnten, die Bergenroths zweiter *Calendar of State Papers*-Band dokumentiert. Er setzt 1509 mit dem Tod von Heinrich VII. und dem Regierungsantritt Heinrichs VIII. ein und endet 1525, nach dem Sieg von Kaiser Karl V. über Frankreich, der ihn zum Herrscher über ganz Italien machte. Zwei Jahre also vor dem *Sacco di Roma*, als meuternde Söldnertruppen des Kaisers in die ewige Stadt einfielen und dort auf die entsetzlichste Weise wüteten. Zeitgenossen deuteten das als Strafe Gottes für die Verderbtheit der Kurie. Zwei Jahre auch bevor Heinrich VIII. vom Papst die Scheidung von Katharina von Aragon forderte.

Es braucht Konzentration und eine Europakarte, um das komplizierte Strategiespiel nachzuvollziehen, das Bergenroth in seiner Einleitung rekonstruiert. Pläne mißlangen, neue Realitäten erforderten neue Maßnahmen, die Protagonisten wechselten und damit auch Ziele und Loyalitäten. Man kämpfte mit allen Mitteln. Verträge wurden geschlossen, nur um gebrochen zu werden, es wurde intrigiert, getäuscht, bestochen, gemordet. Die Fäden zogen nominell die Herrscher der Großmächte, das waren Frankreich, Spanien und das Habsburgerreich, nicht selten allerdings auch deren Berater, die eigene Interessen verfolgten. Vor allem die italienischen Staaten waren Objekte der Begierde, sie wurden aber auch als Verbündete umworben.

Auch England, das erst etwas später, unter Elisabeth I., zur Großmacht wurde, suchten sie für ihre Zwecke zu instrumentalisieren, und Heinrich VIII., ein junger, unerfahrener, für Schmeicheleien nur allzu zugänglicher König, war eine leichte Beute. Besonders für seinen spanischen Schwiegervater, Ferdinand den Katholischen, einem Profi im politischen Geschäft. Heinrich vertraute ihm völlig. Sicher auch, weil er und Katharina von Aragon einander jedenfalls in den ersten Ehejahren wohl wirklich liebten und miteinander glücklich waren, ließ er sich von seinem »wahren Vater« zu Verträgen und kriegerischen Handlungen verleiten, die nicht im englischen Interesse waren. Als er das merkte und sich von Ferdinand zu emanzipieren suchte, geriet er unter den Einfluß des französischen Königs Ludwig XII. Er war also dabei, »einen Herrn durch einen anderen zu ersetzen«, als Ludwig im Januar 1515 starb. Ein Jahr später starb auch Ferdinand. Sein Nachfolger wurde ein Habsburger, der drei Jahre später als Karl V. zum Kaiser des »Heiligen Römischen Reiches deutscher Nation« gekrönt und so zum mächtigsten Mann seiner Zeit wurde. Karls Ziel aber war höher gesteckt. Er wollte nichts weniger als die Weltherrschaft.

»Es sei dahingestellt, ob der Plan, das Reich der römischen Caesaren wiederzubeleben, im sechzehnten Jahrhundert praktikabel war, ob er für Europa nützlich oder schädlich war, fest steht, daß Karl in der Überzeugung aufwuchs, daß er der Herr der Welt werden würde. Von frühester Jugend an ernst und reserviert, beherrscht von einer leidenschaftlichen Liebe zum Reich, war er nicht nur davon überzeugt, daß ihm durch göttliches Recht die gesamte Christenheit zustünde, sondern auch, daß er Gott und der Menschheit verpflichtet war, ein universales Imperium zu begründen. Das Gelüst nach imperialer Herrschaft und religiöse Empfindungen waren bei ihm in einem solchen Grade miteinander verschmolzen, daß er ganz aufrichtig glaubte, die Unterwerfung der ganzen Christenheit diene – um seine eigenen Worte zu gebrauchen – sowohl den Interessen des Hauses Österreich wie den Interessen von Gott und seiner Kirche.«

Dafür war Karl bereit, die abscheulichsten Verbrechen zu begehen. Die meisten Historiker hätten ihn allerdings davon freigesprochen, so Bergenroth, weil sie einfach nicht glauben wollten, daß ein großer Kaiser zu solchen Untaten fähig war, und weil sie keine Ahnung von seinem wahren Charakter hatten. »Dieser gebrechliche, blasse und anscheinend leidenschaftslose Mann opferte skrupellos all seine milderen Impulse und die seiner Umgebung, wann immer es zur Ausführung seiner Pläne nötig war.«

Karls imperiale Ambitionen machten einen Krieg mit Frankreich unvermeidlich, der dann auch bald ausbrach. Wo sollte sich England in dieser Lage positionieren? Neutralität war jedenfalls

längerfristig keine Option, argumentiert Bergenroth, da die Unabhängigkeit Englands mit dem Sieg eines der Konkurrenten ein
Ende finden mußte. Wenn es sich einem von ihnen anschloß, war
es in der unwürdigen und riskanten Rolle des kleineren, schwä-
cheren Partners. Die rühmlichere Alternative wäre gewesen, selbst-
bewußt als eigenständige Nation aufzutreten und so in die erste
Reihe der europäischen Staaten vorzurücken. Finanziell und geographisch – die günstige Insellage – wäre man dazu in der Lage gewesen. Daß das nicht geschah, lag nach Bergenroth vor allem an
Heinrichs Lordkanzler, dem Kardinal Thomas Wolsey, zu dieser
Zeit noch der mächtigste Mann in England. Wolsey war anfangs
eher abgeneigt, mit Frankreich zu brechen, von dem er äußerst
großzügige Zahlungen bezog, ließ sich aber dann doch von Karl V.
kaufen, der ihm außerdem Hoffnung auf die Papstwürde machte.
Daraus wurde gleich zweimal nichts. Zum Nachfolger von Papst
Leo X. wurde im Januar 1522 der aus den spanischen Niederlanden
gebürtige Adriaan Floriszoon Boeyens gewählt, der sich als Papst
Hadrian nannte, seinen Namen also beibehielt. Er hatte sich zunächst als Theologe einen Namen gemacht und war dann in Spanien als Inquisitor und Statthalter verschiedener Provinzen zum
mächtigen Mann geworden. Auch als Hadrian schon im folgenden
Jahr starb und ein neuer Papst gewählt werden mußte, kam Wolsey
nicht zum Zuge, sondern ein Medici, der als Clemens VII. regierte.
Die Historiker haben Hadrian in der Regel sehr viel bessere No-
ten gegeben als seinen Vorgängern und Nachfolgern. Er sei persönlich integer gewesen, heißt es, habe sich reuig zu den Sünden
der Kurie bekannt und versucht, Reformen anzustoßen, die er allerdings nicht durchsetzen konnte, was an den widrigen Umständen lag, aber auch an seinem Charakter. Bergenroth hielt nichts
von ihm, aus Gründen, die er in den Quellen fand. Er hielt auch
nichts von Wolsey, der seiner Einschätzung nach den eigenen Interessen mehr diente als denen seines Landes und seines Königs.
»Wir neigen dazu, Heinrich dafür zu bedauern, daß er das Un-

glück hatte, einen Minister wie Wolsey zu haben und einen Verbündeten wie Karl.«

Was den englischen König selbst angeht, so hielt er ihn für
nicht satisfaktionsfähig. »Ein Fürst, der so wenig selbständig und
so stark beeinflußbar war, kann für sein Verhalten kaum zur Re-
chenschaft gezogen werden. Das Beste, was wir von ihm sagen
können, ist, daß Grausamkeit ihm fernlag, solange seiner Eitelkeit
geschmeichelt wurde, und daß er in dem hier betrachteten Zeitraum noch nicht gelernt hatte, seine Schwäche in der Außenpolitik durch harte Maßnahmen im Inland zu kompensieren.«

Umstürzend

Gustav Bergenroth an John Acton, am 26. März 1868:
»Prophet oder Weltling? Ich spreche nicht von Ihnen, sondern
von mir. Sie haben mir ein Mal gesagt, daß ich ein besonderes
Auge oder Nase für Schwächen und Schlechtigkeiten meiner Mitmenschen habe. Es thut mir leid, und doch will ich Ihnen einen
neuen Beleg für Ihre Behauptung geben. Und nicht allein das, ich
will prophezeihen, obgleich ich gestehen muß, daß meine Prophezeihung sehr gewagt ist.

Freund Brewer ist seit Jahren sehr unfreundlich gegen mich gewesen. Vor etwa 10 Tagen traf ich ihn im Brit[ischen] Mus[eum].
Statt wie sonst kaum zu grüßen, war er dieses Mal die Freundlichkeit u Liebenswürdigkeit selbst, sprach von meinen Verdiensten,
dem Unrecht daß man mir thue, u. s. w. Es war aus seinen Worten klar, daß ich in der ganzen Welt keinen besseren Freund haben kann.

Mrs Froude – ich glaube ich habe es Ihnen schon erzählt – u
Miss Froude, haben mich als einen gottlosen Verführer ihres Man-

nes beziehungsweise Vaters aus ihrem Hause verbannt u Froude suchte mich so viel zu vermeiden als er konnte. Ehegestern traf ich ihn im Athenæum, nahm aber keine weitere Notiz von ihm. Da er mich indessen sah, kam er auf mich zugeeilt, drückte mir wieder u wieder die Hand, machte mir liebevolle Vorwürfe, daß ich nicht ganz sans façon zu ihm essen komme, u dann den Abend in seiner Familie zubringe. Er wollte mich gleich mit sich nach Hause mitnehmen, und ich sollte bei ihm diniren, am Samstag, am Montag, am Dienstag etc. etc. Er hat für den Sommer ein Landhaus bei Kilarney in Irland. Ich sollte ihm versprechen, den Sommer bei ihm zu leben, mit ihm zu angeln, auf die Jagd zu gehen, u. s. w. Ein paar Zimmer seien für mich schon hergerichtet. Kurz, es scheint daß er u seine Frau u seine ganze Familie ohne mich nicht glücklich sein können. Er holte eine Karte nach der anderen herbei, um mir den Ort zu zeigen, und malte unser Leben dort aus, wie, ich kann es mir denken, zwei Verliebte sich ihre Hochzeitsreise ausmalen.

Was bedeutet das Alles? Nichts, werden Sie sagen, als daß Brewer u Froude eingesehen haben, daß ich nicht so schlecht bin als sie gedacht haben.

Meine Prophezeihung ist bedeutend anders. Ich sage Brewer hat einen starken Artikel gegen mich für Froude geschrieben. Dadurch hat er seinen Groll gegen mich oder gegen mein letztes Buch befriedigt. Das ist ihm eine Genugthuung, und ich bin ihm nicht mehr so unangenehm. Außerdem soll seine Freundlichkeit auch meinen Verdruß von ihm ableiten.

Froude hat denselben Grund mit meinem Arbeiten unzufrieden zu sein, ja einen weit größeren, weil ich immer mehr auf sein Terrain komme. Er hat jetzt den Artikel von Brewer gelesen, u es hat ihm wohlgethan, daß ich tüchtig herunter gerissen werde. Ich habe ihm angenehme Gefühle bereitet. Außerdem kann er nicht sagen, daß er vom Artikel nichts weiß. Er muß also doppelt liebenswürdig gegen mich sein, um mir nachher sagen zu können, wie leid es mir thut, ich konnte aber den Artikel nicht zurückweisen.

Ich kann mir denken, was für ein Gesicht Sie machen werden, wenn Sie diese Zeilen lesen. Ich möchte gerne dabei stehen, und mich daran ergötzen. In einigen Tagen werden wir aber sehen, wer recht hat. Glauben Sie aber nicht, daß ich Froude oder Brewer böse bin. Ich finde es so natürlich, daß schwache Menschen in solcher Weise handeln. Ich glaube zwar nicht, daß ich zu Froude nach Irland gehen werde, ich will aber in nächster Woche bei ihm diniren.«

Ob Bergenroth das dann wirklich tat? Denn wie von ihm prophezeit erschien in der Aprilnummer von *Fraser's Magazine* unter der Überschrift *State Papers of the Reign of King Henry VIII* eine ausführliche Sammelrezension von drei *Calendar*-Bänden, von Brewers und von Bergenroths *Calendar* und von einem *Calendar*, der Dokumente aus venezianischen Sammlungen und norditalienischen Archiven präsentiert, in der Besprechung allerdings nur eine Nebenrolle spielt. Bergenroths Einleitung wird verrissen, Brewers Arbeit dagegen überschwenglich gelobt und in jeder Hinsicht als vorbildlich gepriesen. Der Rezensent war also Froude, nicht Brewer, wie Bergenroth vermutet hatte. Aber natürlich war dessen Kritik auch Brewers Geschoß. Beide waren Bergenroth schon vorher nicht grün gewesen, wie wir hören, nun fühlten sie sich von ihm – einem hergelaufenen deutschen Emigranten mit zweifelhafter Vergangenheit – in ihrer nationalen Ehre gekränkt.

Daß Henry VIII und sein Minister Wolsey in Bergenroths *Introduction* eine so unrühmliche Rolle spielen, fanden sie völlig daneben, besonders aber ärgerte sie, daß er darin England zu den Ländern zählt, in denen Korruption durch auswärtige Mächte weit verbreitet war, wenn auch längst nicht in dem Maße wie im Kirchenstaat. Denn es gab durchaus Unterschiede, wie Bergenroth feststellt. »Die Ehrlichkeit von Politikern war in dem hier untersuchten Zeitraum generell gewiß nicht groß. Es wäre allerdings ein Fehler anzunehmen, daß die Regierungen aller Länder gleich korrupt waren.« Das Ausmaß von Käuflichkeit hatte seiner Ansicht nach aber nichts mit höheren oder niedrigen moralischen Standards in den jeweiligen Ländern zu tun, sondern mit deren politischer Bedeutung. »Die Staatsdiener einer Großmacht verkauften sich nicht an fremde Herrscher, weil sie Pläne ausführten, die von ihnen selbst stammten.« Politiker zweitrangiger Staaten dagegen, die dazu nicht fähig, aber als Alliierte der Großmächte begehrt und umworben waren, neigten eher dazu, sich bestechen zu lassen, um so mehr, als sie oft nicht voraussehen konnten, was die eingegangenen Bündnisse ihrem Land bringen würden, und die Seiten wechselten, wenn es opportun erschien. »Die Minister des französischen Königs und des Kaiser Karl waren vergleichsweise unbestechlich, weil diese Herrscher in der europäischen Politik die Führungsrolle hatten. Die Minister des Kaisers Maximilian und des Königs Heinrich konnten gekauft werden, weil ihre Herren, obschon mächtig, keine Herrscher ersten Ranges waren.«

Froude provozierte diese Analyse zu einem höhnischen »*Here is a grand new theory!*« Mr. Bergenroth habe sie »gnadenlos auf die Geschichte unseres eigenen Landes angewendet und unseren unglücklichen Augen den elenden Zustand enthüllt, zu dem England unter einem Herrscher herabgesunken war, der keineswegs zu den unfähigsten seiner Könige zählt.«

Überhaupt enthielt Bergenroths Einleitung nach Meinung Froudes lauter absurdes, haltloses Zeug. Und selbst wenn seine Behauptungen tatsächlich stimmten, in einer Publikation, die vom englischen Staat bezahlt wurde, hatten sie nichts zu suchen! Kaum verblümt forderte er von Romilly die Entlassung von Mitarbeitern, die die Einleitung nicht nach Vorschrift abgefaßt hatten, also von Bergenroth. »Wenn ein Herausgeber, dem man einen bestimmten Gegenstand anvertraut hat, unbesonnen genug ist, über einen anderen zu schreiben, so würde daraus natürlicherweise folgen, ihn persönlich auf seinen Irrtum hinzuweisen. Wenn er unbelehrbar ist, sollte man ihn loswerden, oder sein anstößiges Vorwort sollte ausgemerzt werden.«

Auch der Historiker Wilhelm Maurenbrecher, der Bergenroth bei seinen Recherchen in Simancas kennengelernt hatte, fand die Einleitung daneben. In seiner Rezension für Sybels *Historische Zeitschrift* nimmt die Kritik weit größeren Raum ein als die Anerkennung. Selbst am Dokumententeil, der doch den größten Widrigkeiten abgetrotzt war, hatte er so manches auszusetzen. Bergenroths schriftstellerischer Begabung ließ er Gerechtigkeit widerfahren, was er ausdrücklich betont. »Man bewundert auch diesmal wieder die brillante und energische Darstellung B.'s, seine fesselnde und geistreiche Diction, seine lebendige und ins Innere der Personen und Ereignisse eindringende Auffassung; recht warm wird der Leser von dem Autor angeregt und erfaßt, in Spannung und Theilnahme bis ans Ende erhalten. Ich will da den Wunsch auch hier auszusprechen nicht unterlassen, daß ein solches Talent, wie in den beiden Einleitungen es sich uns bekundet hat, selbst die Geschichte der von ihm durchstudirten Epoche zu erzählen übernehmen möge; die allgemeine europäische Literatur würde dadurch unzweifelhaft um ein bedeutendes Geschichtswerk bereichert werden. Aber wenn ich so ganz rückhaltlos die glänzenden Seiten anerkenne und durch die zwischen uns in gleichzeitiger Arbeit in Simancas entstandenen persönlichen Beziehungen von dem öffentlichen Lobe mich nicht abhalten lasse, so wird man es mir sicher nicht verübeln, wenn ich auf die bedenklichen Schatten in gleicher Weise hindeute, die in dieses Lichtbild leider sich mischen. Gerade die Lebhaftigkeit und Energie seiner Ausdrucksweise und seines historischen Urtheiles verleitet den Vf. oft zu Einseitigkeiten und Uebertreibungen: alle die Ausstellungen, die man im Einzelnen erheben kann, lassen sich aber auf den einen Hauptfehler zurückführen, daß B. es liebt, allein auf Grund der von ihm gefundenen Akten über Personen und Verhältnisse zu reden, für die man auch noch andere Quellen hinzuzuziehen verpflichtet ist. Es scheint, als ob er selbst am Ende diese Schwäche gefühlt und deßhalb selbst die Warnung an seine Leser hinzugefügt hat, das von ihm gegebene Urtheil nicht als endgültiges zu betrachten; aber wenn ihm das Ernst war, weßhalb hat er dann selbst auf mehr als 200 Seiten diese Einseitigkeiten mit der größten Zuversicht vorgetragen?«

Vielleicht, weil Bergenroth der Meinung war, daß es eben mehr als Einseitigkeiten waren? Und hatte ihm Froude nicht gerade vorgeworfen, daß er andere Quellen hinzugezogen hatte?

Meines Wissens hat *Mr. Bergenroth's Introduction* keinen größeren Bewunderer und scharfsinnigeren Kritiker gefunden als John Acton, der in seiner Besprechung auch reflektierte, was die Einleitung zu Quellenwerken wie dem *Calendar of State Papers* leisten konnte und sollte. Zwar hatte auch er manches zu bemängeln, Anstoß nahm er vor allem an Bergenroths harschem Urteil über Papst Hadrian VI., das ihn ja schon bei seiner Lektüre des Manuskripts geärgert hatte. Er war der Meinung, daß Bergenroth den Papst allzusehr als weltlichen Herrscher beurteile, weil ihm das Organ für die spirituelle Seite des Papsttums fehle. Aber diese Kritik, so ernst es Acton mit ihr war und soviel Raum er ihr einräumt, wiegt doch weniger schwer als die Bewunderung, die er Bergenroths Leistung zollte.

Das große Projekt des *Calendar of State Papers* werde eine Fülle unbekannter, weil bisher unzugänglicher historischer Quellen erschließen und der historischen Forschung als Materialgrundlage in Zukunft unentbehrlich sein, so natürlich auch die Dokumentationen zur englischen Außenpolitik. »Den Anfang hat Mr. Bergenroth jetzt in Spanien gemacht.« Die Regel allerdings, daß nur solche Papiere verzeichnet werden sollten, die sich unmittelbar auf englische Personen und Ereignisse beziehen, hielt Acton für ignorant. Bilaterale Beziehungen wie die englisch-spanischen mußten selbstverständlich im übergreifenden europäischen Kontext betrachtet werden. Der passende Ort dafür war die Einleitung.

»Dem Autor gibt sie die Möglichkeit, über Quellen zu informieren, die die von ihm vorgelegten Dokumente ergänzen und korrigieren; nationale und universale Geschichte miteinander zu verbinden und seine Entdeckungen in schon Bekanntes einzuordnen. Dem Leser gibt sie die Möglichkeit, sich über das Urteilsvermögen und das Konzept des Autors eine Meinung zu bilden. Mr. Bergenroth hat diese Gelegenheit auf eine Weise genutzt, die seine Einleitung wertvoller macht als die meisten Werke der Historiographie. Er ist der erste moderne Autor, der über die Mittel und die Energie verfügte, einen wichtigen Abschnitt der europäischen Politik so umfassend zu untersuchen, daß Gewißheit entsteht. Nichts, was seit Menschengedenken publiziert wurde, hat die historische Forschung so weit vorangebracht. Es ist mehr als nur Fortschritt, es ist eine Revolution. Mr. Bergenroth erweitert nicht nur, er stürzt um. Eine so große Veränderung bei der Betrachtung eines Zeitalters erschüttert die Glaubwürdigkeit all derer, die in den letzten vier Jahrhunderten über irgendeine Epoche von Bedeutung geschrieben haben. Ein Schatten schweren Verdachts fällt auf all ihre Werke.« Bergenroths Einleitung sei reich an den Früchten »unglaublicher Anstrengung auf unbetretenen Wegen«. Die Klarheit und Präzision, mit der er das verschlungene Ränkespiel der europäischen Großmächte entwirrt habe, sei seine bisher bemerkenswerteste Leistung als Historiker.

»Lieber Sir John!« Mit einer solchen Anerkennung im Rücken war es für Bergenroth vielleicht leichter, den Angriffen der Kollegen mit Gelassenheit zu begegnen.

Am Schluß seiner Besprechung erhoffte Acton sich von Bergenroth ein eigenständiges Werk nach seinen – des Rezensenten – Wünschen. »Wir haben mehr über die Mängel der Einleitung gesagt als über ihre Verdienste, denn auch wenn seine Leistung erstaunlich ist, so ist doch das, was sie verspricht, noch größer. Es ist nur ein Beispiel dessen, was von einem Mann mit solchen Möglichkeiten und Fähigkeiten erwartet werden kann. Es ist nicht das größte Werk unserer Zeit, aber es ist das Werk eines Mannes, der fähig ist, das Größte zu erreichen. Mr. Bergenroth hat eine Episode behandelt und nebenbei die Geschichte des Papsttums und des Reichs rekonstruiert. Er hat die Besonnenheit und den Scharfsinn eines Mannes, der die Lebensverhältnisse und Gewohnheiten vieler Arten von Menschen kennt. Er verfolgt seine Ziele mit absoluter Wahrhaftigkeit und hat eine hohe Meinung von der Würde und zivilisierenden Kraft der Geschichte.« Das Größte erreichen könne Bergenroth allerdings nur, wenn er bereit sei, seine (Actons) kritischen Einwände zu beherzigen, die Kirchengeschichte gründlich zu studieren, die epochale religiöse Auseinandersetzung zwischen Rom und Wittenberg gebührend zu berücksichtigen, Verständnis für die spirituelle Dimension der kirchlichen Institutionen zu entwickeln und überhaupt an das Gute im Menschen zu glauben. Bergenroth sei so lange »den dunklen Labyrinthen von Ehrgeiz und Heimtücke gefolgt, daß sein Auge höherer, ungreifbarer Motive wie Glauben, Freiheit und Wissen entwöhnt« sei. »Kein anderer Historiker unserer Zeit wäre so prädestiniert dazu, ein Leben Karls V. zu schreiben, aber dafür wird es nötig sein, weniger Zurückhaltung und mehr Mut im Umgang mit religiösen Grundsätzen zu beweisen.«

Das war eine Warnung, eine vorweggenommene Kritik an einem langgehegten Buchprojekt Bergenroths, von dem Acton natürlich wußte. Ein ausführliches (zwölfseitiges) Exposé dazu hat Bergenroth ihm im März 1867 von Madrid aus nach Rom geschickt.

Imperium

Für den ersten *Calendar*-Band war Bergenroth das versprochene Bogen-Honorar ausgezahlt worden. Diesmal, also beim zweiten, dem »Rhinozeros von *Calendar*«, schob man die Zahlung unter fadenscheinigen Gründen immer wieder auf und verweigerte sie schließlich ganz, mit der Begründung, daß darüber kein schrift-

Abb. 22: Karl V.,
Kaiser des Heiligen Römischen Reiches,
Gemälde von Tizian, 1548

licher Vertrag existiere. Wir wissen von Friedmann, daß Bergenroth damals daran dachte, seine Stelle als *Calenderar* aufzugeben,
aber bald einsah, daß er sich das nicht leisten konnte. Er brauchte
ein festes Gehalt, um das eigene bedeutende Geschichtswerk
schreiben zu können, das ihn von den Fesseln der Kalenderarbeit
befreien sollte, zeitlich und thematisch aber so eng mit ihr verbunden war, daß er beide Projekte noch eine Weile nebeneinanderher
laufen lassen konnte.

»Ich habe viele Jahre damit verbracht und werde noch einige
Jahre mehr damit verbringen müssen, Kopien der wahren Staatspapiere von Kaiser Karl V. zu lesen und zu sammeln, nicht nur für
die *Calendars*, sondern auch für ein historisches Werk. Ich hoffe,

ich lebe lange genug, um es vollenden zu können«, schreibt Bergenroth an David Douglas, den Herausgeber des *North British Review*, dem er im August 1866 gewissermaßen als Vorgeschmack eine Folge von Aufsätzen dazu in Aussicht stellt. »Diese wahren Staatspapiere, die Depeschen und Instruktionen an die Gesandten, Minister, Berater etc. und die von diesen empfangenen Depeschen und Botschaften enthüllen uns eine Geschichte, die sich von der, die wir bei unseren Historikern lesen, sehr unterscheidet, die ihre Erzählungen im wesentlichen auf Chroniken und Memoiren gegründet haben. Ich nenne sie falsche Staatspapiere, weil sie niemals dazu bestimmt waren, die Wahrheit zu enthalten.« Immer auf der Suche nach Schlüsseln, sieht Bergenroth in Karl V. die Schlüsselfigur zur nicht nur europäischen Geschichte der Neuzeit.

Eine Kurzfassung seines Ansatzes:

Die lutherische Revolution hat zur Kirchenspaltung geführt. Karl V. aus dem Hause Habsburg, seit 1516 König von Spanien, seit 1519 Kaiser des Heiligen Römischen Reiches Deutscher Nation, träumt von Weltherrschaft. Er strebt eine absolute und universale Monarchie an, ein Reich, in dem die Sonne niemals untergeht. Das aber wollen beide Seiten, Katholiken und Protestanten, auf jeden Fall verhindern, weil sie fürchten, daß die Religion dann zum bloßen Instrument einer säkularen Politik werden würde. Man denkt ernsthaft an Versöhnung, es gibt Verhandlungen, sogar mit großer Wahrscheinlichkeit unterzeichnete Verträge. Rom ist dabei der konziliantere Teil. Clemens VII. bietet sogar an, die römische Kirche im Sinne Luthers zu reformieren. Karl weiß, daß seine ganze Politik zusammenbrechen würde, falls es tatsächlich zu einer solchen Versöhnung der Konfessionen käme, und unternimmt alles in seiner Macht Stehende, um sie zu verhindern. »Seit dem Jahr 1525 war sein größter Rivale und Gegenspieler die Kirche, die protestantische ebenso wie die katholische. Diese etwa dreißig Jahre währende Auseinandersetzung beabsichtige ich zu schildern. Es ist eine der bedeutendsten Perioden der Menschheitsgeschichte.«

Es war Bergenroth klar, daß er sich mit seiner Erzählung in allen Lagern Feinde machen würde. Er sei Protestant, habe auch nicht die geringste Neigung, die römische Kirche zu unterstützen, halte es aber für seine Pflicht, Rom nicht als Feind zu betrachten, sondern seine guten Eigenschaften und Handlungen gebührend zu würdigen und sie ebenso wahrheitsgemäß darzustellen wie Fakten, die geeignet waren, die Empfindungen glühender Katholiken zu verletzen. »In den Staatspapieren, aus denen ich mein historisches Wissen beziehe, kann ich nichts finden, das Heldenverehrung rechtfertigt. Ich bin ganz entschieden kein Heldenverehrer. Die Folge davon wird höchstwahrscheinlich sein, daß ich mich sehr bald in offenem Streit mit drei sehr einflußreichen Klassen fähiger Schriftsteller befinden werde, nämlich mit denen, die zu den Ultra-Protestanten gehören, mit den Ultra-Katholiken und mit der Schule der Heldenverehrer, obwohl ich aufrichtig vermeiden möchte, daß meine Publikationen als Streitschriften angesehen werden.«

Das mit der »Schule der Heldenverehrer« zielt vor allem gegen Froude. Er war ein Freund und Verehrer des Schriftstellers Thomas Carlyle, der sie mit seinem enorm erfolgreichen Buch *On Heroes, Hero-Worship, and the Heroic in History* (1841) gleichsam gestiftet hatte.

Römischer Frühling

Mit den Revolutionen von 1848 hatte es begonnen. Dreizehn Jahre später war es den Italienern gelungen, das in viele kleine Staaten zersplitterte Land zu einem Nationalstaat zu einigen, allerdings mit Ausnahme von Rom und Venetien. Im März 1861 wurde Italien in Turin zur konstitutionellen Monarchie erklärt und Viktor Ema-

Abb. 23: Kurd von Schlözer, Diplomat,
Bekannter Bergenroths in Rom

nuel II. zum König ausgerufen. Die Hauptstadt des Landes sollte
Rom sein. Nur daß der Papst nicht willens war, seine Stadt an Italien abzutreten, und Frankreich seine schützende Hand über den
Kirchenstaat hielt, so daß ein Kampf um Rom der italienischen
Regierung vorläufig nicht angeraten schien. Garibaldi, der Vorkämpfer der italienischen Unabhängigkeit, wollte sich aber nicht
davon abhalten lassen. Er versuchte, die Stadt mit seinen Freischär-
lern zu erobern, was zweimal scheiterte. Erst 1870, als der Krieg mit
Preußen Frankreich dazu zwang, seine Truppen aus Italien abzu-
ziehen, gelang die Eroberung Roms. Das war das Ende der mehr
als tausendjährigen Geschichte des Kirchenstaates. Der Status des
Papstes blieb lange ungeklärt. 1929 wurde dann mit dem Vatikan-
staat eine Schrumpfform des ehemaligen Kirchenstaates etabliert.

Als Kurd von Schlözer, Enkel des berühmten Göttinger Historikers und Statistikers, Anfang 1864 mit 42 Jahren seinen Posten als Legationssekretär an der preußischen Gesandtschaft in Rom antrat, kam er also ins Zentrum der Krise und an einen Ort hektischer diplomatischer Aktivitäten. Doch seine (posthum veröffentlichten) römischen Briefe an die Familie lesen sich wie Sendschreiben aus einem verlorenen Paradies, und in gewisser Weise sind sie das ja auch. Einheimische und Besucher wußten oder ahnten, daß die Tage des Kirchenstaates gezählt waren und es das alte Rom bald nicht mehr geben würde.

Von seiner Dienstwohnung im Palazzo Caffarelli auf dem Kapitol (heute eines der Kapitolinischen Museen) hatte Schlözer eine wunderbare Aussicht, nach der einen Seite sah er zu seinen Füßen »halb Rom mit seinen unzähligen Kirchen, Kuppeln, Klöstern«, nach der anderen in den Garten des Palazzo, »auf große Aloen, Orangenbäume mit dicken Früchten, Lorbeer und Oliven«. Was für ein reiches Leben! Jeder Tag brachte Begegnungen mit großer Kunst und Natur, mit interessanten Menschen und erstaunlichen Geschichten, einen Zuwachs von historischem Wissen, neueste Nachrichten über die politischen Entwicklungen, gesellschaftlichen Klatsch. Er erlebte die prunkvollen Kirchenfeste mit, an der Seite von Ferdinand Gregorovius erkundete er das mittelalterliche Rom, er besuchte die Ateliers der Maler und Bildhauer. Und er freundete sich mit Franz Liszt an, der oft für ihn Klavier spielte.

1867, am Anfang des römischen Frühlings, lief ihm Gustav Bergenroth über den Weg.

»Wir hatten hier in der vorigen Woche solche Stürme an der Küste, daß nicht ein einziges französisches Schiff richtig eintraf«, schrieb Schlözer am 24. Januar. »Am vorigen Montag den 21., dem heiligen Agnesentag, der für Rom soviel wie Frühlingsanfang bedeutet, änderte sich das Wetter; heute singen die Vögel unter meinem Fenster, und auf dem Rasen wird das Gras gemäht.

A Sant' Agnese
Lacerta in Paese.
›Am heiligen Agnesentag zeigen sich wieder die Eidechsen.‹
Und mit ihm die Fremden.

Unter den Passanten erschien auch ein Herr Bergenroth, begleitet von Herrn Friedmann, beide aus Königsberg, voller Kenntnisse, seit mehreren Jahren in Simancas in Spanien damit beschäftigt, die auf Karl V. und Philipp II. bezüglichen Urkunden zu sammeln.«

Im November 1865 hatte Bergenroth seiner Mutter geschrieben, er habe sich einen »besonderen Plan gemacht«, wie er sich selbst für seine Arbeit am zweiten *Calendar* belohnen wolle: »Ich gedenke nämlich, wenn ich mit dem Drucke fertig bin, was in einigen Monaten der Fall sein kann, mir das Beste anzuthun, was mir zu Theil werden kann und nach Thorn zu kommen, um Dich und die Geschwister wieder einmal zu sehen.« Doch erst Ende Oktober 1866 konnte er die Reise antreten. Sein letzter Besuch lag 17 Jahre zurück! Bruder Julius erzählt, daß sie miteinander frohe Tage verlebten, in Erinnerungen schwelgten und halbvergessene Geschichten auffrischten. Als Bergenroth nach siebzehn Tagen »erquickt und gestärkt die Rückreise antrat, wurde ihm der Abschied von seiner hochbetagten Mutter, welche vor anderthalb Jahren vom Nervenschlage getroffen, jedoch geistig frisch geblieben war, sehr schwer. Aller Wahrscheinlichkeit sollte er sie nicht mehr wiedersehen; aber Niemand konnte ahnen, daß diese Voraussetzung nur durch das zu frühe Hinscheiden des so kräftigen Mannes in Erfüllung gehen sollte.«

Über Bonn, wo Bergenroth die persönliche Bekanntschaft des Historikers Heinrich von Sybel machte, kehrte er zurück nach London, begab sich aber in der zweiten Dezemberhälfte wieder auf die Reise. Ruhe tue ihm Not, schrieb er an Acton. Erst sollte es für ein paar Tage nach Paris gehen. Dann wollte er sich dort eine *terrine de foie gras*, Brot und einige Flaschen Wein kaufen und einen Nachtzug in Richtung Süden nehmen.

Am 11. Januar 1867 ist Bergenroth in Rom. Er trifft viele Bekannte wieder, die hier überwintern, und knüpft neue Beziehungen an. Gleich nach seiner Ankunft besucht er Cartwright, der das zum Anlaß nimmt, ihn in einem Tagebucheintrag als geläuterten Wüstling zu skizzieren. Die Actons sind in Rom, Odo Russell, der englische Geschäftsträger im Vatikan, der Politiker Mountstuart Grant Duff, der Literaturhistoriker Gervinus und seine Frau, das Schriftstellerehepaar Adolf Stahr und Fanny Lewald ...

Auch mit dem österreichischen Gesandten Alexander von Hübner (einem unehelichen Sohn Metternichs) war Bergenroth schon früher in Verbindung gewesen, vielleicht aber nur brieflich. Hübner plante nämlich ein Buch über Papst Sixtus V. und hatte Bergenroth gebeten, ihm dafür Materialien aus Simancas zu verschaffen, was auch geschah. Nun spätestens lernte er Hübner persönlich kennen und freundete sich mit ihm an.

Eine illustre, geistreiche Gesellschaft, eine Kette von Ausflügen und Geselligkeiten.

»Nachmittags zum Erstenmale wieder in Villa Ludovisi, wohin uns Freund Bergenroth abholte, der seine langjährigen Arbeiten in den Archiven Spaniens für kurze Zeit verlassen hat, um Rom einmal wiederzusehen, und der uns hier ebenso unerwartet als erfreulich begrüßte«, notierte Fanny Lewald.

Zwei Einträge aus dem Tagebuch von Sir Mountstewart Grant Duff:

»28. [Januar]. Ich dinierte mit Acton, und spazierte danach lange mit Friedmann zu Füßen der Spanischen Treppe hin und her, und unterhielt mich mit ihm über das 16. Jahrhundert, in dem er und Bergenroth, man kann fast sagen, leben. Ich war überrascht zu erfahren, daß er, so schlecht er von Philipp II. dachte, noch schlechter von seinem Vater dachte.«

»18. [Januar]. Bergenroth gab ein sehr heiteres und angenehmes

dinner bei Spillman. Ich saß zwischen dem Grafen Arco, Actons Schwiegervater, und Mr. Schlözer, dem preußischen Legationssekretär. Unter den anderen Anwesenden waren Gervinus, Arnim, der preußische Minister, später in Paris, Acton, Odo Russell, Cartwright und Mr. Friedmann.
Francis Stillmann in der Via Condotti galt als der beste Restaurateur in Rom.

Es sieht so aus, als sei Bergenroth beruflich und gesellschaftlich angekommen. Er steht in Kontakt zu namhaften Gelehrten, denen er bereitwillig bei ihren Recherchen hilft, und er verkehrt in der besten Gesellschaft. Doch der Schein trügt. Für die meisten seiner Kollegen blieb er ein Außenseiter, der sich mit schrillen Thesen wichtig machte, seinen hochgestellten Bekannten war er suspekt. Das wissen wir durch einen Brief Odo Russells, den Cartwright nach Bergenroths Tod um Hilfe und Informationen für seine biographische Skizze gebeten hatte. Russell antwortete, er werde sich mit Jung und Friedmann in Verbindung setzen, wolle mit Hübner sprechen, der sehr viel über den Verstorbenen wisse, und steuerte eine interessante Information bei, die Cartwright für seine Biographie dann lieber nicht genutzt hat.

»Ich habe Ihnen nie erzählt, daß Bergenroth zu mir kam und mir streng vertraulich mitteilte, daß sein Honorar völlig unzureichend sei und daß er mich ersuchte, Gladstone und andere zu bitten, für ihn eine Erhöhung zu erwirken. Er sagte, daß er erkannt hätte, daß Einladungen zum Dinner die einzige Möglichkeit seien, an Menschen heranzukommen und Freunde zu gewinnen, aber daß solche Einladungen ihn jeweils mindestens 20 £ kosteten und daß fünf Abendessen ihn 100 £ kosteten, was mehr sei, als er sich leisten könne. Doch wenn er keine Essen gab, blieben die Häuser der Menschen für ihn verschlossen, weil er ihnen im Lichte eines Abenteurers erschien, den niemand einladen mochte, wenn er nicht genötigt war, empfangene Höflichkeiten zu erwidern. Denn keiner wies seine Einladungen zurück, obwohl niemand ihn aus freien Stücken zu sich gebeten hätte. Arnim und Hübner hätten ihn niemals in ihre Häuser gebeten, wenn er nicht der erste gewesen wäre, der sie verköstigt hatte, oder ... oder ... oder ...

Sein Appell war sehr ernst und bekümmerte mich ziemlich, aber da er mich bat, seine Bitte für eine Empfehlung an die Regierung Ihrer Majestät nicht zu erwähnen, bis er selbst in England sei, habe ich darüber nichts gesagt.«

Die gläserne Decke der Klassengesellschaft, gegen die Bergenroth einst rebelliert hatte! Das ließ sie ihn nun fühlen. Als er und Friedmann nach einem letzten Dinner mit Cartwright und anderen Bekannten am 10. Februar nach Spanien aufbrachen, wird er erleichtert gewesen sein. Auch wenn er Madrid nach Rom »sehr fade« fand, wie er Acton schrieb, als er dort angekommen war, zum Glück lebendig, »nach einer langen Reise mit vielen Hindernissen« (Motorschaden des Dampfers, Sturm, fast eine Woche Abwarten vor Korsika, Quarantäne in Valencia, die ihn zwang, von Bordeaux aus den Landweg zu nehmen). Den Sommer wollte er in Simancas verbringen, obwohl er wußte, daß die Hitze nicht gut für ihn war. Vielleicht, weil hier niemand auf ihn herabsah? Weil er in Spanien ein Herr, ein *Caballero* war? Paul Friedmann hatte vergeblich versucht, Bergenroth von diesem Entschluß abzubringen. »Ich fürchte die große Hitze für ihn und die Fieber, die sie verursacht«, schrieb er an Acton. »Froude, der auch in Simancas war, ist zurückgekehrt, so daß er jetzt ganz allein mit seinen geliebten Bauern ist.«

Für Johanna

Sommer 1867. Anfang Juni hat die Hitze mit großer Macht eingesetzt. Bergenroth logiert wieder in Valladolid, er hat in Simancas bisher kein bewohnbares Quartier gefunden, und der tägliche Ritt nach und von Simancas ermüdet ihn sehr. »Der Regen heute Nachmittag hat mich erfrischt, und sofort habe ich angefangen, hundert neue Pläne zu schmieden«, schreibt er der Mutter am 15. Juni. »Ich trage immer einige Bände unseres alten Goethe mit mir herum. So habe ich mich statt eines Spazierganges in einen äußerst unbequemen Sessel gesetzt, und einige seiner Gedichte gelesen. Das macht mich jung und gibt mir neue Kraft. Von Goethes Gedichten mache ich einen Sprung in das Zeitalter Karls V. und meiner Geschichte, denn ich habe angefangen, nicht nur an meinem Calender zu arbeiten, sondern auch an meine Geschichte zu denken. Ich habe sogar schon mit dem Schreiben angefangen. Sie wird in Englisch geschrieben. Ich habe zu wichtige Gründe dafür, um davon abzugehen. Ich habe mir aber ausgedacht, daß ich sie selbst für Dich ins Deutsche übertragen will, damit Du sie in der Sprache lesen kannst, in der ich, wie Du sagst, mit Dir als Kind geklugkost habe. Was meinst Du dazu? Ist das nicht ein kluger Gedanke?«

Dann findet er doch noch ein Logis in Simancas. »Ich lebe nun im Haus eines einfachen Bauern, ohne Diener und ohne Koch, und schlafe auf einem Strohsack, aber das wollte ich selbst so, weil die Leute hier Matratzen aus Schafwolle haben und Schafwolle äußerst heiß ist, wogegen ein Strohsack das kühlste Lager ist, das es gibt«, schreibt er der Mutter knapp zwei Wochen später. »Mein Essen wird mir jeden Tag mit der Post aus Valladolid gebracht. Von acht Uhr früh bis mittags um eins arbeite ich in den Archiven, dann ruhe ich mich etwas aus, spiele mit Kaninchen und Hühnern auf dem Hof und kehre zu meinen Papieren zurück. Um fünf Uhr breche ich zu den Pinas, einem Pinienwald auf, bewaffnet mit einem Regenschirm. Der Boden ist sandig, die Luft, erfüllt vom Duft von Pinienzapfen, wildem Lavendel und Thymian, erfrischend. Dahinter fließt der Duero, ein kleiner aber schneller Fluß mit einem breiten und sandigen Bett. Ich nehme ein Bad und gehe dann langsam durch den Wald nach Simancas zurück, wo ich gegen halb acht zu Abend esse, und dann gehe ich zu Bett. Mein Leben ist einfach und einsam, aber ich fühle mich nicht unglücklich. Ich würde jetzt einen guten Eremiten abgeben.«

Nach seiner Ankunft in Madrid hatte Bergenroth erfahren, daß man ihm und Friedmann keine Hindernisse mehr in den Weg legen würde und sie ab sofort alle Papiere einsehen könnten. Tatsächlich findet er in Simancas jetzt »die größte Bereitwilligkeit der Beamten«. Man legt ihm Dokumente vor, die ihm bisher vorenthalten worden waren. Was bedeuten sie für die Zuverlässigkeit der bisherigen *Calendar*-Bände? Sind Korrekturen oder gar Ergänzungen nötig?

Bergenroth kommt zu dem Schluß, daß zwei historische Prozesse auf Grund der neuen Funde wieder aufgerollt werden müssen. So unglaublich, so aufsehenerregend erscheinen sie ihm, daß er die Quellen in einem Supplementband in vollem Wortlaut (also nicht in Form von Regesten) der Öffentlichkeit zugänglich machen will. Was dann auch Anfang 1868 geschieht.

Im ersten Fall geht es um das »Privatleben der Königin Katharina vor und nach ihrer Heirat mit Heinrich VIII.«, das keineswegs so untadelig, so fleckenlos rein gewesen sei, wie die Geschichtsschreiber immer behauptet haben. Ihr junger spanischer Beichtvater spielt dabei eine dubiose Rolle. Seine zweite, weit spektakulärere Enthüllung betrifft Katharinas Schwester, die spanische Königin Juana I, die als *la Loca*, »die Wahnsinnige«, in die Geschichtsbücher eingegangen ist. Schon vorher psychisch auffällig, habe sie sich nach dem frühen Tod ihres Ehemannes Philipp (Beiname *el Hermoso*, der Schöne) der Trauer so exzessiv hingegeben, daß sie darüber den Verstand verloren habe, berichtet der Augustinermönch Fray Enrique Floréz 1761. Das habe sich unter anderem darin gezeigt, daß sie den Sarg mit dem Leichnam ihres Mannes nicht von ihrer Seite lassen wollte. Sie habe ihn in einer Kutsche auf nächtlichen Reisen mit sich geführt, zuerst nach Burgos, dann, auf Befehl ihres Vaters, nach Tordesillas, einer kleinen Festungsstadt am Duero in der Provinz Valladolid, also nicht weit von Simancas entfernt. Während Philipp im Kloster Santa Clara eine vorläufige Ruhestätte fand, wurde Juana in den Palast gebracht, wo sie bis zu ihrem Tod im Jahre 1555 mit nur einer kurzen Unterbrechung in Sicherheitsverwahrung gehalten wurde. Liebestollheit, Nekrophilie, nächtliche Kutschfahrten mit einer Leiche! Was für ein Stoff!

»Die Geschichte einer jungen Königin, die durch die exzessive Trauer über den Tod des Ehemanns ihren Verstand verlor, ist so *piquante*, so sentimental und romantisch, daß ernste Philosophen, Verfasser von Romanzen und Maler miteinander gewetteifert haben, die rührendsten Szenen in den zartesten Farben darzustellen. Wenn allerdings die Wahrheit berichtet werden soll, muß die Geschichte vom Wahnsinn der Königin Juana aufgegeben und durch eine andere ersetzt werden, die mit starken, harten Konturen gezeichnet und in den dunkelsten Farben ausgemalt ist.« So Bergenroth in der Einleitung zu seinem Supplementband, deren Juana-Teil er gleich nach der Fertigstellung für Heinrich von Sybels *Historische Zeitschrift* zu einem Aufsatz mit dem Titel »Kaiser Karl V. und seine Mutter Johanna« umgeformt hatte. Er war für seine eigene Mutter Johanna bestimmt.

»Ich denke, es wird Dir Freude machen von mir einmal etwas in unserer alten, guten deutschen Sprache zu lesen. Ich habe mir vorgenommen keinen Menschen mehr anzugreifen, aber was ich zu erzählen habe, ist so durchaus anders, als das, was man bisher vor-

Abb. 24: Johanna I. von Kastilien,
bekannt als Juana la Loca

getragen hat, daß ich und die alten Autoritäten nicht gut friedlich
neben einander bestehen können. Entweder habe ich Recht und
sie Unrecht, oder ich Unrecht und sie Recht! Jeder, der in der Wissenschaft oder auf anderem Felde etwas Neues geschaffen hat, hat
den Kampf durchgemacht. Ich weiß es sehr wohl, daß Wahrheit
allein den Sieg nicht sichert. Ich fühle aber die Kraft in mir trotz
dessen, daß ich die Wahrheit auf meiner Seite habe, Sieger zu bleiben. Wie lange ist es her, daß die ganze Ranke'sche Schule mich
aufs Heftigste angegriffen? Und jetzt ist v. Sybel nicht der Einzige,
der mich auffordert, daß ich für ihn etwas schreibe. Hier in England stoße ich natürlich auch auf Opposition. Ich habe keine Notiz davon genommen, erwarte aber fest, daß mein nächstes Buch
die Opposition zum Stillschweigen bringen wird.«

Kinder bestehen darauf, daß man ihnen Geschichten haargenau so wiedererzählt, wie sie sie kennen, und diese Kinder bleiben wir auch als Erwachsene. Mit zäher Anhänglichkeit halten wir an den Geschichts-Geschichten fest, die uns Historiker erzählt und Schriftsteller und Filmemacher populär gemacht haben. Es war ein historischer Laie, der britische Marineoffizier und Antarktisforscher Clements Robert Markham, der den von Shakespeare als abgrundtief böse geschilderten König Richard III. 1906 rehabilitierte. Doch als Josephine Tey fast fünf Jahrzehnte später den Fall in einem Krimi aufrollte und sich Markhams Freispruch anschloß, konnte sie darauf vertrauen, daß er der großen Mehrheit unbekannt geblieben und der Mythos vom Monster Richard noch quicklebendig war. Teys Buch wurde schon nach dem Erscheinen als Klassiker gefeiert, seitdem in Listen der besten Kriminalromane immer wieder ganz vorne plaziert. Es trägt den Titel *The Daughter of Time,* in Anspielung auf ein oft abgewandeltes Diktum des römischen Schriftstellers Aulus Gellius, der sich dafür selbst auf eine namenlose ältere Quelle berufen hat: »Einer der alten Dichter, dessen Namen ich nicht erinnere, hat gesagt, daß Wahrheit die Tochter der Zeit sei.«

Es ist sicher kein Zufall, daß es oft Außenseiter sind, denen ein neuer Blick auf alte Geschichten gelingt. Wie der österreichische Historiker Robert Roesler, seinerzeit einer der giftigsten Kritiker von Bergenroths »Enthüllungen« über die Königin Johanna, höhnisch angemerkt hat, waren etliche der im Supplementband abgedruckten Dokumente gar nicht so streng geheimgehalten worden, wie Bergenroth behauptet. Tatsächlich seien Abschriften davon schon früher ins Österreichische Staatsarchiv nach Wien gelangt. Die spanischen Archivare hätten eben gewußt, wem sie trauen konnten – und wem nicht ... Wie dem auch sei, ihre Brisanz hat vor Bergenroth niemand erkannt. Was er zu bieten hatte, war die sensationelle Neufassung einer sensationellen Geschichte.

Juana, geboren 1479 in Toledo, war das dritte Kind und die

zweite Tochter der katholischen Majestäten Ferdinand II. von Aragon und Isabella von Kastilien. Sie soll schön gewesen sein, klein, zart, mit großen dunklen Augen, verschlossen, intelligent und sehr musikalisch. 1496 wurde sie mit dem österreichischen Thronfolger Philipp verheiratet, dem einzigen Sohn des Habsburger-Kaisers Maximilian I., der als Herzog von Burgund in Brüssel residierte. Eine Verbindung also, die dem Erben der spanischen und österreichischen Dynastien eine außerordentliche Machtfülle verhieß. Ausnahmsweise aber stimmte dieses Arrangement mit den Wünschen des jungen Paares überein, wie berichtet wird. Denn bei ihrer ersten Begegnung sollen sie sich so heftig ineinander verliebt haben, daß Philipp auf der sofortigen Trauung bestand. Juana hatte es dann nicht leicht mit ihm. Er war ein notorischer Schürzenjäger und Verschwender; von Eifersucht gequält, soll sie alles in ihrer Macht Stehende getan haben, um seine Eskapaden zu behindern. Zwischendurch fand Philipp aber auch Zeit für seine Frau. In den zehn Jahren ihrer Ehe wurden sechs Kinder geboren, zwei Söhne und vier Töchter, die alle überlebten, ungewöhnlich für die damalige Zeit. Das zweite Kind, der Thronfolger Karl, war gerade ein paar Monate alt, als Juanas Schicksal eine dramatische Wende nahm. An dieser Stelle setzt Bergenroths Erzählung ein. Von der Überzeugung ausgehend, daß sie das Opfer eines Verbrechens geworden war, beginnt er sein Plädoyer mit der Antwort auf die klassische Frage *cui bono*. Wem nützte ihr Tod?

»Im Monat Juli des Jahres 1500 war der letzte Repräsentant der beiden älteren Linien der spanischen Thronerben gestorben und das Recht der Infantin Johanna nach dem Ableben ihrer Eltern die Kronen von Castilien und Aragon auf ihrem Haupte zu vereinigen war eine unbestreitbare Thatsache geworden. Ihre Mutter, die Königin Isabella, litt an Krankheitsanfällen, die jedes Jahr mit größerer Heftigkeit wiederkehrten. Es war daher vorauszusehen, daß ihr Leben bald zu Ende gehen werde, und im Falle ihres Todes mußte ihr Gemahl, König Ferdinand der Katholische, nach Recht und

Gesetz sich mit dem kleineren Reiche von Aragon *(coronilla)* begnügen, während die bedeutendere Krone von Castilien *(corona)* auf Johanna überging. Die Folge davon wäre gewesen, daß die Pläne, an deren Verwirklichung er sein ganzes Leben gesetzt hatte, nämlich ein einiges Spanien zu schaffen, vielleicht ganz vereitelt, vielleicht aber ins Ungewisse wären hinausgeschoben worden.

Philipp, der Gemahl von Johanna, hatte in Spanien keine anderen Ansprüche, als Titular-König ohne alle weiteren Rechte zu werden. Sein politischer Gesichtskreis war enge; aber er sowohl als seine Räthe und Hofleute, Niederländer und Burgunder eben so sehr als exilirte und ausgewanderte Spanier hatten lange darauf gerechnet sich in Spanien zu bereichern. Johanna lebte in offener Feindschaft zu ihnen. War es zu erwarten, daß, wenn sie Königin wurde, sie es ihnen gestatten würde, ihr Land und ihr Volk auszuplündern?

Ihr Sohn Karl war Erbe in Oesterreich, in den niederländischen und burgundischen Herrschaften, in Castilien und Aragon nebst deren Dependenzen. In seiner Umgebung wenigstens wurde niemals daran gezweifelt, daß er dereinst den Kaiserthron besteigen würde. So viel Macht und Größe hatte Gott aus keinem anderen Grunde für ihn bestimmt, als damit er eine christliche Universal-Monarchie gründen und mittelst derselben die allein wahre Kirche des Heilands gegen die Angriffe der Ungläubigen und Ketzer vertheidigen sollte. Von seiner frühesten Jugend an hatte er nie etwas Anderes über seine Lebensaufgabe gehört. Im Jahre 1506 kam er in den Besitz des niederländisch-burgundischen Reiches. In den österreichischen Staaten und auf dem Kaiserthron sollte er unmittelbar seinem Großvater Maximilian folgen. Aber in Spanien? Nach dem Tode seiner mütterlichen Großeltern ging dieses Reich erst auf seine Mutter Johanna über. Sie war jung und konnte, wie es in der That der Fall war, beinahe eben so lange als er selbst leben. Ohne den Besitz von Spanien an eine Universal-Monarchie auch nur zu denken wäre Thorheit gewesen.

Johanna hatte hiernach das Unglück, daß ihr Recht auf die spanische Krone den Plänen ihres Vaters, der Habgier ihres Gemahls und den vermeintlichen Pflichten ihres Sohnes gegen Gott und die Welt entgegenstand. In der unbestreitbaren Klarheit ihrer Ansprüche bestand ihre größte Gefahr.

Wäre sie indessen gestorben, so wäre ihr Sohn und nicht ihr Vater ihr Nachfolger geworden, während ihr Gemahl in einem solchen Falle jeden Vorwand verloren haben würde, sich in die Regierungsangelegenheiten von Castilien zu mischen. Ferdinand und Philipp konnten daher ihre Zwecke nur erreichen, wenn Johanna am Leben bliebe und dennoch unfähig wurde, ihre königlichen Rechte selbst auszuüben. Das zu bewerkstelligen war freilich nicht leicht.

In dieser schwierigen Lage nahm Gott, wie es damals hieß, sich seines treuesten Dieners an. Philipp starb, und Johanna wurde so sehr vom Schmerz über seinen Tod überwältigt, daß sie ihren Verstand verlor. Da sie auf diese Weise regierungsunfähig wurde, wurde ihr Vater ›souverainer und lebenslänglicher Verweser‹ von Castilien, und gewann dadurch Zeit, sein Einigungswerk durchzuführen und zu befestigen. Als er im Monat Januar 1516 starb, gingen alle Reiche von Johanna, Castilien, Aragon, Sicilien, Neapel nebst den Besitzungen in der alten und neuen Welt, unmittelbar auf Karl über, der dadurch in den Stand gesetzt wurde, gleich am Anfange seiner Regierung an die Verwirklichung der Universal-Monarchie zu denken. Der Wahnsinn von Johanna war also der Grundstein, auf dem die ganze Politik von Ferdinand und Karl ruhte. Ihr Staatsgebäude würde augenblicklich zusammengefallen sein, wenn Johanna entweder ihren Verstand nie verloren oder ihn wieder erlangt hätte.«

Nach Ansicht Bergenroths war das Komplott gegen Johanna von langer Hand vorbereitet worden. Gerüchte über ihren instabilen Geisteszustand wurden schon vor dem Tod des schönen Philipp gestreut. Als eine Art Anstifterin macht Bergenroth die Königin Isabella aus. Begründete Zweifel an der katholischen Rechtgläubigkeit ihrer Tochter hätten sie dazu gebracht, deren Zurechnungs- und Regierungsfähigkeit in Zweifel zu ziehen und damit zugleich die dynastischen Interessen von Ehemann und Enkel zu stärken. »Die Abweichungen von spanischer Rechtgläubigkeit, deren Johanna sich schuldig machte, mögen Manchen unserer Leser klein erscheinen; wir müssen indessen nicht vergessen, daß Isabel Hunderte ihrer Unterthanen für weit geringere Vergehen verbrannt hatte. Ihre ›Liebe für Christus und seine heilige Mutter‹ auf Kosten ihrer Tochter zu beweisen, daran konnte sie natürlich nicht denken. Konnte Isabel aber zugeben, daß eine Prinzessin, die sie für eine Ketzerin hielt, ihr auf den Thron von Castilien folgen und ihr verdienstlichstes Werk, die ›heilige‹ Inquisition gefährden durfte? Im Jahre 1501, oder spätestens 1502 scheint der Plan von Isabel zur Reife gelangt zu sein.«

Mit ingrimmiger Anteilnahme, so engagiert, wie man es von einem Anwalt erwartet und bei einem Historiker tadelt, zeichnet Bergenroth die lange Leidenszeit seiner Heldin nach. Ihre Gefangenschaft in Tordesillas hat sie in den ersten Jahren mit der Tochter Catalina geteilt, die nach Philipps Tod geboren worden war.

»Das so genannte Palais in Tordesillas war ein Gebäude von mittelmäßiger Ausdehnung, kaum mehr geräumig als ein Landhaus eines wohlhabenden Privatmannes. Die Südfront hatte die Aussicht auf den Fluß Duero, über den eine alte Brücke von Stein führt und hinter dem sich eine weite sandige Ebene ausdehnt, die vom Monat April bis September durch das Grün der Weinberge weniger öde erscheint, während der übrigen sechs Monate des Jahres aber ohne alle erfrischende Vegetation ist. Die Winde des Winters sind schneidend kalt, die Hitze des Sommers unerträglich. Das Gebäude enthielt nach spanischer Sitte einen großen Saal, dessen Fenster auf den Fluß gingen, und eine bedeutende Zahl enger, schlecht erleuchteter Zimmer ohne Ventilation. Johanna hatte nur einen kleinen Theil dieser Räume zu ihrer Verfügung. Obgleich der große Saal dem Namen nach für die Königin bestimmt war, wurde es ihr doch nicht gestattet, sich in demselben aufzuhalten, weil sie da vielleicht von einem Vorübergehenden gesehen oder von ihm gehört werden konnte, wenn sie ihn um Hülfe und Befreiung angerufen hätte. Sie mußte ihre Tage und Nächte in einem dunkeln Raum zubringen, der nicht einmal ein Fenster hatte und nur durch eine Lampe erhellt war. Wenn sie ihn zuweilen verließ, war sie strenge bewacht.«

Einen Aufstand der *Comuneros* (1520/21), ein von Vertretern der Städte und Gemeinden Kastiliens getragener Volksaufstand, die Karl V. stürzen und Johanna zur Herrscherin machen wollten – für sie die einzige Chance, ihre Freiheit wiederzuerlangen –, hat sie nicht genutzt, nicht nutzen wollen, in Unkenntnis der Verhältnisse und ihrem kaiserlichen Sohn zuliebe, der es ihr dankte, indem er sie nach der Niederschlagung der Rebellion weiter in Tordesillas gefangenhielt.

»Die zweite Gefangenschaft von Johanna war härter als die erste. Auf den Umgang mit ihrem Kerkermeister allein beschränkt und Tag und Nacht nachsinnend über den Trug, dem sie zum Opfer gefallen war, war es natürlich, daß ihr Verstand endlich zerrüttet wurde. Sie glaubte sich in den letzten Jahren ihres Lebens von bösen Geistern umgeben, die jede gute Herzensregung in ihr verhinderten. Sie sah in ihrer Einbildung eine große gespensterhafte Katze die Seele ihres Mannes und ihres Gemahls in Stücke reißen und sich auch ihr nahen, um sie zu zerfleischen. Dazwischen aber hatte sie immer wieder Perioden, in welchen sie ruhiger war und ihr ganzes Elend erkennen konnte. Physisch sank sie in einen vollständig thierischen Zustand hinab. Sie verließ ihr Bett nicht mehr, das alle Ausleerungen ihres Körpers empfing. Mitten im Unflat vegetirte sie fort. Das war das Loos der Stammmutter des spanisch-österreichischen Hauses. Der Tod war der einzige Erlöser. Endlich im Monat April 1555, nach neunundvierzigjähriger Gefangenschaft, war sie ihrem Ende nahe. Man hätte sie ruhig sterben lassen sollen. Die Ehre des Hauses Oesterreichs erforderte es aber, daß sie beichten und die letzte Oelung empfangen sollte. Fürchterliche Scenen scheinen sich in ihrem Sterbezimmer zugetragen zu haben. Ihre Hilferufe wurden bis in die Nachbarhäuser und auf der Straße gehört.« Es gibt widerstreitende Berichte darüber, ob sie nun mit oder ohne letzte Ölung starb.

»Arme Johanna!« muß man mit Bergenroth ausrufen. Daß ihr Vater und ihr Ehemann schändlich gegen sie handelten, hat er hinnehmen können, aber daß ihr Sohn eines solchen Verbrechens fähig war, das hat ihn schockiert. »Die Beziehungen von Karl zu seiner Mutter sind fast die einer moralischen Mißgeburt.«

»Fragen, die auf Wahnsinn Bezug haben, sind fast immer verwikkelter Natur.« Heute, etwa anderthalb Jahrhunderte nach Veröffentlichung von Bergenroths Supplementband, hat sich seine Version von Johannas Geschichte bei Historikern im wesentlichen durchgesetzt, über Details wird freilich gestritten. Dazu nur drei Stimmen.

»Die Geschichte ihres ›Wahnsinns‹ war, bis vielleicht gegen Ende ihres langen Lebens, nie mehr als ein sehr erfolgreiches Propagandamärchen, das von ihrem unbarmherzigen, skrupellosen Vater und ebensolchem Sohn verbreitet wurde. Das scheint merkwürdigerweise den Historikern weitgehend entgangen zu sein«, schreibt Stanley B. Chrimes. »Das überwältigende Gewicht des Beweismaterials, daß zu diesem Schluß zwingt, wurde schon 1868 von G. A. Bergenroth veröffentlicht und kommentiert.«

In ihrem Buch *Sister Queens. The Noble, Tragic Lives of Katherine of Aragon and Juana, Queen of Castile* schließt sich Julia Fox den Thesen des »großen Historikers« Bergenroth an.

»Mit dem 21. Jahrhundert begann Juana als ›Wahnsinnige‹ aus gelehrten Abhandlungen zu verschwinden. Wahnsinn ist ein zu vager, schwankender, politisch aufgeladener Begriff, um wirklich

brauchbar zu sein«, bemerkt Gillian B. Fleming im Forschungs-
bericht ihrer 2011 erschienenen Dissertation über Juana I und
den Kampf um die Macht. Freilich weist sie darauf hin, daß es so
gut wie unmöglich ist, zu beweisen, daß man, daß jemand nicht
wahnsinnig ist. Wer vom Gegenteil überzeugt ist, wird jedes In-
diz, jedes Dementi entsprechend deuten. Widerstand, Eigensinn,
unkonventionelles Verhalten werden dann, zumal bei einer Frau,
zu Zeichen ihrer geistigen Unzurechnungsfähigkeit. Und so wird
Juana la Loca wohl weiterleben, manchmal bei den Gelehrten und
oft bei Künstlern und Journalisten.

Unter dem Titel »Der Mann, den die Frauen liebten« veröffentlichte das Magazin der *Süddeutschen Zeitung* 2010 einen Artikel, dessen Verfasser Manfred Schwarz unbekümmert um alle
Erkenntnisse und Zweifel der Geschichtswissenschaft die romantische Schauergeschichte vom schönen Philipp (dem »Ladykiller«)
und seiner verrückten Witwe so erzählte wie eh und je, freilich im
Geist und Jargon unserer Zeit.

Kein Held. Nirgends

Was Bergenroth bei seinen Recherchen entdeckte, war deprimie-
rend, aber er sah es als seine Pflicht an, die Wahrheit zu ermitteln.
Auch deswegen, weil seine Protagonisten – Ferdinand und Isabella,
Heinrich VII. und Heinrich VIII., Kardinal Wolsey, die Päpste
Leo und Hadrian – die europäische Geschichte maßgeblich mit-
bestimmt hatten. Vor allem aber, weil es wichtig war, »herauszufinden, ob es vor 350 Jahren möglich war, die Staatsangelegenhei-
ten nach Grundsätzen zu regeln, die so moralisch oder sogar noch
moralischer sind als die, welche in unseren Zeiten gelten. Denn
alle großen sozialen, politischen und moralischen Fragen in bezug

auf den Fortschritt oder den Niedergang der Menschheit sind damit aufs Innigste verknüpft. Eine sorgfältige Einschätzung unserer eigenen Zeit ist Sache des politischen Philosophen; die Fakten ans Licht zu bringen, die den Vergleich mit der Vergangenheit möglich machen, ist die erste und vornehmste Pflicht des Historikers. Und wie kann das geschehen, wenn die Unzulänglichkeiten von Staatsmännern vergangener Jahrhunderte verheimlicht oder wegerklärt werden?«

So kommt es, daß Bergenroth in den Skandalen und Verbrechen, denen er auf die Spur kam, etwas Positives sehen konnte. Seit den Zeiten Karls V., der glaubte, daß es die Pflicht eines großen Herrschers sei, im Interesse übergeordneter politischer Ziele »auch Verbrechen zu begehen«, hatte sich die Welt eben doch zum Besseren gewendet, der Aufklärung sei Dank. »Wenn wir die so oft aufgestellte Behauptung, daß der Fortschritt in den Wissenschaften und die Verbreitung von Kenntnissen Religion und Moral untergraben, richtig würdigen wollen, ist es nothwendig, die Rechtsverletzungen, die heutzutage ein Staatsmann im Interesse seiner Politik sich erlauben zu dürfen glaubt, mit der tiefen Immoralität zu vergleichen, die im sechzehnten Jahrhundert ein religiöser und verhältnißmäßig rechtlicher Fürst nicht ungestraft von der Hand weisen durfte.«

In einem langen Brief an Lord Romilly, in dem er sich gegen die vergangenen und zu erwartenden Anfeindungen seiner Kollegen verteidigte, hat Bergenroth diesen Gedanken weiter ausgeführt und sich für seine zukünftigen Forschungen Mut zugesprochen. Ein ›weiter so wie bisher‹, das konnte es für ihn nicht mehr geben.

»Ich denke, es wird deutlich werden, wie der Boden unter meinen Füßen wankt, an dessen Festigkeit ich wie so viele andere geglaubt habe. Ich werde künftig Schritt für Schritt neue Fundamente aus Materialien aufbauen müssen, die nicht leicht zu beschaffen sind. Das ist eine unangenehme und so, wie die Welt nun einmal ist, undankbare Aufgabe. Wenn ich wenigstens ein halbes Dutzend neuer Helden entdeckt hätte, wäre meine Lage nicht so schlimm. Freilich, wenn der Hauptheld zufällig ein Deutscher wäre, würden die Franzosen ihn niedermachen und die Engländer würden ihn ignorieren, oder wenn er ein Franzose wäre, dann würden mich die Deutschen für einen schlechten Patrioten halten. Immerhin könnte ich in einem solchen Fall auf die Unterstützung der nationalen Partei des Landes rechnen, dem der Held angehört.

Unglücklicherweise habe ich keinen Helden entdeckt. Im Gegenteil, ich muß eine ziemliche Menge schwarzer Schatten in die *couleur de rose* einbringen, mit der die Geschichte des 16. Jahrhunderts gemalt worden ist. Wie weit wir auch immer von Vollkommenheit entfernt sind, solche Dinge, wie sie fast täglich im 16. Jahrhundert passierten, wären heute unmöglich. Mit der öffentlichen Moral war es damals schlecht bestellt, und es ist ein gutes Zeichen für die Zukunft der Welt, daß das so ist. Denn wenn unsere Vorfahren schon vor 350 Jahren einen so hohen Grad moralischer Perfektion erreicht hätten, wie man uns manchmal weismacht, könnten wir nicht mit unseren Fortschritten prahlen. Wir wohnen in besseren Häusern und haben bessere Möbel; wir haben Telegraphen und Dampfer, die die Ozeane durchqueren. Das ist Fortschritt, aber nur materieller Fortschritt. Aber das Wichtigste sind wir selbst, und alles, was wir besitzen, ist nur Beiwerk. Christus ritt auf einem Esel nach Jerusalem, und jetzt kann jeder Esel in einem Eisenbahnwaggon fahren. Aber das Wort Christi bedeutet Hoffnung auf Erlösung für Millionen von Menschen, während der Esel immer noch ein Esel ist. Wenn wir, Männer und Frauen, nicht viel besser sind als eine Sache und als Karl und Franz und ihre Diener und Untertanen, dann waren alle jahrhundertelangen Bemühungen um moralischen Fortschritt vergeblich. Und wenn uns moralischer Fortschritt versagt ist, wird ein weiser Mensch das Streben danach aufgeben und materialistisch werden. Glücklicherweise lehrt uns die historische Wahrheit eine andere Moral. Die Welt, in der wir leben, stagniert nicht, sie befindet sich nicht in einer Periode des Niedergangs. Wir und unsere Väter und Großväter haben nicht vergebens gestrebt, und wenn unsere Kinder den Kampf nicht aufgeben, sondern ernsthaft fortfahren, nach Vollkommenheit zu streben, ist die Zivilisation nicht verloren, und Europa wird nicht in einen Zustand chaotischer Barbarei zurückfallen.«

Da er seine Gegenwart nicht hatte verändern können, fand Bergenroth sie nun, gemessen an der Vergangenheit, immerhin zum Besseren verändert. Wie schnell das dann ging mit dem Rückfall in chaotische Barbarei hat er nicht erleben müssen. Und doch, bleibt uns heute etwas anderes als die Überzeugung, daß die Menschheit trotz aller Rückschläge auf dem Weg zu einer humanen Ordnung insgesamt Fortschritte gemacht hat und weiter Fortschritte machen wird? Martin Luther King: »Der Bogen des moralischen Universums ist lang, aber er neigt sich der Gerechtigkeit zu.«

Bamberger

Ludwig Bamberger. Schmal, fragil wirkend, langer Bart und leise Stimme. Gebürtiger Mainzer, studierter Jurist, als Journalist und Chefredakteur der *Mainzer Zeitung* engagierter Kämpfer für die demokratische Bewegung, nach dem Scheitern der Revolution in Abwesenheit zu Zuchthaus, dann sogar zum Tode verurteilt, im Exil Lehrjahre an der Londoner Bank eines Onkels, Gründer eines eigenen Bankhauses, Umzug nach Paris, dort beruflich und gesellschaftlich höchst erfolgreich, bekannt mit so ziemlich allen Menschen, die in Politik, Wirtschaft und Kultur Rang und Namen hatten. »Mich interessierten immer und überall die Menschen mehr als die Dinge.« Ende der 1860er Jahre finden wir ihn dann wieder in deutschen Landen, wo er sich weiterhin politisch engagierte, als Publizist und als Mitglied und Abgeordneter der Na-

Abb. 25: Ludwig Bamberger, Bankier,
Publizist, Politiker, Freund Bergenroths

tionalliberalen. Ein kluger, nachdenklicher, humaner Mann, ein
treuer Freund, beteiligt an vielen wegweisenden Unternehmungen,
Mitbegründer der Nachrichtenagentur Reuters und der *Banque de*
Paris, Wegbereiter der Deutschen Mark und der Deutschen Bank.
Die Vereinheitlichung des Münzsystems und die Umstellung von
der Silber- zur Goldwährung im Deutschen Reich gehen auf sein
Konto. Eine Galionsfigur des Liberalismus mit seinen Stärken und
seinen Schwächen, die immer noch im Bereich der Sozialpolitik
liegen. Der ihm gewidmete Eintrag in der *Neuen Deutschen Bio-*
graphie stammt von Theodor Heuss.

Seit dem Revolutionsjahr 1848 waren 23 Jahre vergangen, als im Januar 1871 König Wilhelm I. von Preußen im Spiegelsaal von Ver-
sailles zum deutschen Kaiser proklamiert wurde. Im April verab-

schiedete der Reichstag in Frankfurt eine Verfassung, die das neue deutsche Reich zur konstitutionellen Monarchie erklärte. Das vereinigte Deutschland, für das Bergenroth und seine Gesinnungsgenossen einst gekämpft hatten, war Wirklichkeit geworden, freilich ohne Österreich (also in der sogenannten ›kleindeutschen Variante‹) und überhaupt sehr anders, als sie sich das vorgestellt hatten. Bergenroth hat das nicht mehr miterlebt, wohl aber die Vorstufe dazu. Als Resultat des preußisch-österreichischen Krieges von 1866 war das künftige Reich nur noch geteilt in den Norddeutschen Bund unter Führung Preußens und in Süddeutschland, nämlich Bayern, Baden, Württemberg und einen Teil von Hessen, die sich zu einem gemeinsamen Wirtschaftsraum zusammenschlossen. Anfang 1868 wurden in den süddeutschen Ländern die Abgeordneten dieses Zollparlaments gewählt.

»Ich habe Ihnen vor einigen Tagen eine Wahlrede meines Freundes Bamberger in Mainz zugeschickt«, schreibt Bergenroth am 26. März 1868 an John Acton. »Seine Wahl hat während der letzten drei Wochen großen Lärm in der deutschen und französischen Presse gemacht. Bamberger, ein Jude u Bankier in Paris, ein entschiedener Preußenfreund hat es gewagt in dem ultramontanen Mainz, dem Sitze antipreußischer Bestrebungen, den Ultramontanen, Demokraten, Sonderstaatlern und Preußenfeinden entgegen zu treten. Sein Programm ist entschieden preußisch und doch ist er gewählt. Man hat großes Gewicht auf diese Wahl gelegt, als ein Zeichen der Zeit. Ich weiß es nicht, ob man ihre Bedeutung nicht übertrieben hat.«

Wenn Bergenroth Bamberger seinen Freund nannte, weshalb kommt er dann in Bambergers *Erinnerungen* nicht vor? Vielleicht, weil sie aus Bambergers späten Jahren stammen und er eben nur einer von vielen Freunden war? Sie sind dicht bevölkert, ein wahres Wimmelbild von gesichtslosen Namen, flüchtig hingeworfenen Skizzen oder liebevoll ausgemalten Portraits, unter ihnen auch viele gemeinsame Bekannte. Heinrich Bernhard Oppenheim zum

Beispiel, Gottfried Kinkel, Lothar Bucher und Karl Marx. Ich nehme an, daß Bergenroth Bamberger besucht hat, wenn er in Paris war. Manche der einstigen politischen Weggefährten sahen in Bamberger wegen seiner Sympathien für Preußen und Bismarck einen Verräter an den Idealen seiner Jugend. Doch Bergenroth war ja selbst schon längst nicht mehr der Revolutionär von 1848/49. Wo stand er jetzt? John Acton hat sich deswegen offenbar Sorgen gemacht, doch Bergenroth konnte ihn beruhigen.

»Ihr Wunsch, den alten Demokraten in mir nicht aufzugeben, freut mich. Ich glaube aber nicht, daß ich einer solchen Gefahr ausgesetzt bin.« Bismarck zähle er nicht zu den »ehrlicheren Liberalen u Demokraten«.

Mit den Jahren rückte auch Bamberger von Bismarck ab. 1879 brach er mit ihm und trat aus der Nationalliberalen Partei aus. Die Einführung einer Sozialversicherung wollte er nicht mittragen, er opponierte aber auch gegen die Pläne, Deutschland zur Kolonialmacht zu machen, und wehrte sich gegen des Kanzlers Versuche, die Macht des Parlaments zurückzudrängen. Unter seiner Regierung sei die einst liberal und demokratisch geprägte Nationalbewegung zur Karikatur verkommen, klagte er.

Wachsende Fremdenfeindlichkeit und Antisemitismus, unter dem er auch persönlich zu leiden hatte, machten ihm zu schaffen. »Die Juden sind unser Unglück«, hatte sein einstiger Parteifreund Heinrich von Treitschke verkündet. Ein kritischer Essay, in dem sich Bamberger mit den militaristischen, monarchistischen, fremdenfeindlichen und antisemitischen Tendenzen im vierten Band von Treitschkes *Deutscher Geschichte im neunzehnten Jahrhundert* auseinandersetzt, ist eine immer noch aktuelle und manchmal gespenstisch hellsichtige Lektüre.

»Die unentbehrlichen Juden, hier finden sie sich. Zwar mit aller Anstrengung kann Treitschke im Verlauf eines ganzen Menschenalters deren nur fünf auftreiben, um zu zeigen, wie sie das große Deutschland verderbt haben. Zum Christentum übergetreten waren übrigens alle fünf schon zu der Zeit, als ihre unheilvolle Wirksamkeit begann. Damit ist der Beweis geliefert, daß sich das Antisemitentum nur auf die Rassentheorie und nicht auf die Religion zurückziehen kann. Ohne ein genealogisches Reichsstammbaumsamt wird demnach die große Reform nicht durchzuführen sein, und man darf sich einstweilen auf die heiteren Enthüllungen freuen, mit welchen manches hochansehnliche Geschlecht beglückt werden wird.«

Daß Golo Mann behauptete, die Nazis hätten mit Treitschkes Antisemitismus nichts anfangen können – Treitschke, der dem *Stürmer* seinen Slogan lieferte –, und fand, er habe einen schönen Sinn für das Gerechte und Wahre besessen, ist mir unbegreiflich.

Mourir à Madrid

Winter 1868. Der Supplementband ist erschienen. Anfang November schickt Bergenroth ihn mit einem Begleitbrief an Ignaz von Döllinger nach München.»Der Inhalt dieses Buches ist kein erfreulicher. Er zeigt menschliche Natur in einer fast gehässigen Form. Ihnen gegenüber ist es nicht nöthig, mich deßhalb zu entschuldigen. Es ist nicht der Beruf des Historikers, seinen Lesern angenehme Geschichten zu erzählen, sondern die Wahrheit, und wenn möglich die ganze Wahrheit an den Tag zu bringen. Obgleich ich nicht in Abrede stelle, daß ich mich geirrt haben mag, so kann ich doch mit gutem Gewissen versichern, daß ich die Wahrheit ohne alle Nebengedanken gesucht habe.«

Ein Griff ins Wespennest. Die ersten Historiker fliegen Angriffe. Majestätsbeleidigung! Selbst ein Wahnsinniger, wer am Wahnsinn

der Königin Johanna zweifelt! Die arme, von einem Deutschen
mißhandelte Königin Catherine!

Nach Ferientagen in Boulogne, einem Archivbesuch in Paris
und kurzem Aufenthalt in Biarritz trifft Bergenroth zu einem (wie
er glaubt vorläufig) letzten Besuch in Simancas ein, mit »gestei-
gerter Arbeitslust« und »einer Art von Sehnsucht, sich wieder ganz
in die Schätze« dort zu vergraben. Das Material für zwei weitere
Calendar-Bände hat er so ziemlich beisammen. Diesmal will er vor
allem Abschriften für sein Buch über Karl V. kollationieren und
womöglich neue Quellen finden.

Er reist in ein unruhiges Land. Im Spätsommer war in Spanien
die Regierung gestürzt worden. Königin Isabella wurde zur Abdankung gezwungen und setzte sich nach Frankreich ab. Seitdem
herrscht in Madrid eine Übergangsregierung, aber die Verhältnisse
sind instabil, die Parteien zerstritten. Immer wieder kommt es zu
lokalen Unruhen. (Die seltsamen Wege, die die Geschichte manchmal nimmt: Bei der Suche nach einem Nachfolger für die Königin
verfiel man schließlich auf einen deutschen Prinzen, was zum Konflikt und dann zum offenen Krieg mit Frankreich führte, was wie-
derum die Gründung des Deutschen Reiches zur Folge hatte.)

Diesmal wohnt Bergenroth wieder bei Don Pedro, schläft in
seiner alten Kammer, in Bettwäsche aus feinstem weißen Leinen.

Er macht sich Sorgen um das Schicksal der Archivbeamten und
des Archivs, seines Archivs. Das nämlich war es geworden, trotz
oder gerade wegen der jahrelangen Kämpfe mit den Archivaren,
die ihre Schätze vor ihm hatten schützen wollen. Nun steht er selbst
auf ihrer Seite. Die Bauern von Simancas sind ihnen feindlich ge-
sinnt, nicht aus persönlichen Gründen, sondern weil sie alle Beamten für Faulenzer halten, die das Blut der Nation aussaugen. Falls
es zu einem Aufstand kommen sollte, wären sie wahrscheinlich das
Ziel des Volkszorns, fürchtet Bergenroth, und ihm wird angst und
bange bei der Vorstellung, daß irgendein selbsternannter Anführer
in den Besitz der Archivschlüssel kommen könnte.

Die Archive seien in einem beklagenswerten Zustand, wie fast alles in dieser »unglücklichen Provinz von Alt-Castilien«, schreibt er Romilly am 9. Dezember. »Der fast vollständige Ausfall der letzten Ernte hat zu einer Hungersnot geführt, und die Revolution hat nicht nur all das zum Erliegen gebracht, was noch an Industrie und Handel existierte, auch Tausende von staatlichen, städtischen und Provinz-Angestellten aller Klassen sind entlassen worden. Wer im Amt geblieben ist, bekommt kein Gehalt. Elend und Schmutz haben eine Typhusepidemie von der gefährlichsten Art hervorgebracht. Im Augenblick gibt es in diesem Dorf von jetzt knapp 1500 Einwohnern zwischen 60 und 70 Patienten in einem mehr oder weniger bedenklichen Zustand. Letzte Woche starb ein Bewohner des Hauses, in dem ich lebe, und ich habe mich auch unwohl gefühlt, bin aber jetzt wieder völlig hergestellt. Insgesamt tragen die Menschen dieses Unglück mit mehr Ergebenheit, als ich erwartet hatte, und an den Sonn- und Feiertagen wird auf der *plaza* zu den Klängen der *dulcaina* immer noch getanzt.«

Drei Tage später fügt er dem Brief noch ein Postscriptum an.

»Man hat mir mitgeteilt, daß die Sterblichkeitsrate an diesem Ort abgenommen hat. Doch jeden Tag, wenn ich auf dem Weg zu den Archiven am Kirchentor vorbeikomme, sehe ich den einen und allzu gut bekannten Sarg herauskommen, in welchem die Toten an den Rand des Grabes getragen werden (man begräbt sie ohne Sarg), und die Glocke, die meldet, daß die Heiligen Sakramente zu einem Sterbenden getragen werden, hört man immer noch in zu kurzen Abständen.«

Simancas, das armselige Kaff, dessen Bewohner ihn aufgenommen, vertrieben und mit ihm gefeiert hatten in den vielen Monaten und Jahren, die er hier seit seinem ersten Besuch im August 1860 verbracht hatte, war es ihm ans Herz gewachsen. Er hat sich in seinem letzten, schönsten Brief von ihm verabschiedet.

Meine liebste Mutter,
am nächsten Donnerstag ist Heiligabend. Ich werde viel an Euch
alle denken. Mein Programm für diesen Abend haben mir die
Kinder des Hauses gemacht, Pelia, Paula und Benancia. Es besteht aus einer *colación*, wie sie es hier nennen, die man hier gegen
acht Uhr abends zu sich nimmt, die aus Nüssen, kandierten Man-
deln, Marzipan und Hippocras besteht, einem süßen Getränk aus
Wein, Quittensaft, Granatäpfeln etc., das im Mittelalter sehr bekannt war und dem man noch heute in den abgelegenen Dörfern
Spaniens begegnet. Danach wird getanzt wie es in Spanien Brauch
ist, mit Gitarre, Tambourinen und Liedern. Mitternacht geht es
zur *Misa del Gallo* in die Kirche. Der Priester zelebriert am Altar
und sagt die Messe, während die Orgel spielt und ein Chor ko-
mische Lieder über Maricosina singt, eine scherzhafte Abkürzung
von Maria, die voller Witze über Joseph sind, aber nicht voller Lob
auf Maria. Manche Verse sind zu unanständig für eine Übersetzung; hier ein Beispiel der harmloseren: ›Nun meine kleine Maria, sagt Joseph nach der Hochzeit zu seiner Frau, gib mir einen
Kuß, wie es dein Vater gewünscht hat. Keineswegs, antwortet Maria, mein Vater kann mit seinem eigenen [Mund] tun was er will,
aber ich kann mit meinem eigenen tun was ich will.‹ Dann folgt
eine höchst burleske Beschreibung von Christi Geburt. Im letzten
Vers wird die Jungfrau gewarnt, die Dinge mit dem armen Joseph
nicht zu weit zu treiben, der schließlich ihr Ehemann ist und ihr
eine Tracht Prügel verabreichen könnte, wenn er sie an einer Stra-
ßenecke beim Klatschen erwischt. Das ist spanische Frömmigkeit,
und Du wirst Dich wundern, daß ich die Leute, die in die *Misa
del Gallo* gehen, vom Priester bis zum zerlumpten Bettler, für gute
Katholiken halte. Die althergebrachte Sitte hat sie echt, heiter und
einfach gemacht. Für heute Adieu. Ich bin nicht krank und wünsche Euch von ganzem Herzen das Gleiche.«
»Ich bin nicht krank« – das war eine Mutterberuhigungslüge. Es

Abb. 26: Die Puerta del Sol in Madrid

ging ihm Tag für Tag schlechter. Schließlich reiste Bergenroth nach Madrid, um sich dort in ärztliche Behandlung zu begeben. Vielleicht hätte er die anstrengende Fahrt nicht unternehmen sollen.

In der *Fonda de los Príncipes*, seinem Hotel an der *Puerta del Sol* im Herzen von Madrid, ist er am 13. Februar, einem Samstag, um halb zehn Uhr morgens gestorben. Am Tag darauf wurde er auf dem englischen protestantischen Friedhof von San Isidoro außerhalb des Tores von Toledo begraben.

»*I cannot tell you how upset I was by the news of Bergenroth's death yesterday*«, schrieb Lord Acton am 27. Februar an Richard Simpson.

Zwei Tage vorher hatte die Londoner *Times* Bergenroths Tod gemeldet. Der Bericht ihres spanischen Korrespondenten Antonio Gallenga erregte einiges Aufsehen und wurde von vielen in- und ausländischen Blättern übernommen. Nach kurzer Würdigung von Bergenroths erfolgreicher Forschungsarbeit in Spanien, die schon so viele überraschende Ergebnisse gezeitigt habe, kommt er auf dessen jüngsten Erfolg zu sprechen. Erst unlängst sei es ihm gelungen, die volle Unterstützung der spanischen Behörden zu erhalten. Man habe ihm Zugang zu ausnahmslos allen Dokumenten in den Archiven zugesichert. Er könne nicht mit Sicherheit sagen, bis zu welchem Punkt Bergenroth »während der letzten Monate seines Lebens von diesen Vorteilen profitiert« habe, vermute aber, daß er seine Arbeit mit ganzer Kraft fortgesetzt habe.

»Die Papiere müssen jetzt in den Händen der Dame sein, die ihm als Sekretärin zur Seite stand und die Arbeit mit ihm teilte. Bis zu den letzten Augenblicken seines Lebens haben nur wenige Menschen von Bergenroths Krankheit gewußt. Da er selbst wegen des raschen Fortschreitens seiner Krankheit keinen Scheck ausstellen konnte, befand er sich angesichts des nahenden Endes in Geldnöten, und es war für die Person, die ihn bei seinen literarischen Arbeiten unterstützte, nicht ganz leicht, die Forderungen des Hoteliers zu befriedigen, ihm ärztliche Hilfe zu beschaffen und die Kosten für das Begräbnis zu tragen. Ihr erster Impuls war, sich an Sir John Crampton, unseren Botschafter in Spanien, zu wenden, mit dem Mr. Bergenroth jahrelang freundschaftlichen Umgang und einen regelmäßigen Austausch von Besuchen und gute Beziehungen gehabt hatte. Doch aus Gründen, die hier nicht dargelegt werden können, schenkte Sir John Crampton den Bitten dieser Dame keinerlei Beachtung. Die gefühllose Gleichgültigkeit des Botschafters hat unter den englischen Bewohnern und Reisenden in Spanien die schmerzlichsten Empfindungen hervorgerufen. Glücklicherweise konnte von anderen Seiten mit mehr Erfolg Hilfe erlangt werden. Der preußische Botschafter, der bekannte Sprachwissenschaftler und Antiquar Señor Gayangos und seine Tochter, Madame Riaño, und andere machten es sich zur Herzenssache, dem Gelehrten ein würdiges Begräbnis zu verschaffen und der Dame, die ihm als einzige in seinen letzten Augenblicken beigestanden hatte, Gastfreundschaft und Schutz zu gewähren. Nach den rigorosen sanitären Vorschriften dieses Landes mußte der Körper des Verstorbenen vierundzwanzig Stunden nach dem Tod ins Grab gesenkt werden; also haben die Bestattungsfeierlichkeiten am Sonntag nachmittag stattgefunden. Nur sechs Personen waren anwesend. Es tut mir leid sagen zu müssen, daß die britische Gesandtschaft nicht vertreten war.«

Sir John Crampton dementierte. Die Geschichte des Madrider Korrespondenten sei von Anfang bis Ende erlogen. Er habe von Bergenroths Krankheit nichts gewußt, und niemand sei ihn um Hilfe angegangen. Bis kurz vor dessen Tod habe man daran geglaubt, daß er sich wieder erholen werde. Ein enger Freund sei bei ihm gewesen, und auch das mit den finanziellen Schwierigkeiten stimme nicht. Nachdem er von Bergenroths Ableben erfahren habe, habe er sofort dessen Beerdigung auf dem englischen Friedhof veranlaßt. Im Brief an einen Bekannten nannte er den Angriff auf ihn »absurd, selbst wenn er stimmen würde«, was natürlich nicht der Fall sei, und bezeichnete Bergenroth als »*very good fellow*« und persönlichen Freund, dessen Tod ihm nahegegangen sei. Nur weshalb war er dann nicht bei der Beerdigung?

Wie war es wirklich? Paul Friedmann hat Cramptons Version bestätigt, aber er war ja nicht dabeigewesen. Daß Cartwright und Julius Bergenroth sie übernahmen, heißt nicht, daß sie stimmt. Denkbar ist natürlich auch, daß Crampton in Madrid Feinde hatte, die die Gelegenheit nutzten, rufschädigende Gerüchte über ihn zu verbreiten.

Den meisten Lesern der *Times* wird das so oder so ziemlich egal gewesen sein. An der geheimnisvollen Dame an Bergenroths Totenbett waren sie sicher weit mehr interessiert.

Prosper Mérimée an Anthony Panizzi, den Direktor der Bibliothek des Britischen Museums, Cannes, am 22. April 1869:

»Könnten Sie mir aus Paris die beiden Bände von Bergenroth schicken lassen, dieser Deutsche, der in Spanien in den Armen seiner Geliebten gestorben ist, von allen furchtsamen Engländern verlassen, nachdem er die Königin Johanna rehabilitiert hatte, die fälschlich die Wahnsinnige genannt wird.«

Die Frau im Schatten

Wäre Bergenroth nicht so unvermutet und plötzlich im Ausland gestorben, und wäre der Korrespondent der *Times* nicht so indiskret gewesen, wir hätten wohl nichts von der Frau erfahren, die die letzten Stunden, Tage – und vielleicht Jahre – seines Lebens mit ihm geteilt hat. Einige Zeitungen, die die Todesmeldung aus der *Times* übernahmen, nannten sie seinen *literary assistent and amanuensis* (Schreiber), im Bergenroth-Eintrag des *Oxford Dictionary of National Biography* von 2004 lesen wir, daß sich in seinen letzten Tagen der junge Gelehrte Juan Facundo Riaño y Montero, also der Schwiegersohn von Pascual des Gayangos, um ihn gekümmert habe. Das stimmt ja vielleicht auch, ist aber sicher nicht die ganze Wahrheit. Hinter den Männern, die als Politiker, Wissenschaftler, Forscher, Gelehrte, Schriftsteller und Künstler in die Geschichte eingegangen sind, stehen ganze Heere von ungenannten, unbekannten Frauen, die sie unterstützten, und das nicht nur mit Hilfsdiensten bei der Recherche, beim Abschreiben, beim Korrekturlesen, sondern auch mit eigenständigen schöpferischen Arbeiten, die dann unter dem Namen des Mannes veröffentlicht wurden. Und nicht selten deckten die beruflichen Verbindungen illegale Liebesbeziehungen.

Bergenroths Biographen hätten nicht im Traum daran gedacht, die Frauen zu erwähnen oder gar ihre Namen zu nennen, die während seiner Zeit als *Calenderar* für ihn tätig waren, wohl jeweils etwa vier Jahre lang. Die eine (erste) war Anne Ramsden Bennett, eine Nichte des englischen Premierministers Gladstone, die auch für Bergenroths ungeliebten Kollegen Froude als *literary assistent* tätig war. Die andere, eben die »Geliebte«, in deren Armen Bergenroth angeblich gestorben ist, hieß Henrietta Rintoul. Man könnte sie als Tochter eines namhaften Publizisten, als Verlobte eines bekannten Schriftstellers und als Freundin einer berühmten Dichterin kennen. Mit Bergenroth freilich hat sie meines Wissens bisher niemand in Verbindung gebracht.

1828 gründete der aus Schottland zugewanderte Robert Stephen Rintoul, der sich vom Drucker zum Journalisten hochgearbeitet hatte, in London zusammen mit zwei finanzkräftigen Bekannten eine Wochenschrift, die er *The Spectator* nannte, in Anlehnung an den berühmten *Spectator* der Aufklärer Addison und Steele von 1711 und sehr viel langlebiger als dieser. Sie besteht bis heute und ist damit die älteste Zeitschrift Englands.

Rintoul verschrieb dem *Spectator* sein Leben. Als Herausgeber und später auch Besitzer machte er das Blatt in rastloser Arbeit – Ferien gab es für ihn nicht – in den nächsten Jahrzehnten zu einem hochangesehenen Publikationsorgan. Seine Zauberformel hieß Überparteilichkeit, auch wenn er selbst als Liberaler entschiedene Meinungen hatte; so war er zum Beispiel ein kompromißloser Gegner des Sklavenhandels. Obwohl Rintoul namhafte Mitarbeiter beschäftigte, las sich seine Zeitschrift, als hätte er sie allein geschrieben, eine Folge seiner rigorosen Redaktion. Einen Theaterkritiker mahnte er einmal in der eindrucksvollsten Art, »der *Spectator* ist nicht enthusiastisch und darf es nicht sein«. Bezeichnend wohl, daß er seine beiden Kinder nach sich und seiner Frau nannte. Die vielen Freunde aus Politik, Wissenschaft und Kultur kannten ihn als klugen, integeren Menschen, Marke rauhe Schale, weicher Kern. Ein Nachruf nennt ihn einen »ehrlichen Politiker und guten Mann«.

Viel Geld machte der *Spectator* nicht, aber es reichte zum Leben, zumal die Herstellungskosten – abgesehen von den Honoraren für die Mitarbeiter – wohl nicht hoch waren. Druckerei, Büro und Wohnung Rintouls waren in einem kleinen Haus in der Wellington Street an der Ecke zum Strand untergebracht, der Straße, die die *City of London* mit der *City of Westminster* verbindet und traditionell ein Zentrum des Verlagswesens war. Ein unruhiger Ort! »Der Lärm von Kindern und Druckern, das ständige Kommen und Gehen von Mitarbeitern, der Küchengeruch, die Geräusche eines betriebsamen Haushalts müssen Rintouls Arbeit fortwährend gestört haben«, lesen wir in einem Gedenkartikel, der im November 1928 anläßlich des hundertjährigen Bestehens des *Spectator* ebendort erschien. Immerhin habe er wohl den Lärm der Drukkerpresse gut ertragen, vielleicht, weil Rintoul als gelernter Drukker von Jugend an daran gewöhnt war. »Doch nach den kargen Zeugnissen, die überlebt haben, waren die Rintouls außerordentlich glückliche Menschen. Der Verfasser gegenwärtigen Artikels fand sich als Kind gelegentlich in der Gesellschaft mit der letzten Überlebenden des Haushalts – Miss Henrietta Rintoul. In ihren Erzählungen waren die Jahre im Büro von ungetrübter Heiterkeit und damit verglichen die ihres späteren Lebens eine öde Wüste der Enttäuschung. Eine höchst angenehme, gebildete Gesellschaft, wahrscheinlich stark verklärt vom goldenen Nebel der Vergangenheit, stieg da die engen Treppen zum Büro auf und ab.«

Weshalb »stark verklärt«? Rintoul hatte viele bedeutende Mitarbeiter und Henrietta wohl tatsächlich eine glückliche Jugend, weil sie als Mitarbeiterin und nicht selten Vertreterin ihres Vaters eine Arbeit hatte, die sie intellektuell forderte und ausfüllte. Sie übernahm damit die Rolle ihres Bruders, der kein Interesse und keine Begabung für den Beruf des Vaters hatte und eine militärische Laufbahn einschlug.

Seit 1850 stieg ein junger, schmaler, dunkelbärtiger Mann ziemlich oft die Treppen zu Rintouls Büro hoch. William Michael Rossetti, der neue Kunstkritiker des *Spectator*, wurde von den Rintouls freundlich aufgenommen, verliebte sich in Henrietta und machte sie mit seiner bemerkenswerten Familie bekannt.

Seinem Vater, dem Dichter und gelehrten Dante-Spezialisten Gabriele Rossetti, der sich in Neapel seinerzeit am Aufstand gegen König Ferdinand I. beteiligt hatte, war 1823 auf abenteuerlichen Wegen die Flucht nach Malta gelungen. Zwei Jahre später kam er nach London und heiratete die sehr viel jüngere Frances Mary Lavinia Polidori. Auch sie kam aus einer literarischen Emigrantenfamilie. Was wäre das englische Geistesleben ohne die politischen Flüchtlinge, die hier eine neue Heimat fanden! In rascher Folge, von 1827 bis 1830, wurden den Rossetti-Polidoris vier Kinder geboren, Maria Francesca, die Intellektuelle der Familie, Dante Gabriel, der Maler, William Michael, der Schriftsteller, und Christina Georgina, die Dichterin. Die Verehrung Dantes war ihnen durch den Vater in die Wiege gelegt worden.

Henrietta freundete sich mit Williams Schwestern an, mit Christina blieb sie lebenslang verbunden. 1856 verlobte sie sich mit William, die Sommerferien verbrachten sie gemeinsam auf der *Isle of Wight,* Henriettas Mutter war als Anstandsdame dabei. Sie machten Klippenwanderungen, William schrieb heitere, entspannte Briefe nach Hause, flirtete aber auch heftig mit einem verführerischen Malermodell. Konkrete Heiratspläne gab es nicht. Vielleicht, weil es Henriettas Eltern gesundheitlich immer schlechter ging und sie auf ihre Hilfe angewiesen waren?

1858, wenige Monate vor seinem Tod, sah sich Robert Rintoul gezwungen, seinen *Spectator* zu verkaufen. »Miss Rintoul konnte es nicht ertragen, die Szenen vergangener Herrlichkeit zu verlassen, und sie blieb in *1 Wellington Street,* auch nachdem Meredith Townsend das Blatt gekauft hatte. Er stimmte eher unwillig zu, daß sie in ihrer Dachgeschoßwohnung blieb, fand ihre Gegenwart unerträglich und bot ihr Geld an, damit sie auszog. Sie nahm das Angebot an, verließ das Haus in einem hysterischen Zustand und vergab dem Herausgeber nie.« 1860 starb auch Henriettas Mutter.

Nun hätte Henrietta William heiraten können; statt dessen löste sie die Verlobung. Briefe wurden vernichtet, Tagebücher verbrannt. Von ihrer Beziehung blieben nur wenige Spuren – und eine Daguerreotypie, die Henrietta von William angefertigt hat.

Abb. 27: Henrietta Rintoul,
Mitarbeiterin und Freundin Bergenroths

Vater verloren, Mutter verloren, Wohnung verloren, Beruf verloren, Verlobter verloren. Wir wissen von Christina Rossetti, daß Henrietta sich ihre Entscheidung nicht leichtgemacht hat, so wie sie wohl überhaupt nichts leichtnehmen konnte. »Sie hielt mich fest, küsste mich weinend, und ich konnte spüren, wie dünn sie ist, und wie sie in meinen Armen zitterte. Das sagte mir viel über das, was vergangen ist und was jetzt ist und schien sie zu erleichtern; das arme liebe Wesen, ich bedaure sie mehr, als ich ausdrükken kann und würde viel darum geben, wenn ich sie wirklich trösten könnte, aber das steht nicht in meiner Macht.« William hat ihr etwas später seine Übersetzung von Dantes »Hölle« gewidmet, nachdem er ihre Zustimmung eingeholt hatte. Eine Ehrung, die von einer Schmähung kaum zu unterscheiden ist.

Die Rossettis hielten die scheue, sensible Henrietta für kopflastig und frigide. Einer Familienüberlieferung nach soll sie William eine Ehe ohne Sex vorgeschlagen haben. Dabei kann man sich durchaus andere Gründe vorstellen, die sie von einer Ehe abhielten. Vielleicht hat sie William nicht wirklich geliebt, fühlte sich aber zu lange an ihr Eheversprechen gebunden. Vielleicht hat sie sich gegen die Rolle einer Hausfrau und Mutter gesperrt. Aber sie schreckte auch davor zurück, als Schriftstellerin ans Licht der Öffentlichkeit zu treten. Die Begabung dazu hätte sie gehabt, wie ihre Freundin Christina glaubte.

Seit 1865 war sie (gegen ein bescheidenes Honorar) als *literary assistant* für Bergenroth tätig. Wie war es dazu gekommen? Wie oft hat sie ihn auf seinen Reisen begleitet? Vermutlich war sie 1867 mit ihm in Rom, denn in dem Brief, den Odo Russell nach Bergenroths Tod an Cartwright schrieb, fragte er: »Ich erinnere mich nicht an den Namen der Dame, mit der wir gefrühstückt haben. Ist sie die Dame, auf die Gallenga in seinem Brief an die *Times* anspielt?«

Haben Henrietta und Bergenroth einander geliebt? Waren sie miteinander glücklich? Viel Zeit war ihnen nicht gegönnt.

EPILOG

Nachruf

Bergenroth starb kurz vor seinem 56. Geburtstag, ein stolzes Alter für einen, den seine Nachrufer bedauernd als Hoffnung, als Versprechen, das heißt als letztlich Gescheiterten würdigten. »Seine Fähigkeiten und Eigenschaften paßten nicht zu der Zeit, in der er lebte«, schrieb ein englischer Journalist bedauernd. »Wenn er ein paar hundert Jahre früher geboren worden wäre, dann hätten ihn seine ritterliche Gesinnung und seine großen intellektuellen und körperlichen Kräfte vielleicht zu einem Helden der Geschichte gemacht.« Es war ihm nicht vergönnt gewesen, das epochale Werk zu schaffen, das man von ihm erwartete. So aber ... Bergenroth hatte sich diese Erwartung zu eigen gemacht, die mit seinen hohen Ansprüchen zusammenstimmte. Wohl deshalb die rastlose Sammelwut, die Anhäufung von Quellen, auf deren Grundlage er die wahre Geschichte Karls V. schreiben wollte.

Das Scheitern war vorprogrammiert. Er hätte vor der Überfülle des Materials – etwa 20 000 Folioseiten! – wohl kapitulieren müssen. »Die Geschichte des Viktorianischen Zeitalters wird niemals geschrieben werden, wir wissen zu viel darüber«, schreibt Lytton Strachey im Vorwort zu seiner berühmten Portraitgalerie von *Eminent Victorians*. Er war der Ansicht, daß Unkenntnis, also die »Schere im Dunkeln«, für den Historiker kein Hindernis, sondern im Gegenteil eine unabdingbare Voraussetzung für das Gelingen seiner Arbeit sei, »Unkenntnis, die vereinfacht und verdeutlicht und mit einer gelassenen Perfektion auswählt und ausläßt, die der höchsten Kunst unerreichbar ist.« Wenn er weise sei (so Strachey weiter), wird er »seinen Gegenstand an unerwarteten Stellen angreifen; er wird von der Seite oder von hinten einfallen; er wird einen plötzlichen, überraschenden Scheinwerfer auf dunkle Rückzugsorte lenken, von denen man bisher nichts geahnt hatte. Er wird über den großen Ozean der Überlieferung schiffen und hier und dort einen kleinen Eimer hinein senken, der aus fernen Tiefen ein typisches Exemplar ans Tageslicht bringt, um es mit sorgfältiger Neugier zu inspizieren.« Natürlich haben überreichlich fließende Quellen die Historiker damals wie heute nicht von der Abfassung dickleibiger Werke abgehalten, und doch hat Strachey auch recht.

Sein Eimerchen brachte typische Exemplare des Viktorianischen Zeitalters ans Licht, von denen er brillante Portraits entwarf. Bergenroth, den seine Arbeit als *Calenderar* dazu zwang, die Geschichte kleinerer Zeiträume unter bestimmten Aspekten und auf der Basis von unvollständigem Quellenmaterial zu erzählen, machte aus der Not eine Tugend. Seine *Calendar*-Einleitungen sollten als selbständige historische Arbeiten gewürdigt werden, sie sind gehaltvoller und interessanter als die dickleibigen Werke vieler Kollegen.

Wie Acton feststellte, hat Bergenroth schon allein dadurch, daß und wie er die Bestände von Simancas für die Forschung erschloß, Geschichte geschrieben. Für Geoffrey Parker, der 2019 eine neue Biographie Karls V. vorgelegt hat, ist es (nach dem Historiker Karl Brandi) »Gustave Bergenroth«, dem er für seine Arbeit den größten Dank schuldet. Die von ihm chronologisch angeordneten Dokumente »geben den Historikern auf diese Weise die einzigartige Gelegenheit, den administrativen Puls von Karls Imperium zu messen«.

Bergenroth sah bei seinen Forschungen ins Herz der Finsternis, und sollte er sich je Illusionen über die Natur des Menschen gemacht haben, so hat er sie im Laufe seines Lebens verloren. Und doch hielt er an der Überzeugung von der unaufhaltsamen Verbesserung des Menschengeschlechtes fest, allen Rückschlägen zum Trotz. »Wir wollen wirklich *etwas*; wir wollen die Stadt Gottes nicht bloß bewohnen, sondern auch vergrößern«, hat der Dichter Jean Paul geschrieben. Bergenroth gehörte zu den eher seltenen »wir«. Ich nehme an, daß er ein gläubiger Mensch war.

Mehrmals im Leben hat er sich neu erfinden müssen, und auch das ist ihm auf bewundernswerte Weise gelungen. Dabei hat er unbeirrt an seinen liberalen, demokratischen Grundsätzen festgehalten. In seinem Denken und Handeln findet sich nicht eine Spur von Antisemitismus und Rassismus, Übeln, von denen auch viele seiner Gesinnungsgenossen infiziert waren. Das Wohl der Armen, der besitzlosen Klassen lag ihm tatsächlich am Herzen. Über seine wilde, ausschweifende Jugend, von der sein Biograph Cartwright schaudernd raunt, wissen wir nichts, ich vermute, daß es nach heutigen Maßstäben nicht viel damit auf sich hatte. Seine Bekannten haben ihn fast alle mit Sympathie geschildert und sein »gentlemansches« Wesen gerühmt.

Als der große polnische Dichter Czesław Miłosz die posthum erschienenen Tagebücher seines Freundes und Kollegen Witold Gombrowicz in den Händen hielt, empfand er »Freude bei dem Gedanken, daß starke Persönlichkeiten wie die von G. früher oder später Anerkennung allein durch die schiere Intensität ihrer Existenz finden.« Diese Anerkennung, diese Freude wünschte ich mir auch für Bergenroth.

Nachlaß

Ende April 1869 begab sich Paul Friedmann in London zum *Record Office*, um mit Romilly über Bergenroths Nachlaß zu verhandeln, doch der hatte einen Termin im *House of Lords* und deshalb keine Zeit für ihn. Er hielt es aber auch nicht für nötig, einen Gesprächstermin mit Friedmann auszumachen. »Er ist zu sehr Engländer und Lord, um Höflichkeit für eine Pflicht zu halten«, kommentierte der verärgert. Doch dann überwand er seinen Stolz und sprach ein zweites Mal vor. Diesmal schien man bereit, auf sein Angebot einzugehen, nur um wenig später einen Rückzieher zu machen. »Der alte Romilly wird bald in eine Irrenanstalt eingewiesen werden, und mich wird man dafür verantwortlich machen, daß er verrückt geworden ist.«

Friedmann war auch deswegen so sauer, weil ihm die Rolle zuwider war, die ihm durch Bergenroths Tod zugefallen war, zumal sie ihn zwang, eigene Reisepläne aufzugeben. Eigentlich nämlich hatte er vorgehabt, Kurd von Schlözer auf seinen neuen diplomatischen Posten nach Mexiko zu begleiten. Aber er brachte es nicht fertig, Bergenroths Familie in dieser heiklen Lage im Stich zu lassen.

»Obwohl ich in den letzten vier Monaten mit Bergenroth selbst nicht mehr so stand wie früher, hatte sich die sehr lange Freundschaft mit seiner Familie durch den Bruch der Beziehung nicht geändert. Als die Familie, das heißt seine alte Mutter, seine Schwester und seine Brüder, mich deshalb um Rat und Unterstützung angingen, habe ich es für meine Pflicht gehalten, mich zu ihrer Verfügung zu stellen. Ich werde deshalb nicht nach Mexiko gehen, sondern die nächsten Monate den Transaktionen widmen, die nötig sind, um die Erbschaftsangelegenheiten in Ordnung zu bringen.«

Worüber hatten die beiden gestritten? Vielleicht über Politik, aus dem aktuellen Anlaß der spanischen Revolution? Friedmann war ein Konservativer, der sich danach sehnte, in die Kreise aufzusteigen, die ihn, einen Juden, mit Geringschätzung behandelten. Aber wahrscheinlich war dieser Bruch auch ein Befreiungsversuch und Friedmanns Unzufriedenheit mit seinem zweifelhaften Status als kleiner Bruder, Adoptivsohn, Sekretär und Freund Bergenroths mit den Jahren gewachsen. Nun blieb er durch dessen Tod für lange, unangenehme Monate weiter an ihn gefesselt.

Das Testament Bergenroths bereitete kaum Probleme, auch

wenn sich Friedmann darüber ärgerte. Etwa acht Jahre vor seinem Tod hatte Bergenroth es am Gericht von Frankfurt am Main hinterlegt. Er erklärte seine Mutter zur Erbin und setzte drei Personen jeweils 1000 Dollar aus, »von denen jeder mehr als 50 000 hat, und mir eine Summe, die ich zurückgewiesen habe, weil ich keinerlei Entschädigung für meine Mühen annehmen kann«. Als Friedmann das schrieb, konnte er noch hoffen, durch eine Testamentsklausel doch noch von der ungeliebten Pflicht befreit zu werden, nach der Herr Georg Jung, »ehemals Landesgerichts Assessor zu Coeln a. R. bei der Feststellung, Verwerthung und Teilung [des] Nachlaßes zu Rathe gezogen werden« sollte, »und ersuche ich ihn, sich dem zu unterziehn«. Doch Jung, wohl einer der drei mit den mehr als 50 000, lehnte ab, und so blieb die Sache an Friedmann hängen.

Um so strittiger war Bergenroths literarischer Nachlaß, die Berge von Materialien, die er in Simancas, Madrid, Paris und anderswo gesammelt hatte. Wer war der Erbe? Wem stand er zu? Dem englischen Staat – oder Bergenroths Familie in Preußen?

Viele Quellen waren für weitere *Calendar*-Bände bestimmt gewesen, viele aber auch zugleich oder außerdem für sein Buch über Karl V. Lord Romilly behauptete, daß sämtliche Hinterlassenschaften dem englischen Staat gehörten, für den Bergenroth als Angestellter tätig gewesen sei. Die Familie, vertreten durch Paul Friedmann, aber bestritt das mit guten Gründen. »Es fehlten viele Formalitäten. Er hatte niemals die Erlaubnis einer preußischen Regierung erbeten, geschweige denn erhalten in englische Dienste zu treten. Er hatte weder ein Dokument als offizielle Bestätigung seiner Anstellung erhalten noch einen Amtseid abgelegt. Meines Wissens gab es nur eine mündliche Übereinkunft, nach der G. Bergenroth 8 Monate im Jahr beschäftigt werden sollte, um Staatspapiere in Simancas und anderswo zu sammeln, daß der daraus entstandene *Calendar* als Eigentum der englischen Regierung von ihr gedruckt werden sollte, und daß G. B. dafür jährlich

400 £ für sich selbst und 150 £ für einen Sekretär erhalten sollte, und außerdem eine halbe Guinea für jede Seite des gedruckten *Calendars.*

In den ersten Jahren wurde diese Vereinbarung eingehalten. Doch nach der Veröffentlichung des zweiten Bandes verzögerte das *Record Office* die Auszahlung der fälligen Summe und lehnte die Zahlung dann ganz ab. So war die mündliche Übereinkunft von der englischen Regierung selbst gebrochen worden und kann von dieser Seite jetzt nicht geltend gemacht werden.«

Friedmann gelang es, Bergenroths Papiere in London und Paris mit Hilfe von dessen Bankier dem Zugriff der Engländer zu entziehen und sie in seinen Besitz zu bringen. Für den Fall eines Prozesses sollte Berlin der Gerichtsort sein. Aber was war mit den Dokumenten in Spanien? Die Fortführung der spanischen *Calendars,* die Pascual de Gayangos übertragen werden sollte, war ohne Bergenroths Materialien kaum denkbar. Man wußte, daß Gayangos vorhandene Dokumente ordnen und auch ergänzen, aber nicht selbständig auswählen und dechiffrieren konnte.

Romilly versuchte, unter Umgehung von Bergenroths Familie, sich auf einen Deal mit Henrietta Rintoul zu einigen, die noch in Madrid war. Nach Bergenroths Tod war sie von Gayangos und seiner Familie – Tochter und Schwiegersohn – gastlich aufgenommen worden. »Ich fürchte, sie ist für die Familie Gayangos, bei der sie jetzt seit sechs Wochen lebt, zu einer schrecklichen Last geworden, sie ist sehr niedergedrückt, wie sie selbst sagt. Der erfindungsreiche *Master of the Rolls* besteht darauf, all seine Botschaften an Bergenroths Familie via Madrid über Miss Rintoul zu schicken.« Doch sie ließ sich auf die Angebote Romillys nicht ein, hätte es wohl auch gar nicht gekonnt, weil die Kisten mit Bergenroths Papieren inzwischen in der Obhut der preußischen Gesandtschaft waren.

Nach ihrer Rückkehr nach England hat sich Romilly weiter um Henrietta bemüht, vergeblich. »Zu Miss Rintoul war Romilly äußerst liebenswürdig (hat sie zum Dinner eingeladen, seine Tochter machte ihr einen Besuch etc.), aber Miss Rintoul hat entschieden, daß ›sie sie nicht ausquetschen sollen‹, und wirkt so grimmig und entschlossen, nicht einmal über die harmlosesten Dinge mit ihnen zu sprechen, wie es ihr möglich ist.«

Sie versuchte, tapfer zu sein, aber es ging ihr schlecht. »Ich fürchte, Miss Rintoul wird krank vor Scham und Demütigung werden, sie ist eine arme Frau, ganz herunter mit den Nerven.« So Friedmann am 4. Juni 1869. Daß sie guten Grund dazu hatte, zeigt der mitleidig-herablassende und eine Spur verächtliche Ton, den er für sie hatte.

Durch Vermittlung Actons ist es dann doch noch zu einem Handel mit Bergenroths Familie gekommen. Ein Teil der Dokumente wurde dem Londoner *Public Record Office* übergeben, weitere Materialien fanden in die Nationalbibliotheken von Paris und Brüssel.

1870 verkaufte Friedmann für 1500 £ dem *British Museum* 26 Foliobände mit Abschriften von Dokumenten, die Bergenroth für sein Werk über Karl V. gesammelt hatte. Lord Acton, der zuvor um eine Einschätzung ihres Wertes gebeten worden war, hatte zugeraten. Die Sammlung verdiene einen Ehrenplatz unter den Schätzen des Museums. Zugleich bedauerte er, daß Bergenroths »Spürsinn bei der Entdeckung neuer und bedeutender Materialien sehr viel größer« gewesen sei »als seine Fähigkeit, von ihnen Gebrauch zu machen«. Das hatte er vor Bergenroths Tod noch anders gesehen. Etwas später fanden die Archivare des *British Museum* heraus, daß Friedmann weitere elf Foliobände zurückbehalten hatte. Kaufen wollte man sie nicht. 1896 übergab Friedmann sie dann der Königlichen Bibliothek in Berlin. Von dort sind sie nach dem Zweiten Weltkrieg an die Biblioteka Jagiellońska in Krakau gelangt. Der »Nachlaß Bergenroth«, den die Deutsche Staatsbibliothek Preußischer Kulturbesitz heute in ihren Katalogen verzeichnet, besteht aus einem dunkelroten Kästchen mit Karteikarten.

Danach

Paul Friedmann blieb in Verbindung mit Lord Acton, den er bei seinen literarischen Projekten zu Rate zog. Er teilte dessen Bewunderung für George Eliot, war öfter bei ihr zu Besuch, manchmal zusammen mit Acton und Henrietta Rintoul. Nicht zuletzt dank seiner exquisiten Köche hatte er Zugang zu den höheren Kreisen gefunden. Manchmal lud er zu erlesenen Mahlzeiten in seine Londoner Residenz ein, deren Speisezimmer im *Louis-quinze*-Stil eingerichtet war, gold und rot und mit wertvollen alten Teppichen. Als Historiker blieb er in der Tudor-Zeit, die er zusammen mit Bergenroth erforscht hatte. Ab und zu beschäftigte er Henrietta Rintoul mit Schreibarbeiten. 1884 veröffentlichte er eine Monographie über Anne Boleyn (geköpft), die zweite Frau Heinrichs VIII. Sie wurde positiv aufgenommen. Ruhm brachte sie ihm nicht ein. Besonders deutsche Professoren hatten nun einmal Vorbehalte gegen Quereinsteiger, wie er feststellte.

Auch mit einem Siedlungsprojekt ist er in die Fußstapfen Bergenroths getreten. Er wollte für die verfolgten Juden Europas eine Heimstätte schaffen und sie an einem Küstenstrich der arabischen Halbinsel ansiedeln. Der Versuch, das Projekt in die Tat umzusetzen, scheiterte kläglich. Das Presseecho war vernichtend. Er sah sich persönlichen Angriffen ausgesetzt – »man hat von mir als einem blutrünstigen, brutalen Tyrannen gesprochen und mich fast jeden Verbrechens angeklagt« – und außerstande, sich dagegen gerichtlich zu wehren. In seinen späten Jahren war er viel krank und dauernd unterwegs. »*Pierre qui roule n'attache pas de mousse*«, seufzte er und fügte hinzu: »*I am always rolling.*« Zuletzt lebte er meist in Kairo, wegen des Klimas und der übersichtlich autoritären politischen Verhältnisse. Wahrscheinlich ist er dort auch gestorben.

Nach Bergenroths Tod hören wir von Henrietta Rintoul manchmal noch in Christina Rossettis Briefen. Für eine Weile hat sie wohl – aus gesundheitlichen Gründen? – in Südfrankreich gelebt. »Im Alter gab sie, immer noch so gekleidet, wie es Dante Gabriel [Rossetti] gefallen hätte, eine eigenartige Figur ab. Ihre grauen Haare hingen in einem farbigen Netz über den Rücken und ruhten auf lose fließenden, smaragdgrünen Gewändern.« Das war wahrscheinlich sehr viel kleidsamer als die Korsette, in die sich die Frauen damals schnüren mußten.

Anfang des 20. Jahrhunderts hat man sich in Simancas noch gern daran erinnert, daß Bergenroth jeden Sonntag auf dem Dorfplatz zu den Klängen der *dulcaina* zusammen mit den Dorfbewohnern getanzt hat.

Zwei Brüder Bergenroths haben sich politisch engagiert. Friedrich Bergenroth wurde zweimal für den Kreis Gumbinnen ins Preußische Abgeordnetenhaus gewählt (zuletzt ein paar Tage vor dem Tod Gustavs), die Wahlen wurden aber wegen seiner Versetzung nach Stralsund für ungültig erklärt. Julius war erst Stadtverordneter von Thorn, das ihm die Ehrenbürgerwürde verliehen hat. Von 1873 bis 1885 saß er für die Deutsche Fortschrittspartei im Preußischen Abgeordnetenhaus. Die Schwester Louise zog 1914 nach Berlin. Im ›Einbuchenhaus‹ (einem Pflegeheim?) in Lichterfelde ist sie wohl nicht lange danach gestorben.

In Bergenroths heute polnischen Kindheitsorten Olecko und Ełk (Lyck) lebt die Erinnerung an ihn wieder auf.

Ein Portrait von Bergenroth habe ich bisher nicht entdecken können. Zu Cartwrights Nachlaß gehören Fotos von seinen Reisen, die sich heute zum großen Teil in Privatbesitz befinden. Wer weiß, vielleicht gibt es darunter auch eines mit Bergenroth und Friedmann an der Spanischen Treppe in Rom?

Pilgerfahrt

I

Auf der *Plaza Mayor* tanzen sie immer noch die Nächte durch.

Von Madrid aus braucht man mit dem Auto für die gut 180 Kilometer nach Simancas etwa zweieinhalb Stunden, aber die gefühlte Entfernung in Raum und Zeit ist viel größer. »Wenn du nach einem Fenster in die spanische Seele suchst, mache dich auf nach Kastilien und León«, empfiehlt der *Lonely Planet*-Reiseführer. Die »Wiege des Spanien der Neuzeit«! Hochland von Kastilien mit sechs Buchstaben, ein beliebtes Kreuzworträtselwort: *meseta*. Es ist, als sei ein nicht enden wollender Teppich vor uns ausgerollt. Eine strenge, ernste, einförmige Landschaft unter einem hohen, lichten, sattblauen Himmel, karg und leergeräumt, ab und zu abgeerntete Felder. Sonnenblumen, Ocker, Stroh, Lehmfarben, fantastisch bestickt mit schwarzgrünen Baumgruppen, Hainen, Wäldchen aus Pinien, Steineichen, manchmal Pappeln. Als Bergenroth hier durchfuhr, traf er immer wieder auf Viehherden. Die autonome Region Kastilien-León hat heute so viele (so wenige) Einwohner wie vor 400 Jahren, die Landflucht hat die Menschen in die Städte getrieben. Nur Valladolid, die Hauptstadt der Region, wo einst die Könige residierten und Kolumbus starb, ist zu einem Industriezentrum geworden, und die nahegelegene *Villa de Simancas* hat davon profitiert. 2016 zählte man hier 5254 Einwohner, zu Bergenroths Zeiten waren es 1500.

Das Hotel liegt am Rande des Ortes, jenseits einer vielbefahrenen Straße. Der Blick auf das Kastell-Archiv ist durch eine Autobahnbrücke verstellt. Es ist September, der Monat der Feste, die Bergenroth viel Arbeitszeit gekostet hatten. Gerade werden die sechstägigen *Fiestas de Nuestra Señora del Arrabal* begangen, mit einem reichhaltigen Programm, Böllerschüssen, Feuerwerk, histo-

Abb. 28: Simancas, Plaza Major

rischen Spektakeln, in denen der heroische Widerstand gegen die Mauren gefeiert wird, mit Prozessionen und Messen zu Ehren der Schutzpatronin. Viele Umzüge, angeführt von Kapellen, es gibt auch eine *dulzaina*-Gruppe. Im Zentrum aber steht das *Festival taurino*, für das es nun eine eigene Arena gibt. Siebenmal, manchmal tagsüber, manchmal bis spät in die Nacht, werden Nebenstraßen verbarrikadiert, Stiere durch den Ort getrieben, können Wagemutige mitlaufen wie zu Bergenroths Zeiten. Anders als damals aber werden Tiere getötet. 2014 wurde der Stierkampf – tatsächlich kein Kampf, sondern ein Tötungsritual, wie Kenner betonen – in Kastilien-León zum Kulturerbe erklärt. Als ich an der Arena vorbeikomme, sehe ich gerade noch die baumelnden Hinterbeine eines Stierkadavers, der von einem Kran in einen Lastwagen verladen wird.

Und dann, meist weit nach Mitternacht, zieht man zur *sesión de baile* und zur *discomovida* auf die *Plaza Mayor*.

2

Gegen zehn Uhr nachts sitzen wir vor einer Bar, schräg gegenüber dem Haus, in dem Bergenroth wohnte, als er 1860 nach Simancas kam, und dann wieder bei seinem letzten Aufenthalt im Winter 1868/69. Tatsächlich ist es nicht das gleiche Haus, und das Rathaus nebenan ist nicht das von damals, und doch hat sich hier wenig geändert. An den Bäumen am Rande der *plaza* sind Lichterketten aufgehängt. Der Wirt hat uns eine Flasche mit erdigem Rotwein gebracht und eine Schüssel mit knusprigen Schweineschwarten. Wir sind die einzigen Gäste. Aus der Arena wehen Schreie und Musikfetzen zu uns herüber.

3

Das *Archivo General* ist offen für Benutzer. Eine Voranmeldung ist nicht nötig. Nach Vorlage eines Ausweises dauert es nur wenige Minuten, bis ich ein Schildchen mit der Inschrift *Investigador 107* anklipsen kann und mir ein Platz im altehrwürdigen Benutzerraum zugewiesen wird, zwischen einer hölzernen Wandverkleidung aus gedrechselten Regalen und unter einer umlaufenden Galerie. Ich hatte um Einsicht in die Besucherbücher zwischen 1860 und 1869 gebeten. Nach längerem Suchen schnürt die Archivarin ein dickes Bündel von Papieren vor mir auf, das fast ausschließlich die Recherchen von *El Caballero Gustavo Bergenroth (prusiano residente en Inglaterra)* dokumentiert. So, als sei er der einzige gewesen, der in diesem Zeitraum hier ernsthaft gearbeitet hat. Die Akten von anderen Benutzern wie *Guillermo Maurenbrecher* und *Mrs. Froude y Varre* fallen dagegen kaum ins Gewicht. *Ha copiado*! In der Zeit vom 28. August 1860 bis Anfang Oktober 1867 immer wieder lange Listen von Dokumenten, die Bergenroth bestellte und kopieren ließ, eine reiche Beute! Kein Wunder, daß sich die Archivare von ihm ausgeraubt fühlten und sich freuten, wenn sie einmal die Bemerkung anfügen konnten »*no se copia por estar en cifra*«, wird nicht kopiert, weil chiffriert. Angefügt ist ein Packen mit Quittungen: *Mr. Bergenroth ha pagado cinco escudos* ... Am 27. März 1867 verfügte die *Dirección general de Instrucción pública,* daß Mr. G. Bergenroth von den chiffrierten Dokumenten Abschriften machen dürfe, deren Schlüssel verloren waren, und überhaupt von jedem Dokument, das für seine Forschungen nötig sei.

Auf der Rückseite einer der Kopierlisten findet sich nach Einträgen vom 6. August 1864 eine zarte Bleistiftzeichnung. Sie zeigt rechts einen schmalen, großgewachsenen Mann mit kleinem Schnauz- und Kinnbärtchen. Er trägt einen Anzug mit langen Rockschößen. Wahrscheinlich ein Archivar? Leicht nach vorne gebeugt, scheint er Papiere niederzulegen. Auf der linken Seite das Profil eines bartlosen Mannes mit aufgeworfenen Lippen, markanter Nase, kurzgeschnittenen, welligen Haaren, das an eine klassische Büste erinnert. Dazwischen lese ich ein (ironisches?) *Ticianus pinxit.* Stammt die Zeichnung von Bergenroth?

4

Wie es der Zufall will, wird in drei Sälen des Kastells gerade eine Ausstellung gezeigt, die mit Bergenroths Arbeit verbunden ist, unter dem Titel *Espías: servicios secretos y escritura cifrada en la monarquía hispánica.* Zu sehen sind auch einige der chiffrierten Depeschen, die zwischen den katholischen Majestäten Fernando und Isabel und Doktor Puebla, ihrem Botschafter in England, gewechselt wurden. Es geht dabei um das spektakuläre Projekt einer Ehe zwischen der spanischen Infantin Catalina und dem englischen Prinzen Arthur Tudor, die am 1. November 1501 mit großem Pomp in der St. Paul's Cathedral in London gefeiert wurde. Daß es Ber-

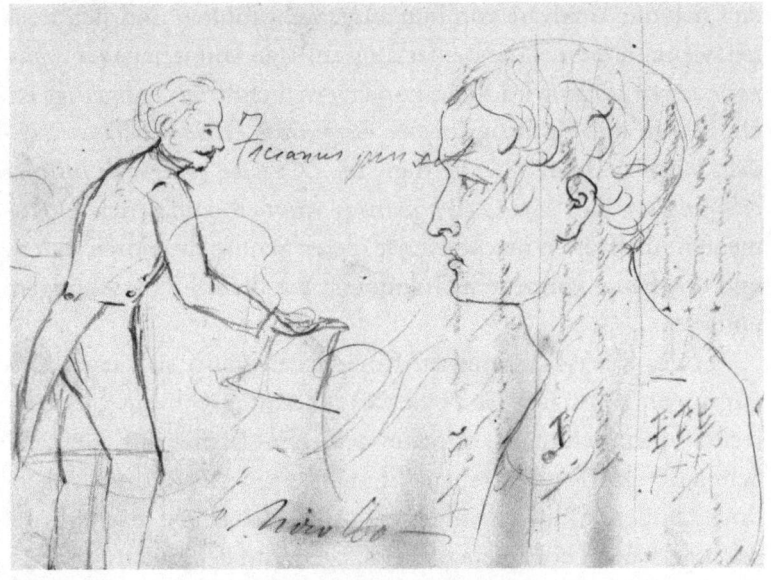

Abb. 29: Ein Skizzenblatt von Bergenroth?

genroth tatsächlich gelungen ist, dieses undurchdringlich schei-
nende Dickicht von Zeichen zu entziffern!

5

»Ich bin nicht krank.« Hat Bergenroth noch die Weihnachtsmesse
besuchen können, die er seiner Mutter aus der Erinnerung so an-
schaulich und liebevoll geschildert hat? Die spätgotische Kirche
El Salvador liegt am höchsten Punkt von Simancas, noch über
dem Kastell, und ist selbst eine Art Burg, wehrhaft, kompakt,
mit einem schönen Kreuzrippengewölbe. Man begibt sich gern
in ihren Schirm und Schutz. An diesem Spätnachmittag haben
sich einige ältere Frauen zum Beten des Rosenkranzes eingefunden. Am Eingang ein uraltes verwittertes Weihwasserbecken aus
Stein.

Dann laufe ich hinunter zur Pisuerga, einem überraschend breiten Fluß, den die römische Brücke mit ihren Bögen überspannt. Sie sei nicht ohne *grandeza,* hatte Bergenroth stark untertreibend festgestellt, als er seine Ankunft in Simancas schilderte. Es ist ihm nicht leichtgefallen, seine Empfindungen unverstellt durch Ironie auszudrücken. Aber ich glaube, daß ihr Anblick ihn beeindruckt hat und auch danach immer wieder, wenn er (oft mit einem Band Goethe in der Tasche) am Fluß spazierenging.

6

Sightseeing in Madrid? In Richard Fords *Hand-book for Travellers in Spain* – erschienen zuerst 1845 und dann immer wieder aufgelegt – gibt es gleich am Anfang einen Pflichttermin für den Reisenden: »Jeder muß mit der *Puerta del Sol* beginnen, die jetzt im Zentrum der Stadt liegt, obwohl sie einst ein Tor im Osten der Stadt war, auf das die aufgehende Sonne schien; jetzt ist sie auf allen Seiten bebaut, das Tor ist verschwunden, nur der Name ist geblieben. [Sie ist] die Wechselstelle und das Herz, wo alle größeren Verkehrsadern sich treffen und trennen, und wird so natürlicherweise das Zentrum, wo der Puls von Madrid am stärksten schlägt, und die Tiden des Handels aufs Höchste steigen und sinken.«

Immer noch ist die *Puerta del Sol* ein beliebter Treffpunkt und der Mittelpunkt nicht nur von Madrid, sondern von Spanien. Hier befindet sich der Kilometer 0, laufen die sechs wichtigsten Nationalstraßen des Landes sternförmig zusammen und auseinander und befindet sich auf der *Casa de Correos,* dem imposanten Hauptpostamt, die Turmuhr, die an Silvester der Nation (den Fernsehzuschauern) das neue Jahr ankündigt. Zu ihren zwölf Schlägen verzehrt man traditionell zwölf Trauben.

Seine heutige Gestalt erhielt der Platz zwischen 1857 und 1862. Gegenüber der geraden Südachse mit dem Postamt wurden im

Abb. 30: Die Brücke über die Pisuerga, um 1860

Halbkreis repräsentative Bauten hochgezogen, darunter auch die zwei Häuser der *Fonda* (etwas später *Hotel) de los Príncipes,* das den Standard von Luxushotels anderer Großstädte (London, Paris, New York) anstrebte, ihn allerdings nur in bezug auf die Preise erreichte, wie Kritiker bemängelten. An ihren alten Hausnummern 11 und 12 sind sie leicht zu erkennen. In einem befindet sich heute wieder ein Hotel mit Zimmern nach vorne auf die *Puerta del Sol.*

Der Blick auf den Platz und den Brunnen in seiner Mitte war die Hauptattraktion der *Fonda de los Príncipes,* besonders in den Sommernächten, wenn die Fontänen des Brunnens im Mondlicht glitzerten und den Platz in ein magisches Licht tauchten. Bis weit nach Mitternacht waren hier Scharen von Besuchern unterwegs.

»Am Palmsonntag den 5. April erwachten wir zuerst in Madrid«, berichtete der Heidelberger Geschichtsprofessor Wilhelm Wattenbach, der mit seinem Bruder hier abgestiegen war. »Die Sonne schien warm ins Fenster, man konnte schon früh die Balconthüren öffnen. Gerade vor uns liegt die *Puerta del Sol,* der berühmte Platz, auf welchen das Leben der Stadt sich concentrirt, wo es immer von Menschen wimmelt und in den großen Caffeehäusern die Politiker zusammen kommen. Manche Empörung hat hier ihren Anfang genommen. Jetzt aber war alles still und friedlich, leider auch der große Springbrunnen, dessen leeres Becken wir täglich mit Mißvergnügen betrachteten; er soll angeblich auf den ersten Mai warten.«

So schwieg der Brunnen auch, als Gustav Bergenroth im Februar 1869 krank in seinem Hotelzimmer lag, längst zu schwach für Blicke vom Balkon. Der Arzt kam mehrmals täglich. Man kann sich die Angst und Aufregung aller Beteiligten vorstellen. Henrietta Rintoul, Don Pascual de Gayangos und seine Familie mußten zusehen, wie sich Bergenroths Zustand von Tag zu Tag verschlechterte, dem Hotelbesitzer war die Anwesenheit eines Sterbenden in seinem Haus äußerst unangenehm.

7

Am 3. Januar 1870 hielt Wilhelm Wattenbach bei einer Sitzung des »Historisch-philosophischen Vereins« in Heidelberg einen Vortrag über Bergenroth. Leider habe ich ihn bisher nicht finden können. Ob er darin auch dessen Tod in der *Fonda de los Príncipes* erwähnt hat?

8

Von der *Puerta del Sol* ist es nicht weit zur *Biblioteca Nacional*, einer der größten Bibliotheken der Welt, die 1712 gegründet wurde. Untergebracht ist sie in einem klassizistischen Palast in der *Paseo de Recoletos*. Den Grundstein dazu legte die Bergenroth wohlgesinnte Königin Isabella im Jahr 1866, nicht lange bevor sie ins Exil gehen mußte. Eine Freitreppe führt hoch zum spektakulären dreiflügeligen Portikus, flankiert von Statuen berühmter spanischer Denker und Dichter. Unter ihnen natürlich auch der Nationalheilige Cervantes. Die ihm gewidmete Sammlung umfaßt mehr als 30 000 Bände.

In die *Sala Cervantes* schickt mich auch der Angestellte in der *oficina* unten am Eingang, der mir (nach einer ersten Befragung durch den Pförtner und der Durchleuchtung der Handtasche) einen Benutzerausweis ausstellt. Neben den obligatorischen persönlichen Daten fragte er auch nach akademischen Qualifikationen.

Ich hatte im Katalog der Bibliothek einen mir unbekannten Brief von Bergenroth gefunden, von dem ich eine Kopie bestellen und, wenn möglich, mitnehmen will. Das erweist sich als komplizierter als gedacht. Ich spreche kein Spanisch, die Bibliothekarin in der *Sala Cervantes* kein Englisch, und wenn ich einerseits auf große Hilfsbereitschaft stoße, so auch auf erstaunliche Umständlichkeit und rigorose Sicherheitsmaßnahmen. »*Follow me*«, flüstert die reizende junge Mitarbeiterin im weißen Kittel immer wieder, die mir als Führerin durch das Labyrinth zugeteilt ist, zum Schließfach für meine Handtasche, dem Mikrofilmgerät, zurück zum Schließfach mit meinem Portemonnaie, zur *oficina,* wo man Kopierkarten erwerben muß, zurück zum Mikrofilmgerät ... Bei jedem Verlassen und Betreten eines Raumes kontrollieren Sicherheitsbeamte wortlos, streng, ohne den Anflug eines Lächelns das Brillenetui in meiner Hand, durchblättern sorgfältig den kleinen Bibliotheksführer, eine schmale Broschüre, die ich nach der Anmeldung mit dem Ausweis ausgehändigt bekommen habe, mindestens achtmal geht das so. »*Follow me!*«

Aber dann halte ich endlich das Objekt meiner Begierde in Händen, einen vierseitigen Brief in spanischer Sprache, geschrieben in *Ford's Hotel* in London, am 7. November 1865. Während ich durch die Spätnachmittagssonne zur *Puerta del Sol* zurücklaufe, lese ich die ersten Zeilen: »*Muy querido D[on] Eugenio mio*« ...

Juan Eugenio Hartzenbusch, Sohn eines deutschen Tischlers und dessen spanischer Frau, aufgewachsen in Cuenca und Madrid, lernt das Handwerk seines Vaters, studiert am Jesuitenkolleg San Isidro. Ein ernstes, stilles Gesicht, ein disziplinierter, fleißiger, produktiver Mann. Übersetzer, Journalist, Herausgeber, Dichter, Dramatiker, Verfasser des erfolgreichsten spanischen Theaterstükkes seiner Zeit, einer Variante des »Romeo und Julia«-Stoffes; seit 1862 Direktor der *Biblioteca Nacional.* Als Bergenroth ihm schrieb, arbeitet er gerade an einer Ausgabe der *Exemplarischen Novellen* von Cervantes, und um Cervantes geht es auch in Bergenroths Brief. Es ist ein besonderer Brief.

Er schreibt im Auftrag eines englischen Freundes, der bei seinen Recherchen in den Archiven von Venedig wiederholt auf Depeschen gestoßen war, die sich auf Cervantes und seinen *Don Quijote* beziehen. Es wird darin behauptet, daß es sich bei diesem Roman um eine politische Satire handele und seine Figuren Personen abbildeten, die damals tatsächlich am spanischen Hof lebten. Don Quijote zum Beispiel sei der Herzog von Lerma etc. etc. Die Ansicht, daß sich Cervantes im *Don Quijote* über real existierende Personen lustig mache, erscheine seinen Freunden als etwas völlig Neues, so Bergenroth. Er selbst kenne die spanische Literatur leider weniger, als er wünschte. Aber wenn er sich nicht täusche, dann habe er schon als Kind von seinem Vater gehört, daß der *Don Quijote* eine politische Satire sei, und daß der arme Cervantes in seinem Leben viel durch die Personen gelitten habe, die nicht mit ihrem Portrait zufrieden waren. Und dann noch einmal »Ich weiß nicht, ob ich mich täusche«.

Als seine englischen Freunde davon sprachen, daß sie ihre Funde veröffentlichen wollten, habe er ihnen geraten, vorher Erkundigungen bei Fachleuten einzuholen. Da Hartzenbusch, auch was Cervantes angeht, eine Autorität sei, hat er sich angeboten, ihm in ihrem Namen zu schreiben und zu fragen, ob die Ansicht, daß es sich beim *Don Quijote* um einen Schlüsselroman handele, schon bekannt sei, wie er selbst glaube, oder ob er sich täusche.

Er täuschte sich nicht. Seitdem der Jesuitenpater René Rapin das 1660 in seinen *Réflexions sur les poètes anciens et modernes* behauptete, ist diese These immer wieder aufgegriffen worden.

Es ist ein besonderer Brief, der einzige mir bekannte, in dem Bergenroth von einer Kindheitserinnerung spricht. Was sein Vater damals in Lyck über den Roman von Cervantes sagte, hat ihn offenbar so beeindruckt, daß er sich noch Jahrzehnte später daran erinnerte. Ein Detail nur, und doch wirft es ein Schlaglicht auf den oppositionellen Geist seines Elternhauses. Auch bei der Lektüre war die Politik nie weit entfernt.

El Caballero Gustavo Bergenroth! Er hat sich selbst nicht selten als Don Quijote gefühlt, als Historiker, der mit extravaganten Meinungen gegen seine Zunft anrannte, und bei den langwierigen Kämpfen, die er mit den spanischen Behörden ausfocht. Ein Ritter in bürgerlichen Zeiten, beseelt von einem unzerstörbaren närrischen Idealismus, gegen alle Erfahrung, geerdet durch den bäuerlichen Realismus eines Sancho Pansa. »Er ist wieder bei seinen Bauern«, hatte Friedmann spöttisch gesagt. Wer weiß, vielleicht war es ja dieser Roman, der schon in früher Jugend seine Affinität zu Spanien begründete? Denn die hat es ganz sicher gegeben, sonst hätte er, ein temperamentvoller, manchmal schroffer Mann, wohl nicht so viel Geduld, Feingefühl und Takt im Umgang mit den Spaniern zeigen und nicht so erfolgreich in seinen Verhandlungen sein können. Stolz, ein ausgeprägtes Gefühl für persönliche Würde, ein starkes Bedürfnis nach Unabhängigkeit, formvollendete Höflichkeit, das waren Züge, die er mit vielen von ihnen gemeinsam hatte.

9

Auf dem *Cementerio Británico,* längst nicht mehr am Stadtrand von Madrid gelegen, finden heute Menschen aller Konfessionen und Nationen eine letzte Ruhestätte. An einem Freitagvormittag bin ich dort mit David John Butler verabredet, der sich seit einiger Zeit um den Friedhof kümmert. Zu seinem Erhalt ist man auf Spendengelder angewiesen, was angesichts der englischen Kolonialgeschichte und den ungezählten Friedhöfen, die sie in aller Welt zurückließ, ja auch verständlich ist, wie er meint. Er ist ein schmaler älterer Herr, trotz der Hitze in Jackett und Schlips, lebhaft, gesprächig, voller Geschichten und Anekdoten über den Friedhof und seine Bewohner.

Da ist zum Beispiel Alice Bache Gould, eine reiche Amerikanerin, die 1868 geboren wurde. Sie studierte Mathematik, fand aber als Frau keine Anstellung und verlegte sich nach einigen Umwegen schließlich auf Geschichte. In den 1930er Jahren soll sie als Spionin in Madrid tätig gewesen sein. Angeregt wohl durch Funde Bergenroths, entdeckte sie ihr Thema, dem sie sich seitdem mit Beharrlichkeit gewidmet hat. Während langer Aufenthalte in Simancas fand sie heraus, wer Kolumbus auf seiner großen Reise begleitet hat. In ihren späten Jahren logierte sie im Kastell, in einer Wohnung, die dem Archivdirektor zur Verfügung stand, von ihm aber nicht genutzt wurde. Dort ist sie im Juli 1953 gestorben. Man hat ihr zu Ehren am Eingang des Archivs eine Plakette angebracht.

David Butler führt mich zu einer großen, schweren Granitplatte, die Bergenroths Mutter dem Sohn setzen ließ. Als Inschrift trägt sie nur seinen Namen. Seltsam nur, daß dieser Stein gar nicht dort liegt, wo Bergenroth tatsächlich begraben wurde, nämlich neben Frances, der Frau von Pascual de Gayangos. Das wissen wir durch einen unternehmungslustigen englischen Colonel, der den englischen Friedhof zu seinem Projekt gemacht hatte. Schon an seiner Gründung soll er maßgeblich beteiligt gewesen sein.

Abb. 31: Bergenroths Grabplatte

Auf meine Anfrage war Mr. Butler so liebenswürdig, mir Genaueres über diesen Herrn mitzuteilen.

Er »starb 1884 im Alter von 74 Jahren in Madrid. Der Plan, der seine Signatur trägt, wurde offensichtlich vorher angefertigt. Er diente, kaum dem Knabenalter entwachsen, in der Armee der *East India Company*, dann trat er in die englische Legion ein, die im portugiesischen Erbfolgekrieg für Doña Gloria kämpfte, dann ging er wieder als Legionär nach Spanien, um für die *Legitimistas* gegen Don Carlos zu kämpfen. Eisenbahnspekulationen (sowohl in England als auch in Frankreich), Waffenhandel und das Versetzen der Juwelen seiner Frau füllten so manche freie Stunde seines Lebens. Und er hatte noch Zeit übrig, um diesen merkwürdigen Plan vom englischen Friedhof zu zeichnen. Er lebte von Zeit zu Zeit in London, verbrachte aber den größten Teil seiner Zeit in Spanien.«

Sein Name war Fitch, Colonel Fitch.

Als Bergenroth starb, war er leider nicht in Madrid, wie der Korrespondent der *Times* bedauerte. Er hätte nämlich sicher dafür gesorgt, daß die britische Kolonie in der Stadt schnell von seinem Tod erfahren und daß ihm eine größere Trauergemeinde die letzte Ehre erwiesen hätte. Wußte Fitch etwas über den Transport von Bergenroths massiver Grabplatte? Hatte er etwas damit zu tun? Sollte sie vielleicht verkauft werden? Wahrscheinlich werden wir das nie erfahren, und eigentlich ist es ja auch nicht wichtig, aber man wüßte es doch gern.

ANHANG

Dank

Wer sich heute, anderthalb Jahrhunderte nach Bergenroths Tod, nach den Verheerungen zweier Weltkriege und den damit einhergehenden Gebietsverschiebungen, auf die Suche nach seinen Lebensspuren begibt, wandert auf überwachsenen Pfaden. Viele Dokumente, die über sein Leben Auskunft geben könnten, sind verloren oder verschollen, viele ruhen noch unentdeckt in europäischen Archiven und Bibliotheken, in Kellern und Speichern von Nachkommen seiner vielen Freunde, Bekannten und Verwandten. Wo sind seine Tagebücher geblieben? Die Briefe an seine Familie? Wo seine privaten und gelehrten Korrespondenzen, von denen bisher nur ein Bruchteil bekannt ist? Es wäre schön, wenn dieses Buch zu weiteren Bergenroth-Forschungen anregen würde.

Mein Dank gilt den vielen Menschen, die mich unterwegs mit Rat und Tat unterstützt haben:

Meiner Lektorin Heike Ochs, die das Manuskript klug und behutsam redigiert hat. Meiner ersten und deshalb wichtigsten Leserin Elisabeth Schmid. Jakob Naumann und Jana Böhm, die mit mir auf Pilgerfahrt nach Simancas und Madrid gegangen sind. Den ArchivarInnen, BibliothekarInnen, MitarbeiterInnen wissenschaftlicher und kultureller Institutionen und überhaupt allen, die mir mit Auskünften und der Beschaffung von Quellen geholfen haben. Besonders großzügige, vielfältige Unterstützung habe ich von zwei Wissenschaftlern aus Bergenroths Heimat erfahren: Dr. Rafał Żytyniec, Direktor des Heimatmuseums von Ełk (Lyck), und Dr. Eliza Ptaszyńska, Kustodin am Bezirksmuseum von Suwałki, die mir Olecko gezeigt hat.

Am Anfang der vorliegenden Veröffentlichung stand der Plan,

Bergenroths Lebensgeschichte als *Graphic Novel* zu erzählen. Einen besseren Partner als den Berliner Künstler Henrik Schrat hätte ich dafür nicht finden können, der einige Kapitel daraus in ausdrucksvollen Federzeichnungen gestaltet* hat. Frank Motz von der ACC Galerie Weimar hat unser Projekt tatkräftig gefördert und in Ausstellungen präsentiert. Die *Graphic Novel* ist Fragment geblieben. Dafür gibt es nun dieses Buch. Es ist ihm gewidmet.

Editorische Notiz

Die Übersetzungen (fast ausschließlich aus dem Englischen) stammen von mir, wenn nicht anders vermerkt.

Gelegentliche Auslassungen habe ich aus Gründen leichterer Lesbarkeit bis auf wenige Ausnahmen nicht markiert.

Die Orthographie historischer Zitate wurde beibehalten. Da unsere Rechtschreibung ständig im Wandel ist, macht ihre Modernisierung wenig Sinn, wie mir scheint. Auch fremdsprachige Begriffe in Zitaten wurden nicht korrigiert.

Für die Schreibung der Namen von historischen Figuren, vor allem von Herrschern, die mit den Ländern wechselt, aus denen sie stammten, die sie regierten und in die sie einheirateten, läßt sich keine wirklich befriedigende Lösung finden. In der Regel wurden und werden sie übersetzt und gewissermaßen ins Deutsche eingemeindet, die englischen Henrys als Heinriche, die französischen Louis als Ludwige, Catalina oder Katherine (auch Catherine) heißt dann Katharina und Juana Johanna. Ich habe mich daran gehalten, spreche gelegentlich aber auch von Henry und Juana.

* Ursula Naumann, Henrik Schrat, Bergenroth. Hrsg. von Städtische Museen Zittau, ACC Galerie Weimar, 2016.

Verzeichnis der Siglen

AGS = Archivo General de Simancas.

BSB = Bayerische Staatsbibliothek, München.

BJK = Biblioteka Jagiellónska, Krakau.

BN = Biblioteca Nacional de España, Madrid.

CUL 1 = Cambridge University Library, Korrespondenz G. A. Bergenroth/John Acton, NRA 37383 Acton; MS Add. 6443; 8119; 8120; 8123.

CUL 2 = Cambridge University Library, Korrespondenz Paul Friedmann/John Acton, NRA 37383 Acton; MS Add. 6443/152-153; MS Add. 8119 (8)/439; MS Add. 8120 (1)/202-229; MS Add, 8123 (2)/221.

GSPK = Geheimes Staatsarchiv Preußischer Kulturbesitz, Berlin, 1. HA/Rep. 81/ Gesandtschaften u. Konsulate nach 1807/Nr. 68 Generalkonsulat Madrid V.

HLB = Hochschul- und Landesbibliothek RheinMain, Wiesbaden.

MEGA = Karl Marx, Friedrich Engels, *Gesamtausgabe. III. Abteilung. Briefwechsel.* Berlin 1975 ff.

MEW = Karl Marx, Friedrich Engels, *Werke.* Berlin 1962 ff.

NA, Ca = Northamptonshire Archives, Cartwright of Aynhoe Collection.

SML = Stadtgeschichtliches Museum, Leipzig.

ULB = Universitäts- und Landesbibliothek, Bonn.

Bergenroths Veröffentlichungen

Aufsätze und Rezensionen zur Statistik:

Alle in: *Zeitschrift des Vereins für deutsche Statistik.* Unter Beyrath mehrerer Mitarbeiter hrsg. von Dr. Freiherrn von Reden in Berlin. 1. Jahrgang. Berlin 1847. 2. Jahrgang. Berlin 1848. Ab Heft 5 hrsg. in Vertretung des Dr. Freiherrn von Reden von G. Bergenroth, Kammergerichts-Assessor in Berlin.

B 1 = »Ueber deutsche Anstalten zur Förderung des Kredits«, 1. Jg., S. 736-755.

B 2 = »Verhältnisse des Großherzogthums Luxemburg, in Hinsicht der Ergebnisse der Verwaltung, Gewerbethätigkeit und des Verkehrs in den Jahren 1844, 1845 und 1846«. 2. Jg., S. 61-75; S. 427-447.

B 3 = »Bemerkungen über die gegenwärtige Aufgabe der Statistik«, 2. Jg., S. 385-387.

B 4 = »Vergleichende Zusammenstellung über den öffentlichen Unterricht in Preußen und in den nordamerikanischen Freistaaten«, 2. Jg., S. 1138-1140.

B 5 = »Schiffahrtsgesetze, so wie Handels- und Schiffahrtsverträge verschiedener Staaten im Jahre 1847«, von Adolph Soetbeer, Dr., Hamburg 1848, 2. Jg., S. 366-370.

B 6 = »Mittheilungen des Statistischen Büros in Berlin«. Hrsg. von Dr. F. W. C. Dieterici, Director des Statistischen Büros, Berlin 1848, 2. Jg, S. 1055-1056.

Aufsätze und Rezensionen zur Geschichte:

B 7 = »Der Volksaufstand in England im Jahre 1381«, in: *Historische Zeitschrift.* Hrsg. von Heinrich von Sybel, Bd. 2 (1859), S. 51-86. (Englische Übersetzung unter dem Titel »Wat Tyler« als Appendix III in Cartwright, S. 270-306).

B 8 = »Kaiser Karl V. und seine Mutter Johanna«, in: *Historische Zeitschrift.* Hrsg. von Heinrich von Sybel, Bd. 20 (1868), S. 231-270.

B 9 = *Englische Geschichte vornehmlich im sechzehnten und siebzehnten Jahrhundert,* von Leopold von Ranke, 1. Bd. Berlin 1859, in: *Die Grenzboten.* Jg. 19 (1860), 1. Bd. S. 121-137.

B 10 = *Fr. Rogeri Bacon Opera quaedam hacte nus inedita.* Vol. 1 [...], Edited by J. S. Brewer, M. A. Published by the authority of the Lords Commissioners of Her Majesty's Treasury, under the direction of the Master of the Rolls, London 1860, in: *Die Grenzboten.* Jg. 19. 1860. II. Sem. III. Bd., S. 81-97.

B 11 = Froud [sic!], James Anthony, M. A., *History of England from the fall of Wolsey to the death of Elisabeth,* London, Vols. 1, 2 1856, Vols. 3, 4 1859. in: *Historische Zeitschrift.* Hrsg. von Heinrich von Sybel, Bd. 1 (1859), S. 561-564.

B 12 = Robert Vaughan, *Revolutions in English History.* Vol. 1. Revolutions of race. London 1859. In: *Historische Zeitschrift.* Hrsg. von Heinrich von Sybel. Bd. 4 (1860). S. 450-457.

B 13 = A. Teulets großes Quellenwerk. *Relations Politiques de la France et de l'Espagne avec l'Ecosse au XVI. siècle* [...] publiés par Alexandre Teulet. 5 Bde. Paris 1862. In: *Die Grenzboten.* Jg. 21. 1862. II. Sem. III. Bd. S. 153-155.

B 14 = Mignet's Charles V. and Francis I = Rivalité de Charles Quint et de Francis Ier, by Mignet. *Revue des Deux Mondes,* 15 Janvier 1854, 15 Mars 1858, 15 Février 1860, 1 Mars 1860, 12 Mars 1860, 1 Février 1866, 15 Février 1866, 1 Mars 1866, 15 Mars 1866. In: *Fraser's Magazine* 74 (1866), S. 489-500.

Politische Artikel, Flugblätter:

Mitarbeit und zeitweise Herausgeber:
Reform = Die Reform. Redaktion A. Ruge, H. B. Oppenheim und E. Meyen. Leipzig, Berlin 1. April-21. August 1848 (Untertitel: *Politische Zeitung*). Berlin, 22. August-14. Nov. 1848. (Untertitel: *Organ der demokratischen Partei*).

B 15 = *Die Forderungen der Arbeiter in Bezug auf den Stand des Ackerbaues und der Gewerbe.* Club-Blatt Nr. 2. Berlin 1848. Humboldt-Universität, Historische Sammlungen der Bibliothek. URN: urn:nbn:de:kobv:11-D-4114151.

B 16 = *Gefahren und Nachtheile der mittelbaren oder indirekten Wahl.* Ausführungen des Berliner Volks-Wahlkomitees zum Wahlgesetz; undatiert. [1848.04.] (Mitverfasser).

B 17 = *Was hat der Landmann bei den bevorstehenden Wahlen zu tun?* Datiert: »Berlin am Sylvester-Abend 1848«.

B 18 = *Herr von Bülow-Cummerow unter den Communisten.* Berlin 1849.

Reiseberichte, Mitteilungen aus Kalifornien und Simancas:

B 19 = The First Vigilance Committees, in: *Household Words.* A Weekly Journal. Conducted by Charles Dickens. Vol. XIV (1856). 15. Nov. S. 410-415. Wieder abgedruckt in Cartwright, S. 22-44.

B 20 = Artikel für *The Athenæum:* 20. Oct. 1860 (517-18); 3. Nov. 1860 (593-94); 17. Nov. 1860 (673); 29. Dec. 1860 (910-12); Jan. 1861 (51-53). Wieder abgedruckt in Cartwright, S. 54-88.

Editionen:

CAL 1 = *Calendar of Letters, Despatches and State Papers, relating to the Negotiations between England and Spain, preserved in the Archives of Simancas, and elsewhere.* Edited by G. A. Bergenroth. Vol. I. *Henry VII. 1485-1509,* London 1862.

CAL 2 = Vol. II. *Henry VIII. 1509-1525.* London 1867.

SUP = Supplement to Volumes 1 and II. *Queen Katherine; Intended Marriage of King Henry VII. to Queen Juana,* London 1868.

Quellen zur Biographie:

Cartwright = Cartwright, William Cornwallis, *Gustave Bergenroth: A Memorial Sketch,* Edinburgh 1870.

Friedmann = Friedmann, Paul, [Nachrichten über Bergenroth]. NA, Ca, Box 10/6/63.

Nekrolog = »Gustav Bergenroth. Ein Nekrolog«, in: *Altpreußische Monatsschrift,* Neue Folge, Königsberg, Bd. 7 (1870), S. 320-351. [Julius Bergenroth].

Lexikonartikel:

Pauli, Reinhold, »Bergenroth, Gustav Adolph«, in: *Allgemeine Deutsche Biographie*, Bd. 2. Leipzig 1875, S. 369-372. https://wikisource.org/wiki/ADB:Bergenroth,_Gustav_Adolf

Murphy, G. Martin, »Bergenroth, Gustav Adolph«, in: *Oxford Dictionary of National Biography*. 2004.

Literatur (Auswahl)

Acton, John:
Rez.: G.A. Bergenroth, *Calendar of State Papers, Spanish.* In: *The Home and Foreign Review.* II. *January* 1863, S. 227-230.
Rez.: »Mr. Bergenroths Introduction«, in: *The Chronicle.* I. London 1867. S. 587-589.
Letters of Lord Acton to Mary Gladstone. Edited, with an introductory memoir, by Herbert Paul, London 1905.
Historical Essays and Studies. Ed. by J. N. Figgis and R. V. Laurence, London 1907.
Ignaz von Döllinger, Lord Acton, Briefwechsel. Bd. 1. 1850-1869, München 1963.
Lord Acton and his Circle. Ed. by Abbot Francis Aidan Gasquet, London 1906.
Selection from the Correspondence of the First Lord Acton, London 1917.
The Correspondence of Lord Acton and Richard Simpson. Vol. III. Ed. by Josef L. Altholz, Damian McElrath and James C. Holland, Cambridge University Press 1975.
Aram, Bethany, *Juana the Mad. Sovereignty and Dynasty in Renaissance Europe*, Baltimore and London 2005.
Bamberger, Ludwig: *Erinnerungen.* Hrsg. von Paul Nathan, Berlin 1899.
Ders.: »Heinrich von Treitschke«, in: *Charakteristiken*, Berlin 1894, S. 171-212.
Ders.: Kandidaten-Rede, gehalten zu Mainz 1868. In: *Politische Schriften von 1868-1878*, Berlin 1896, S. 11-57.
Becker, Peter, *Verderbnis und Entartung. Eine Geschichte der Kriminologie des 19. Jahrhunderts als Diskurs und Praxis*, Göttingen 2002.
Den Boer, Pim, *History as a profession: The study of History in France, 1818-1914.* Princeton University Press 1998.
Borowička, Josef, »Das Archiv zu Simancas. Beitrag zur Kritik der Berichte des spanischen Gesandten, in: *Mitteilungen aus dem Landesarchive des Königsreiches Böhmen*, II. Band. Redigiert von Dr. Adalbert J. Nováček, Prag 1908, S. 134-216.
Brendecke, Arndt, »Diese Teufel, meine Papiere ...« Philipp von Spanien und das Anwachsen administrativer Schriftlichkeit. *Aventinus nova Nr. 5*

(Winter 206), in: *aventinus*, https://www.aventinus-online.de/neuzeit/reformation-und-glaubenskriege-1517-1648/art/Diese_Teufel/html/ca/ee-7edc686e99370f0e62ff350b26898c/indexee27.html.

Butler, Eliza Marian, *The Saint-Simonian Religion in Germany. A Study of the Young German Movement*, Cambridge 1926.

»Carnaps Bericht über die Elberfelder Versammlungen.« Ein Dokument zur Geschichte des rheinischen Frühsozialismus. Hrsg. von Helmut Hirsch, in: *BIISG = Bulletin des Internationalen Instituts für Sozialgeschichte Amsterdam*, Nr. 2, (1953). S. 104-114.

Cervelli, Innozenzo, Schmidt, Sonja, »Deutsche Liberale im Vormärz. Profil einer politischen Elite.« *Geschichte und Gesellschaft*, Sonderheft. *Liberalismus in der Gesellschaft des deutschen Vormärz*, Vol. 9. (1983), S. 312-340.

Chrimes, Stanley B., *Henry VII*, New Haven, London 1999.

Constant, G., »Simancas«, in: *Revue Historique*. Paris, 33. Jg, Bd. 99 (1908), S. 50-68.

Corvin-Wiersbitzki, Otto von, *Erinnerungen eines Volkskämpfers*, Bd. 1. Amsterdam 1861.

Diesterweg, Friedrich Adolph Wilhelm, *Briefe, amtliche Schreiben und Lebensdokumente aus den Jahren 1832 bis 1847*. Hrsg. von Manfred Heinemann und Sylvia Schütze, Berlin 1914.

Dowe, Dieter, *Aktion und Organisation. Arbeiterbewegung, sozialistische und kommunistische Bewegung in der preußischen Rheinprovinz 1820-1852*. Schriftenreihe des Forschungsinstituts der Friedrich-Ebert-Stiftung, Bd. 78, Hannover 1970.

Fleming, Gillian B., *Juana I and the Struggle for Power in an Age of Transition (1504-1521)*. PhD-Thesis, London 2011.

Fontane, Emilie und Fontane, Theodor, *Geliebte Ungeduld. Der Ehebriefwechsel*. Hrsg. von Gotthard Erler unter Mitarbeit von Therese Erler, 3 Bde, Berlin 1998.

Ford, Richard, *A Hand-book for Travellers in Spain*, 3. Edition, Part II, London 1855.

Fox, Julia, *Sister Queens. The Noble, Tragic Lives of Katherine of Aragon and Juana, Queen of Castile*. New York 2011.

Freeman, Arthur and Freeman, Janet Ing, *John Payne Collier: Scholarship and Forgery in the Nineteenth Century*, New Haven 2004.

Froude, James Anthony: Negotiations with Spain in the Fifteenth Century«, in: *Fraser's Magazine*, Vol. 67 (1863), S. 613-637.

Ders.: Rez.: *Calendar of State Papers [...] Vol 1. Edited by G. A. Bergenroth.]*

Ders.: Rez.: »State Papers of the Reign of Henry VIII« in: *Fraser's Magazine*, Vol. 77 (1868), S. 466-477.

Gachard, Louis Prosper, *Notice historique et descriptive des Archives Royales de Simancas*, Bruxelles 1846.

Gersdorff, Bernhard von, *Ernst von Pfuel,* Berlin 1981.

Der Gesellschaftsspiegel. Organ zur Vertretung der besitzlosen Volksklassen und zur Beleuchtung der gesellschaftlichen Zustände der Gegenwart. Redigiert von Moses Hess, Jg. 1, Elberfeld, 1845.

Gillis, John R., *The Prussian Bureaucracy in Crisis. 1840-1860. Origins of an Administrative Ethos,* Stanford, California 1971.

Gindely, Anton, »Von Archiven zu Archiven«, in: *Archivalische Zeitschrift,* Jg. V (1881), S. 260-271.

Gómez, María A. u. a. (hrsg.), *Juana of Castile. History and Myth of the Mad Queen,* Lewisburg 2008.

Gottschall, Rudolf von, *Aus meiner Jugend. Erinnerungen,* Berlin 1898.

Grado, M., »Gustavo Bergenroth«, in: *Revista de España.* Madrid 1877, S. 68-79.

Grant Duff, Mountstuart E., *Notes from a Diary. 1851-1872.* Vol. 2. London 1897.

Ders.: »Lord Acton, 1834-1902«, in: *Out of the Past. Some Biographical Essays.* Vol. II. London 1903.

Gregorovius, Ferdinand, *Briefe nach Königsberg.* Hrsg. von Dominik Fugger und Nina Schlüter, München 2013.

Ders.: *Römische Tagebücher.* Hrsg. und kommentiert von Hanno Walter Kruft und Markus Völkel, München 1989.

Hachtmann, Rüdiger, *Berlin 1848. Eine Politik- und Gesellschaftsgeschichte der Revolution,* Bonn 1997.

Hansen, Joseph, *Gustav von Mevissen. Ein rheinisches Lebensbild. 1815-1894,* Berlin 1906.

Ders.: *Rheinische Briefe und Akten zur Geschichte der politischen Bewegung 1830-1850.* Gesammelt und herausgegeben von Joseph Hansen, Bd. 1, Essen 1919.

Hill, Roland, *Lord Acton,* New Haven, London 2000.

Hillebrand, Karl, »*Une énigme de l'histoire: la captivité de Jeanne la Folle*«, in: *Revue des Deux Mondes,* Bd. 81 (1869), S. 663-693.

Himmelfarb, Gertrude, *Lord Acton. A Study in Conscience and Politics*, London 1952.

Dies.: »Lord Acton. The Historian as Moralist«, in: Himmelfarb, *Victorian Minds,* London 1968 (zuerst 1952), S. 155-197.

Dies.: James Anthony Froude: a Forgotten Worthy«, in: Himmelfarb, *Victorian Minds.* London 1968, S, 136-148.

Hönig, Johannes, »Deutsches Leben für Rom im Schicksal zweier Freundschaften«, in: *Gelbe Hefte.* Hrsg. von Dr. Max Buchner, München, 15. Jg. (1938/39), S. 583-601 und S. 620-631.

Ders.: *Ferdinand Gregorovius,* 2. erweiterte Auflage, Stuttgart 1944.

Hupfeld, Renate, *Theodor Althaus, Revolutionär in Deutschland. 1822-1852.* 2014.

Jolles, Charlotte, *Fontane und die Politik. Ein Beitrag zur Wesensbestimmung Theodor Fontanes,* Berlin und Weimar 1983.

Jung, Georg, *Geschichte der Frauen. 1. Theil: Geschichte der Unterdrückung der Frauen und ihrer allmähligen Selbstbefreiung bis zur Erscheinung des Christenthums*, Frankfurt am Main 1850 (mehr nicht erschienen).

Klutentreter, Wilhelm, *Die Rheinische Zeitung von 1842/43*. Dortmunder Beiträge zur Zeitungsforschung. Bd. 10, 2 Teile. 1966, 1967.

Koehler, Benedikt, *Ludwig Bamberger. Revolutionär und Bankier.* Stuttgart 1999.

Körner, Gustav, *Aus Spanien*, Frankfurt am Main 1867.

Ders.: *Memoirs of Gustav Körner. 1809-1896.* Hrsg. von Thomas J. McCormack. 3 Bde. Cedar Rapids 1909.

Koselleck, Reinhard, *Preußen zwischen Reform und Revolution. Allgemeines Landrecht, Verwaltung und soziale Bewegung von 1791 bis 1848*, Stuttgart 1967.

Kossert, Andreas, *Masuren*, Berlin 2001.

Koszyk, Kurt, »Carl D'Ester als Gemeinderat und Parlamentarier (1846-1849)«, in: *Archiv für Sozialgeschichte.* Hrsg. von der Friedrich-Ebert-Stiftung, 1. Bd, Berlin 1961, S. 43-60.

Knigge, Adolph Freiherr, *Ueber den Umgang mit Menschen.* Erster Theil. Dritte vermehrte und verbesserte Auflage, Frankfurt und Leipzig 1794.

Kybal, Vlastimil, *Über die Bedeutung des General-Archivs zu Simancas für die neuere Geschichte Österreichs*, Wien 1910.

Lewald, Fanny, *Erinnerungen aus dem Jahre 1848*, Braunschweig 1850.

Manthey, Jürgen, *Königsberg. Geschichte einer Weltbürgerrepublik*, München 2005.

Maurenbrecher, Wilhelm, *Karl V. und die deutschen Protestanten. 1545-1555*, Frankfurt am Main 1865.

Ders.: Rezension von »*Calendar of State Papers (1509-1525)*« in: *Historische Zeitung*, Bd. 20 (1968), S. 212-219.

Mayer, Gustav, *Friedrich Engels. Eine Biographie.* 2 Bde. Berlin 1920.

Melis, François, »Georg Gottlob Jung (1814-1886). Kongerant der *Rheinischen Zeitung* und profilierter Linker der Preußischen Nationalversammlung«, in: *Akteure eines Umbruchs. Männer* und *Frauen der Revolution von 1848/49.* Hrsg. von Walter Schmidt. Bd. 3, Berlin 2010, S. 359-422.

Meyer, Jochen, *Albert Dulk. Ein Achtundvierziger. Aus dem Lebensroman eines Radikalen.* Marbacher Magazin 48, 1988.

Murphy, Terrence, *Lord Acton. The Catholic and the Moralist. A Study of the Development of His Thought from 1830-1884.* Phil. Diss. University of Newcastle upon Tyne, February 4, 1977.

Obermann, Karl, »Karl D'Ester, Arzt und Revolutionär«, in: *Aus der Frühzeit der deutschen Arbeiterbewegung*, Berlin 1964, S. 102-200.

Olszewski, Michał, Żytyniec, Rafał, *Von Lyck nach Ełk. Spaziergänge durch die Hauptstadt Masurens.* Aus dem Polnischen von Winfried Lipscher, Muzeum Historyczne w Ełku, Ełk 2014.

Parker, Geoffrey, *Emperor: A New Life of Charles V.*, New Haven and London 2019.

Pauli, Reinhold, »Die Entdeckungen Bergenroths in Simancas«, in: *Historische Zeitschrift*, Bd. 11 (1864). S. 49-67.

Püschel, Ursula (hrsg.), *...und mehr als einmal nachts im Thiergarten. Bettina von Arnim und Heinrich Bernhard Oppenheim. Briefe 1841-1849.* Schriftenreihe der Bettina-von-Arnim-Gesellschaft. Hrsg. von Uwe Lemm, Berlin 1990.

Rapport, Mike, *1848. Revolution in Europa*, Stuttgart 2011.

Reulicke, Jürgen, »Die erste sozialistische Versammlung in Deutschland. Ein unbekannter Augenzeugenbericht«, in: J. Reulicke, *Bergische Miniaturen. Geschichten und Erfahrungen.* Hrsg. von Stephen Pielhoff, Essen 2010.

Roesler, Robert, *Johanna die Wahnsinnige, Königin von Kastilien. Beleuchtung der Enthüllungen G. A. Bergenroths aus dem Archive zu Simancas*, Wien 1870.

Rosenkranz, Karl, *Geschichte der Kant'schen Philosophie.* Leipzig 1840.

Ders.: *Königsberger Skizzen,* Danzig 1842.

Santiño, Santiago, *Pacual de Gayangos. Erudición y cosmopolitismo en la España del XIX,* Pamplona 2018.

Schaible, Karl Heinrich, *Siebenunddreißig Jahre aus dem Leben eines Exilierten.* Privat und für Freunde gedruckt, Stuttgart 1895.

Schulz, Uwe, »Der Allgemeine Hülfs- und Bildungsverein für Köln und Deutz«, in: *Geschichte in Köln. Zeitschrift für Stadt- und Regionalgeschichte.* Bd. 19 (1986), S. 93-101.

Silberner, Edmund (Hrsg.), *Johann Jacoby-Briefwechsel 1816-1849.* Hannover 1974.

Ders.: *Johann Jacoby, Politiker und Mensch,* Bonn-Bad Godesberg 1977.

Schleicher, Berta, »Ferdinand Gregorovius und Malwida von Meysenbug«, in: *Der Türmer.* Januar und Februar 1923, S. 235-342 u. S. 311-317.

Schlesinger, Max, *Wanderungen durch London,* 2 Bde, Berlin 1852/53.

Schlesinger, Max und Seeger, Josef, *Populäres Staats-Lexicon (politisches ABC für's Volk),* 3 Bde., Wien 1848.

Schlözer, August Ludwig von, *Theorie der Statistik. Nebst Ideen zum Studium der Politik überhaupt.* Erstes Heft. Einleitung. Göttingen 1804.

Schlözer, Kurd von, *Römische Briefe,* Stuttgart 1912.

Schmidt, Klaus, *Andreas Gottschalk, Armenarzt und Pionier der Arbeiterbewegung, Jude und Protestant,* Köln 2002.

Ders.: *Franz Raveaux, Karnevalist und Pionier des demokratischen Aufbruchs in Deutschland,* Köln 2001.

Schoeps, Julius H., *Der König von Midian. Paul Friedmann und sein Traum von einem Judenstaat auf der arabischen Halbinsel,* Leipzig 2014.

Schumann, Julius, *Geologische Wanderungen durch Altpreussen.* Gesammelte Aufsätze. Nach des Verfassers Tode herausgegeben und eingeleitet von seinen Freunden, Königsberg 1869.

Spitta, Anna, *Der Balneologe und Stoffwechselforscher Josef Seegen (1822-1904).* Diplomarbeit, Wien 2013. https://docplayer.org/71666967-Diplomarbeit-titelder-balneologe-und-stoffwechselforscher-josef-seegen-verfasst-von-Anna-Spitta.html

Starkey, David, *Six Wifes. The Queens of Henry VIII*, London 2003.

Thirlwell, Angela, *William and Lucy. The Other Rossettis*, New Haven and London, 2003.

Tomokiyo, S., *Spanish Ciphers during the Reign of Ferdinand and Isabella.* http://cryptiana.web.fc2com/code/spanish.htm (zuerst 2011, überarbeitet und ergänzt 2019).

Tuchman, Barbara, *Die Torheit der Regierenden. Von Troja bis Vietnam,* Frankfurt am Main 1984.

Valentin, Veit, *Geschichte der deutschen Revolution von 1848-1849.* 2 Bde, Frankfurt am Main, Wien, Zürich 1977.

Walesrode, Ludwig, *Der Storch von Nordenthal. Ein wahrhaftiges Mährchen erlebt und erzählt von Ludwig Walesrode,* Hamburg 1857.

Wesendonck, Hugo, *Erinnerungen aus dem Jahre 1848.* Privatdruck, New York 1894.

Wichert, Ernst, *Richter und Dichter. Ein Lebensausweis,* Berlin und Leipzig 1899.

Wolf, August, *August Wolf's gesammelte und nachgelassene Schriften,* Dresden 1864.

Wolff, Adolf, *Berliner Revolutions-Chronik. Darstellung der Berliner Bewegungen im Jahre 1848 nach politischen, socialen und literarischen Beziehungen,* 3 Bde, Berlin 1851-1854.

Zamoyski, Adam, *1815: Napoleons Sturz und der Wiener Kongreß.* München 2015.

Ders: *Phantome des Terrors. Die Angst vor der Revolution und die Unterdrückung der Freiheit,* München 2016.

Zlocisti, Theodor, *Moses Hess. Der Vorkämpfer des Sozialismus und Zionismus. 1812-1875.* 2. Aufl., Berlin 1921.

Anmerkungen

Motto

S. 7 ein Bein   Charles Simic, *Frightening Toys*. In: *The Book of Gods and Devils*. San Diego, New York, London 1990, 22. Die Übersetzung von Hans Magnus Enzensberger in: *»Grübeleien im Rinnstein«. Ausgewählte Gedichte von Charles Simic*. München 2000.

Sechs Ehefrauen

S. 13 der Blaustrumpf   Starkey, S. XVII.

S. 14 zu ignorieren   Ebd., S. XXI.

S. 15 Simancas publizierte   Julio Martín Alarcón, https://www.elconfidencial.com/cultura/2018-02-03-codigo-secreto

S. 16 Zeit gelebt hätte   Schlözer, S. 310.

Das Kastell

S. 17 und wird   Bergenroth: »Die Archive von Simancas bilden das *Archivo General*.«

S. 17 verheißungsvoller Anblick   Zit. Cartwright, S. 54.

S. 20 Spitze verziert   Ebd., S. 54-56.

S. 21 Geschichte Karls des Fünften   *The History of the Reign of the Emperor Charles V.* 4 Vols., London 1769.

S. 21 im folgenden Jahr   Zit. Cartwright, S. 56 f.

Denkmäler und Kopfnoten

S. 22 *Bergenroths'* [sic!]   Ü: »des berühmten deutschen Historikers«. Paris 1869, Nr. 236.

S. 22 war er unbekannt   Cartwright, S. 1.

S. 23 Eigenschaften in sich vereinigte«   Ebd., S. 1 f.

S. 24 Sir Francis Palgrave   *The Times*, London, 18. März 1870, S. 4.

S. 25 beseelte[n] Menschen   Pauli, S. 369.

S. 26 sittlicher Verkommenheit«   Acton-Döllinger (1963), Bd. 1, S. 268.

S. 26 Bergenroth   Hönig (1944) S. 281.

S. 29 des Elendes   Kossert, S. 116.

S. 31 Gerichtsdirigent   Die amtliche Bezeichnung für den Vorsitzenden des
      Gerichts, der nach einer Neuorganisation des Rechtswesens in größeren
      und mittleren Orten den Titel ›Director‹ führte, in kleineren Orten (bis
      3500 Einwohner) den eines Land- und Stadtrichters.

S. 31 namentlich Schiller's   Nekrolog, S. 321.

S. 31 Freiwilliger   Leutnant Bergenroth ist 1813 als Mitglied des 5. Bataillons
      der Ostpreußischen Landinspektion verzeichnet, die dem Grafen Doh-
      na unterstand und in Oletzko stationiert war.

S. 31 sechs Söhnen und einer Tochter   Friedrich (geb. 1810), Johann Adolph
      (geb. 1815), Julius Adolph (geb. 1817), Johann (geb. 1819), Friedrich Wil-
      helm (geb. 1825?), Louise (geb. 1827).

S. 31 in die Kirche trugen   Vielleicht fand die Taufe des kleinen Gustav
      Adolph (wie damals nicht selten) aber auch bei Bergenroths zu Hause
      statt.

S. 32 seinen Schöpfer   *Schillers Werke*. Nationalausgabe. Bd. 18, Teil 2. Hrsg.
      von Karl-Heinz Hahn, Weimar 1976, S. 139 f.

S. 32 appellierte   Mit der Devise »Gold gab ich für Eisen« richtete sich Prin-
      zessin Marianne von Preußen 1813 speziell an die Frauen, die ihren Patrio-
      tismus durch das Tragen eiserner Schmuckstücke demonstrieren sollten.

S. 33 Avancement geschadet   Friedmann.

Träume von großen Dingen

S. 33 Grodno, Bialystok ec.   F. W. Heidemann, *Handbuch der
      Post-Geographie der Königl. Preußischen Staaten* [...], Weimar 1819, S. 57 f.
      Der Ort wurde im 16. Jahrhundert durch Herzog Albrecht von Bran-
      denburg gegründet und ihm zu Ehren Marggrabowa genannt, daneben
      aber auch Oletzko, eigentlich der Name des zugehörigen Kreises, wie
      der anliegende See und wie das Schloß, das auf einer Halbinsel zwischen
      See und Insel erbaut wurde, dort, wo ehemals die Jagdhütte des Mark-
      grafen stand. 1928 wurde die Stadt, 1933 auch der Kreis auf Treuburg
      umgetauft, weil sich 1920 bei der Abstimmung über die künftige staatli-
      che Zugehörigkeit 28 627 Einwohner für Deutschland und gerade zwei
      für Polen ausgesprochen hatten.

S. 35 etwas weniger öde   Cartwright, S. 4.

S. 35 Marktplatz   Siegfried Lenz hat dazu die Geschichte von der »Rei-
      se nach Oletzko« geschrieben. Sie findet sich in seinem Erzählband *So
      zärtlich war Suleyken* von 1955.

S. 35 den Hungertod   Details dazu bei M. Toeppen, *Geschichte Masurens.*
Ein Beitrag zur preußischen Landes- und Kulturgeschichte, Danzig 1870,
S. 445.

S. 36 ans Ufer banden   Corvin-Wiersbitzki, Bd. 1, S. 49. Im ersten Band seiner im Druck erschienenen *Erinnerungen eines Volkskämpfers* hat Corvin von seiner Zeit in Lyck und seiner Liebe zum »entzückend schönen«
Lycker See berichtet: »Stundenlang konnte ich den Wellen zusehen, wie
sie das Ufer liebkosten, auf demselben bunte Muscheln mancherlei Art
und andere fremdartige Dinge zurücklassend. Abends bot das Ufer oft
einen zauberhaften Anblick, wenn die Leute beim Schein eines blen-
denden Lichtes Fische oder Krebse fingen, weit hineinwatend in den
See. Im Winter, wenn der Wasserspiegel erstarrt und mit Schnee bedeckt war, diente der See als Brücke oder Landstraße zwischen den ent-
fernteren Ortschaften und der Stadt und Schlitten fuhren darauf hin
und her wie im Sommer Kähne.« (Bd. 1, S. 44.)

S. 37 Eindruck der Wahrhaftigkeit   Otto von Corvin-Wiersbitzki, *Erinnerungen an England und Amerika*, Manuskriptfragment, H: SML, A/
8069/2006.

S. 38 selbst anzuleiten   Nekrolog, S. 321.

S. 39 blühen   Czesław Miłosz, *Das Tal der Issa*, Frankfurt 2000, S. 5f.

S. 39 weiterwirkt   Ders.: *Mein ABC. Von Adam und Eva bis Zentrum und
Peripherie.* Aus dem Polnischen von Dorcén Daume. München 2001,
S. 121.

S. 40 auszuführen gedächte   Nekrolog, S. 321f.

S. 40 eine geborene Doerk   Vielleicht war sie die Tochter des Kriminalrats
Johann Jakob Doerk aus Memel und die Schwester des Juristen Eduard
Moritz Doerk, der, 1792 in Insterburg geboren, 1848 als Abgeordneter
in die Preußische Nationalversammlung gewählt wurde.

S. 41 Vaters ersetze   NA, Ca, Box 10/4/236 (Thorn, 22. März 1869).

Weltbürgerrepublik

S. 41 Preußischen Staates   Rosenkranz (1840), S. 100.

S. 42 höchst zauberisch   Rosenkranz (1842), S. 77f.

S. 43 schon berührten   Rosenkranz (1840), S. 101.

S. 43 zu bewahren   Ebd., S. 102.

S. 43 in Königsberg   Manthey, S. 13.

S. 44 aus Königsberg   Ebd., S. 629.

Entrepreneur

S. 45 Bewegungen entstehen   Regierungsrat Reuch an den preußischen Minister v. Altenstein, am 19. Dezember 1835. Zit. in: Eduard Loch, *Geschichte des Corps Masovia*. 1. Theil. 1830-1880, Königsberg 1930, S. 12.

S. 45 von guter Familie   Cartwright, S. 7.

S. 45 *mortem*   Ü: Die Tugend (Tapferkeit) verachtet den Tod.

S. 45 Verbindungen gleichgestellt wurden   *Wikipedia.*

S. 46 innig zusammenhält   Loch (s. 1. Anm. zu S. 45), S. 47.

S. 46 heruntergesunken   Karl Rosenkranz *Der Zweikampf auf unseren Universitäten.* Eine Rede, gehalten auf der Universität Königsberg am 2. Mai 1837, Königsberg 1837, S. 16.

S. 46 Tüchtigkeit sein   Ebd., S. 20.

S. 47 Nichtstuns zu geben   Cartwright, S. 8.

S. 47 geschmackvollste ist   Rosenkranz (1842), Bd. 2, S. 271.

S. 48 Verbindung getreten   Nekrolog, S. 322.

Ober-Landes-Gerichts-Referendarius

S. 48 etwa 8000 Einwohner   Nach dem Zweiten Weltkrieg wurde Köslin (auch Cöslin) zu Koszalin, das heute etwa 108 000 Einwohner hat.

S. 48 vom Meer trennt   Frei nach Bruno Buchers Bericht:»Erinnerungen an Lothar Bucher«, in: *Die Grenzboten* 51 (1892), S. 422.

S. 48 hinausschob   Nekrolog, S. 322.

S. 50 zu ziehen wußten   Poschinger, Bd. 1, S. 6.

S. 50 gehofft wurde   Bucher (s. vorletzte Anm. zu S. 48), S. 423.

S. 51 zu unterscheiden   Becker, S. 198.

Die große Klippe

S. 51 Im August 1842   Julius Bergenroth nennt als Datum den August 1843, aber da Bergenroth schon Anfang 1843 zum Assessor ernannt wurde, handelt es sich wohl um einen Irrtum. »Zu Assessoren sind ernannt [...]: Bergenroth aus Köslin am 18. Januar 1843 mit der Anciennetät vom 10. Januar 1843 und 29. November 1842 beim Kammergerichte.« In: *Jahrbücher für die Preußische Gesetzgebung*, Bd. 31, Berlin 1843, S. 182 f.

S. 52 die Hauptsache   *Werner von Haxthausen. Westfälischer Freiherr und bayerischer Graf im Briefwechsel mit seinen Geschwistern.* Familienbriefe aus den Jahren 1825 bis 1850. Hrsg. von Ruth Gräfin von Westphalen und Ulrich Wollheim, Münster 1998, S. 54.

S. 52 Präcision des Vortrages   Berlin 1823, S. 133.
S. 53 radikalen Strömungen   Siehe dazu Gillis, S. 49-66.
S. 54 zu bekommen   MEW, 18, S. 596.

Seelenverwandte

S. 54 Landgericht Köln   Das *Justiz-Ministerialblatt für die Preußische Ge-
setzgebung und Rechtspflege* verzeichnet unter dem 4. August 1843: »Der
Kammergerichts-Assessor Bergenroth ist an das Landgericht Kob-
lenz versetzt«; unter dem 3. November 1843: »Der Kammergerichts-
Assessor Bergenroth aus Koblenz ist an das Landgericht Köln versetzt
worden.«
S. 54 mit interessanten Ausländern   Nekrolog, S. 323.
S. 55 wirken zu können   Klutentreter, S. 9.
S. 55 doktrinäre[r] Mittelpunkt   So der Zensor Saint-Paul, und weiter: »Ich
habe ihn kennen gelernt, er stirbt auf seinen Ansichten, die ihm zur
Überzeugung geworden sind.« Zit. in Klutentreter, S. 63.
S. 55 zu seinen Teilnehmern   Wie Joseph Hansen in seiner Biographie des
Kölner Geschäftsmanns Gustav Mevissen berichtet, war es eigens zur
Diskussion der sozialen Frage gegründet worden. »Außer G. Jung und
M. Heß, welche radikalen Wünschen auf diesem Gebiet weit entgegen-
kamen, gehörten demselben Mevissen, I. Bürgers, Mayer, Thomé und
Schramm an. Auch andere, politisch lebhaft angeregte jüngere Män-
ner nahmen an diesen Besprechungen teil. Dazu zählten drei bekann-
te alte Burschenschafter: K. H. Brüggemann, der eifrige Mitarbeiter der
Rheinischen Zeitung und spätere langjährige Redakteur der Kölnischen
Zeitung, der scharfsinnige Rechtsanwalt G. J. Compes und der 1848 in
der Berliner Nationalversammlung durch seinen Radikalismus hervor-
tretende Arzt *Dr.* D'Ester, ferner der frühere Offizier Anneke und ein
aus Ostpreußen stammender Assessor Bergenroth, ein politischer Ge-
sinnungsgenosse von Jung.« Hansen (1906), S. 264f.
S. 55 vielseitig gehuldigt   Hansen (1906), S. 261.
S. 56 an ihn anschloß   Vielleicht war es Jung, der Bergenroth nach Köln
gezogen hatte. Sie könnten sich in Berlin kennengelernt haben. Wir
wissen, daß Jung zeitweilig als Anwalt für die Familie von Bettina von
Arnim tätig war. Am 22. September 1842 schrieb Freimund von Arnim
an seine Mutter, er habe den Justizrath Jung »zur Führung all unserer
Geschäfte beauftragt«. (GSA, 03/735; zit. in: *Bettine von Arnims Brief-
wechsel mit ihrem Sohn Friedmund.* 1999.
S. 56 zu dienen   Melis, S. 362.
S. 57 ein Jahr in Italien   Georg Jung. Mitglied der Preußischen National-

versammlung. In: *Der Leuchtthurm. Wochenschrift für Politik, Literatur und gesellschaftliches Leben* redigiert von Ernst Keil, Leipzig. Jg. 3 (1848), Nr. 24, S. 476-478, S. 477. Die Ehe mit Pauline Stein befestigte eine schon bestehende Bindung der beiden Familien, denn Jungs ältere Schwester Sophia war mit Carl Martin Stein, einem Bruder Paulines, verheiratet. Als sie 1845 starb, heiratete Stein die jüngere Schwester Marie Antoinette.

S. 57 Mit goldigem Gesicht   *Die frech bedräute, jedoch wunderbar befreite Bibel. Oder: Der Triumph des Glaubens.* Neumünster bei Zürich 1842, S. 28.

S. 58 Aktivitäten   Cartwright, S. 10.

S. 58 Gustav Mevissen   Sein Nachlaß im Kölner Stadtarchiv enthält auch Briefe von Bergenroth und Jung, die aber infolge des Einsturzes der Bibliothek noch nicht eingesehen werden konnten.

S. 58 nach Amerika   MEGA III, 1,1, S. 438.

S. 59 Bergenroth   MEW 32, S. 162.

S. 60 auszuführen   »Beschreibung der in neuerer Zeit entstandenen und noch bestehenden kommunistischen Ansiedlungen.« In: *Deutsches Bürgerbuch für 1845.* Hrsg. von H. Püttmann, Darmstadt 1845, S. 326-340, S. 326.

Von Mensch zu Mensch

S. 61 mit Riesenschritten zunehmend   *Der Gesellschaftsspiegel,* S. 23.

S. 61 thätig sind   Diesterweg, S. 460.

S. 63 am bemerkenswertesten   Zit. in Hansen (1919), S. 685f. Auch abgedruckt in Silberner (1974).

S. 64 maßvolle Schrift   Silberner (1977), S. 84.

S. 64 Ostpreußen   *Vier Fragen, beantwortet von einem Ostpreußen.* Mannheim 1841. Wiederabgedruckt in *Jacobys Gesammelte Schriften und Reden,* 2. Ausgabe, Hamburg 1877, Bd. I, S. 116-141.

S. 64 Angelegenheiten des Staates   Zit. in Silberner (1977), S. 79.

S. 64 rühmen können   Silberner (1977), S. 84.

S. 66 jede Versammlung untersagt   Zit. in Hansen (1919), S. 698. Auch abgedruckt in Silberner (1974).

S. 66 monatelang hin   Näheres dazu bei Hansen (1919) und Dowe.

S. 66 wirksam zeigen kann   Dowe, S. 73.
Das Publikumsinteresse war sehr groß, an die 1000 Zuhörer sollen sich eingefunden haben, und es wurde leidenschaftlich und kontrovers diskutiert. Beim letzten Treffen traten 79 Männer in den »Allgemeinen Hülfs- und Bildungsverein für Köln und Deutz« ein.

S. 67 genehmigt oder nicht   *Der Gesellschaftsspiegel,* S. 58.

S. 67 Vereine beitragen   Ebd., S. 59.
S. 67 Vereins-Angelegenheiten   Dowe, S. 74.

Suppenküche

S. 68 Abhülfe augenblicklicher Noth   *Der Gesellschaftsspiegel*, S. 4.
S. 68 zu machen   Zit. Dowe, S. 77.
S. 70 unverschämte Arme   *Der Gesellschaftsspiegel*, S. 5.

Meetings

S. 70 bekannt gemacht hat   *Morgenblatt für gebildete Leser*, 78 (1. April 1845),
     S. 312.
S. 72 Färbereien   MEW 1, 413.
S. 72 in jeglicher Beziehung   Carnap, S. 108.
S. 73 haben dürften   Ebd., S. 112f.
S. 73 hat mitgesprochen   MEGA III,1,1, 267 (22. Februar-7. März 1945).
S. 73 sehr freymüthigen   Worüber hat Bergenroth gesprochen? Möglicher-
     weise über einige der sozialen Maßnahmen, die sich der Kölner ›Bil-
     dungs- und Hülfsverein‹ ins Programm geschrieben hatte, darunter zum
     Beispiel die Gründung einer Arbeitersparkasse.

Unterwegs

S. 74 mehrere tausend Franc   *Gazette Lausanne et Journal Suisse*, 1845, S. 3.
S. 74 eifrige Anhänger   Hansen (1919), Bd. 1, S. 685.
S. 74 unternommene Reise   Ebd., S. 377.
S. 75 Selbstzerfleischung   Zlocisti, S. 202.
S. 75 Ziel gewonnen hatte   Nekrolog, S. 323.
S. 75 Republicaner   Friedmann: »In Paris machte er die Bekanntschaft eini-
     ger dortigen Sozialisten und Republicaner, doch glaube ich nicht daß
     [er] George Sand oder Enfantin persönlich näher kennen gelernt hät-
     te. Er ging aber glaube ich zu Mme d'Agoult.« Marie d'Agoult, aufge-
     wachsen in Frankfurt, langjährige Geliebte von Liszt, Mutter der ge-
     meinsamen Kinder Blandine, Cosima (später von Bülow und Wagner)
     und Daniel, Rivalin von George Sand, Schriftstellerin, Verfasserin eines
     autobiographischen Romans, *Nélida*, in dem sie ihre stürmische Bezie-
     hung zu Liszt verarbeitete, Journalistin, Verfasserin eines *Essay sur la li-*
     berté (1847) und etwas später einer vielgerühmten Revolutionsgeschich-

te. Eine elegante Frau mit markanter Nase, führte in Paris einen Salon, der liberal gesinnten Künstlern und Intellektuellen die Möglichkeit bot, offen über Kunst und Politik zu diskutieren, beides gehörte für sie und ihre Besucher zusammen. Bergenroth hätte dort interessante Menschen treffen können, hat sie wohl auch getroffen, unter ihnen sicher auch »Sozialisten und Republicaner«, ebenso deutsche Emigranten wie den Publizisten Arnold Ruge und den radikalen Dichter Georg Herwegh und dessen Frau Emma.

S. 76 ohne weitere Folgen für ihn   Nekrolog, S. 323.

S. 76 diplomatischen Dienst   Ebd.

S. 77 zurückzukehren   Ebd., S. 324.

Die Wirklichkeit entziffern

S. 77 neue Wissenschaft   Schlözer, S. 1.

S. 77 europäischen Staaten   In Preußen 1805 durch den Freiherrn von Stein.

S. 77 geheim gehalten   *Meyers Konversations-Lexikon*. Leipzig und Wien.
4. Aufl. 1890. Bd. 15.

S. 78 den Tyrannen   Schlözer, S. 51.

S. 78 geschöpft wurde   *Biographisches Lexikon des Kaiserthums Oesterreich*.
Bd. 25 (1873), 108.

S. 78 froh zu machen   Ebd. VII.

S. 79 in anderen Ländern   Knigge, S. 8 f.

S. 79 die Privatstatistik brachte   *Friedrich Wilhelm Freiherr von Reden*. In:
Die Gartenlaube. Hrsg. von Ferdinand Stolle. Leipzig 1858. Heft 4, 56.

S. 80 bedürftigen Volksklassen   Karl Wippermann: *Reden, Friedrich Freiherr
von*, in: *Allgemeine Deutsche Biographie*. Bd. 27 (1888), S. 513.

S. 80 gestellt wurde   Ebd., S. 514.

S. 81 Vollkommenheit geben   B 3, S. 386.

S. 81 Zwecken   B 3, S. 386.

S. 81 falsche Resultate geben   B 3, S. 387.

S. 81 der Regierung   B 6, S. 1053.

S. 82 aufspeicherte   *Biographisches Lexikon des Kaiserthums Österreich*. Bd. 25
(1873), S. 108.

S. 82 erschienen   Darmstadt 1851-1856.

S. 82 des La Plata   Darmstadt 1852.

S. 82 Regierungsformen   Darmstadt 1853.

S. 82 des Königreichs Preußens   Darmstadt 1853/54.

S. 82 der Streitmacht   Wiesbaden 1854.

S. 82 drei unerzogene Kinder   *Die Gartenlaube* (s. zweite Anm. zu S. 79), S. 56.

S. 82 sich selbst macht   Knigge, S. 23.

S. 83 thätig sein könne   MEGA III, 1, 500, 30. Januar 1846

S. 84 allgemeinen Emancipation   Jung, S. 27. Es findet sich vor dem fünften Kapitel.

S. 84 seiner Frau Henriette   Sie wurde 1822 geboren, ihre Schwester Emma 1815, der Bruder Adolph 1816.

S. 85 Bildung verbreitet   Schumann, S. XIII.

S. 85 Dichter und Richter   Wichert machte nicht nur als Jurist Karriere, er war auch als Schriftsteller so erfolgreich wie fruchtbar. Der ihm gewidmete Wikipedia-Eintrag weiß von 34 Theaterstücken, 128 Romanen und 15 teils mehrbändigen Novellensammlungen.

S. 85 Schulfreund   Gustav von Lenski, dessen Vater Landrat des Bezirks Oletzko war.

S. 86 Schöngeister   Wichert, S. 46f.

S. 86 gewaffnet   Gottschall, S. 92.

S. 86 Juden engagiert   Dulk versuchte zu leben, was er predigte. Politisch als Parteigänger der demokratischen Opposition und 48er-Revolutionär, in der Religion als Freigeist, als Agnostiker, und in der Moral als Trigamist. Jahrzehntelang hat er zusammen mit drei Frauen in einem Haushalt gelebt, mit der einen war er rechtmäßig verheiratet, mit den anderen durch private Zeremonien verbunden. Er konnte »diese dreifache Ehe in Stuttgart [wo er seit 1858 wohnte] ganz öffentlich und unangefochten durchführen, denn es wohnte damals in dem kleinen Schwabenland die weitherzigste Romantik Tür an Tür mit dem beschränktesten Spießertum. Trotz der ungewöhnlichen Familienverhältnisse herrschte reger geselliger Verkehr im Dulkschen Hause, und es war keineswegs Bohème, was dort ein und aus ging; Künstlerschaft, Schriftsteller, Politiker ließen sich durch die dortige Eigenart nicht abschrecken.« So Isolde Kurz, die ihn damals kennengelernt hat. (Meyer, S. 2.) Ob es allerdings im Inneren des Dulkschen Hauses romantisch zuging, kann man bezweifeln.

Daß es Dulk nach dem Scheitern der Revolution nicht, wie die meisten seiner Gesinnungsgenossen, in die Schweiz, nach England oder nach Nordamerika verschlug, sondern nach Ägypten (auf Kosten übrigens einer seiner Frauen), hat Wilhelm Raabe zu Leonard Hagebucher inspiriert, dem Protagonisten seines Romans *Abu Telfan*, der nach der Rückkehr aus dem morgenländischen Exil einen »Hauch der Freiheit« in die »rationell geordnete Gewöhnlichkeit« (Meyer, S. 3) der bürgerlichen Gesellschaft bringt. Seinen politischen Überzeugungen ist Dulk bis zum Ende treu geblieben. »Er wurde der in den Berichten der württembergischen Oberämter am meisten genannte sozialdemokratische Wahlredner und Agitator« und »ein frühes Opfer der Sozialistengesetze« (Meyer, S. 77), die ihn 1878 für vierzehn Monate ins Gefängnis brachten. Immer unterwegs, ist er 1884 auf dem Stuttgarter Hauptbahnhof einem Herzschlag erlegen. Der Trauerzug zu seinen Ehren wurde mit Tausenden von Teilnehmern zu einer Protestdemonstration der sozialistischen Bewegung.

S. 86 des Lebens wirkte   Wolf, S. III.

S. 87 Dichterhimmel   Hier eine geraffte Fassung: Als Petrus, brummig und schlechtgelaunt, erfährt, daß der »ziemlich lumpige Geselle«, der da gerade an der Himmelspforte geklopft hat und sich Dichter nennt, nichts Gedrucktes in einem renommierten Verlag wie Cotta oder Brockhaus vorweisen kann – »Alles, was ich wollte machen,/Ist Gedanke nur geblieben« –, schickt er ihn empört weiter vor »Gottes Thron«, mit der Drohung, »Da wirst Du das Deine hören,/Warte nur, Du kriegst es schon!«. Doch Gott blickt »mild und gnädig« auf den armen Kerl. »›Dein Verdienst?‹ so fragt er. ›Niemals,
Schrieb ich nieder schlechte Sachen,
Und ich machte lieber gar nichts,
Konnt’ ich nicht was Rechtes machen.

Konnte ich der Schönheit Strahlen
Nicht allmächtig, rein entfalten,
Hab’ ich, nannt’ ich gleich mich Dichter
Lieber ganz das Maul gehalten.‹

Und der Herr sprach
›Das war gut!
Bleib Du ruhig hier im Himmel;
Muß ich doch so oft verzeihen
Mittelmäß’ges Versgebimmel‹.« (Wolf, S. 88 f.)

S. 87 mit Fiesko   Friedrich Schiller, *Die Verschwörung des Fiesco zu Genua*, 1. Aufzug, 9. Auftritt.

S. 87 meinen Tritt   Gottschall, S. 114.

S. 87 Familie Hillmann   1985 suchte ein Nachfahre der Familie Hillmann im *Ostpreußenblatt* per Annonce zwei Exemplare des *Storch von Nordenthal* für seine Kinder.

S. 88 weißen Helgolander Hut   Die Helgoländer Hüte waren in Form von Schuten gehalten und gewöhnlich schwarz.

S. 88 Sammt-Kaçawaika   Die Kasawaika (lit.) ist ein pelzverbrämtes Jackett für Frauen.

S. 88 zum Träumer werden will   Walesrode, S. 17 f.

S. 88 miteinander verlobt   Oder er hat sich bei diesem Besuch mit ihr ver-

lobt, denn wenig später ging er nach Amerika. Nach der Rückkehr blieb
ihm Preußen viele Jahre lang versperrt.

S. 89 Leidenschaft ihres Stammes   Walesrode, S. 126.

S. 89 gegen Nordenthal hin   Ebd., S. 126 f.

S. 90 Strom der Bewegung   Nekrolog, S. 324.

Barrikaden des Herzens

S. 91 unterdrückt hatte   Rapport, S. 7.

S. 91 ihrer Demokratie   *DIE ZEIT*, Nr. 13 (17. März 2016).

S. 92 die Gemüther revolutionär   Wolff, 1, S. 5.

S. 93 den Dingen ihren Lauf   Valentin, Bd. 1, S. 430.

S. 94 auf den Schloßhof   Vgl. Valentin, Bd. 1, S. 446.

S. 94 wie nie ein Fürst   Ebd., S. 446 f.

S. 95 in eurer Mitte erblicken   Ebd., S. 450.

S. 95 war groß   Ebd., S. 451.

S. 95 Berliner Revolution   Ebd.

S. 96 Freiheitsbrief besiegelt   Jungs Rede ist abgedruckt in Wolff, 1, S. 325 f.,
das Zitat findet sich auf S. 326.

S. 96 geschlossen sei   Ebd., S. 354.

S. 97 ebenfalls auflöste   Wesendonck, S. 3 f.

Wahlen

S. 97 auf der Barrikade   Schlözer, S. 310.

S. 98 Lieblingsstudium   Georg Jung an Max Schlesinger im März oder April
1869. NA, Ca, Box 10/6/76.

S. 98 in den Provinzen   Robert Springer, *Berlins Straßen, Kneipen und Clubs
im Jahre 1848*. Berlin 1850, S. 75.

S. 98 ausgehängt wurde   Wolff, Bd. 2, S. 309 f.

S. 99 verknüpft sei   Ebd., S. 220.

S. 99 gesprochen habe   Ebd.

S. 99 linken Opposition   Die vertrauenswürdige Quelle für diese Information ist der Pressemann Max Schlesinger, in einem Brief an Cartwright
vom 26. Februar 1869 (NA, Ca, Box 10/6/58).

S. 99 Oppenheim   Im August kam für eine Zeit Eduard Meyen dazu. In
einer »Ankündigung« vom 22. August (Nr. 129) lesen wir: »Die Redaktion besteht aus den Hauptredakteuren Ruge, Oppenheim, Meyen, und
den Mitredakteuren A. Hexamer, G. Siegmund, A. Fränkel, A. Semrau.
Ferner haben wir zu Mitarbeitern der Reform gewonnen: Reichenbach,

Brill, Bakunin, Libelt, Cieskowski, Königk zu Posen, Goldstücker in Berlin, Friedrich Köppen in Berlin, Julius Fröbel, Hermann Müller für Kunst und Theater, Mittheilungen von Freilighrath, Herwegh in Paris, J. Seidlitz in Wien, Szafarzik in Prag, Nymarkiewicz in Posen, Lukasze-wicz in Krakau, Dobrzanski in Lemberg, Bamberger in Mainz, Treichler in der Schweiz, K. Heinzen in Genf werden wir durch unsre freund-schaftlichen Beziehungen zu diesen Männern zu erlangen wissen.« Anfang Oktober trat Meyen aus der Redaktion aus, E. Weiß dafür ein. Ruge hatte sich zu dieser Zeit schon weitgehend zurückgezogen und die Leitung der Zeitung an Oppenheim übergeben, was sich in Tendenz und Themenwahl deutlich bemerkbar macht.

S. 101 Universität werden   Moritz Carrière, *Lebenserinnerungen*. Darmstadt 1914, S. 120f.

S. 101 Einfällen und Erzählungen   Alle Zitate in Bamberger, S. 236f.

S. 101 zu erleiden hatte   Schlesinger an Cartwright, am 26. Februar 1869 (NA, Ca, Box 10/6/58).

Club-Blätter

S. 102 eine Vermessenheit   Georg Jung, *Club=Blatt* Nr. 1.

S. 102 heute kennen   Die ersten entstanden in den 1860er Jahren.

S. 102 ein Bürgerschreck   »Ein langer Kinnbart und ein schwarzer Kalabreser-hut mit roter Feder« zeigten demokratische Gesinnung an. (Vgl. Hachmann, S. 276.)

S. 103 gegen die Juden   *Die Reform,* Nr. 7 (7. April 1848), S. 29.

S. 103 reagieren   Von besonderem Interesse ist in dieser Hinsicht das *Club-Blatt* Nr. 4, das zu den Unruhen in der preußischen Provinz Posen Stellung bezieht.

Polen ist in seiner Geschichte von Preußen (später Deutschland), Österreich und Rußland immer wieder übel mitgespielt worden. Schrittweise hatten diese drei Mächte Ende des 18. Jahrhunderts das Land unter sich aufgeteilt, bis zur Zerstörung seiner staatlichen Existenz. In der Zeit der Napoleonischen Kriege schien es für die Wiedererstehung Polens Hoffnung zu geben. Die Polen, die keine Polen mehr sein sollten, haben Frankreich nach Kräften unterstützt. Doch mit Waterloo war es damit vorbei. Auf dem Wiener Kongreß wurde die Zerschlagung des Landes nur neu geordnet, grundsätzlich aber bestätigt. Der Löwenanteil ging als ›Kongreßpolen‹ an Rußland, Preußen gewann mit dem ehemaligen Herzogtum Posen ein neues Gebiet dazu, zu dessen Bevölkerung (zu etwa zwei Dritteln polnisch, zu einem Drittel deutschstämmig) auch viele Juden gehören. Mitgerissen vom revolutionären Sturm, sehen polnische Freiheitskämpfer die Stunde für die Wiedergeburt ihres Landes gekommen. Es schien zunächst so, als würde Preußen diesmal mitspielen, zumal die Sympathien der Liberalen traditionell auf der Seite des geschundenen Landes waren. Doch das Polnische Nationalkomitee, das am 20. März 1848 in Posen gegründet wurde, hatte nichts Dringenderes zu tun, als sich der ungeliebten preußischen Besatzer zu entledigen und einen Aufstand zu organisieren. Den Deutschen in Posen sollte jede Mitsprache bei der Neuordnung der Provinz (und des Staates) verwehrt werden. Es kam zu Ausschreitungen gegen deutsche und gegen jüdische Mitbürger, die sich in ihrer Mehrheit bei den Preußen immer noch sicherer fühlen als bei den Polen. Deutschnationale Kreise nutzen das propagandistisch aus, die propolnische Stimmung in deutschen Landen droht zu kippen.

So standen die Dinge, als der Politische Club die ›polnische Frage‹ diskutierte und im *Club-Blatt* Nr. 4 eine Stellungnahme dazu veröffentlichte. Verfaßt hat sie Georg Jung. »Wer will leugnen, daß Deutschland, daß namentlich Preußen, die Pflicht und Aufgabe haben, der polnischen Nationalität ihr Recht wiederzugeben?« beginnt er. Aber er erwartete von den Polen nun auch, daß sie sich ihrer Verpflichtungen gegen die deutschen Mitbürger erinnerten und deren persönliche Rechte, ihre Sprache, ihre Sicherheit und ihr Eigentum respektierten.

Am Ende bat er insbesondere »um Schutz für jene Bewohner, welche das Vorurtheil, und der Haß nicht zu den Polen, und auch nicht zu den Deutschen zählt, und auf welche der Fanatismus stets seine grausamsten Waffen gerichtet; – wir meinen die Juden, die zu allen Zeiten, zu allen Anlässen, stets das wohlfeile Opfer aller Partheien gewesen. Polen! erkennt und achtet in den Juden, bejammernswerthe Leidensbrüder, denen nach dem Druck und der Schmach von zwei Jahrtausenden jetzt erst der Morgenstrahl eines freien Tages leuchtet. – Auch ihre Personen und ihr Eigentum sei Euch heilig, heilig als ein Blatt von jenem Baume, unter dessen Schatten Eure Freiheit emporwachsen soll!« Tauben Ohren gepredigt.

S. 103 gelöst werden könne   Georg Jung am 9. April, in Wolff, Bd. 2, S. 137.

S. 105 veröffentlicht werden   Alle Zitate aus dem *Club=Blatt* Nr. 2, S. 1 f.

Ehrensachen

S. 106 Herr F. v. Bülow   Friedrich von Bülow (1774-1865), der als Offizier in den Befreiungskriegen mehrfach schwer verletzt worden war, deshalb 1831 in den Ruhestand trat und sich in Berlin der Schriftstellerei widmete, in der Regel in der Form von Inseraten, die er in die *Vossische Zeitung* einrückte.

S. 107 Person einzustehen   *Deutsche Allgemeine Zeitung*, Nr. 366, 4676 f (31. Dezember 1848). Einen ausführlichen Bericht über dieses »beabsichtigte Duell« veröffentlichte Jung in der Beilage zur *Neuen Rheinischen Zeitung* (Untertitel *Organ der Demokratie*) vom 13. Januar 1849. Auch seine Sekundanten rief er darin als Zeugen auf. Die öffentliche Rechtfertigung seiner ungewöhnlichen Herausforderung lag ihm am Herzen. »Es galt dem Junkerthum zu zeigen, daß auch die Demokratie schlaglustig ist, sobald das Ziel die Mühe lohnt.«

Versprochen, gebrochen

S. 107 demselben verlangte   B 17.

S. 108 tiefe Verstimmung   Nekrolog, S. 325.

S. 110 Jung und Bergenroth   Nr. 26, 14. Januar 1850. Reinhold Pauli berichtet in seinem biographischen Artikel in der ADB (Allgemeinen Deutschen Biographie) fälschlich, Bergenroth sei als »revolutionärer Klubführer und Preßleiter« entlassen worden.

S. 110 erreicht werden   B 18, S. 16.

S. 111 die Wohnung   Zuletzt wohnte er in der Friedrichstraße 196.

S. 111 Demokratischen Zentralvorstand   Der oberste Exekutivausschuß der Organisation, in der die demokratischen Kräfte der 102 Berliner Stadtbezirke zusammengeschlossen waren.

S. 111 Zumuthung   *Die Presse.* Brünn. Nr. 34, Sonntag, den 3. März 1850.

S. 111 verlassen müssen   MEGA, III, 3, S. 469.

S. 111 Zeitung   Es war die Berliner *Abend-Post:* »Sie als Organ der äußersten Demokratie zu bezeichnen, wäre unrichtig, denn sie ist bereits über die Gränze der gewöhnlichen Demokratie hinausgegangen. Sie ist hervorgegangen aus dem *Wächter an der Ostsee*, der zu Stettin erschien. Während des Belagerungszustandes siedelte sie nach Berlin über und erschien hier als *Demokratische Zeitung* unter der Redaktion von Dr. Eduard Meyen weiter. [Ende des Jahres 1849] trat Meyen mit dem Assessor Bergenroth in Verbindung, um einen Aktienfond zu gründen, auf dem das Unternehmen weitergeführt werden sollte. Der Plan gelang indessen nur theilweise, dennoch ward das Format des Blattes in groß Folio umgeschaffen und der Titel in *Abend-Post* verändert.« In: *Deutsche Monatsschrift für Politik, Wissenschaft, Kunst und Leben.* Stuttgart, Jg. 1 (1850), Heft 9, S. 414. Bergenroth trat bald von der Mitredaktion zurück.

S. 111 nicht mehr schreiben   MEGA, S. 43 f und S. 472 f (Bergenroth an Marx, Ende Dezember 1849 und 10. Februar 1850).

S. 112 anvertrauen können   H: ULB, Nachlaß Kinkel, S. 2662
(urn:nbn:de:hbz:5:1-2 000 876).

S. 112 beschafft worden   NA, Ca, Box 10/6/76.

An den Küsten von Utopia

S. 113 in Frankreich u. s. w.   Nekrolog, S. 325.

S. 113 hoffnungsvoll   Ebd.

S. 114 deutsche Democraten   Friedmann.

S. 114 Auftrag zu übernehmen   Nekrolog, S. 325.

S. 114 die asiatische Küste   *Neue Rheinische Zeitung. Politisch-ökonomische
Revue.* In: MEW 7.

S. 115 in Panama   Vermutlich auf der SS *New Orleans,* die am 5. September
in See stach und am 24. September wegen dichten Nebels vor der Bucht
von San Francisco ankerte. Die Passagierliste verzeichnet einen Mr. Be-
ryenath, G.

S. 115 Aufmerksamkeit an   Nekrolog, S. 326.

S. 115 Cholera-Anfall gesellte   Ebd., S. 327.

S. 116 gründlich gelernt   Friedmann.

S. 116 Herrschaft führte   »Sein Tagebuch berichtet so manches Abenteuer, welches er hier oder auf seinen oft Tage lang dauernden Streifzü-
gen durch das Innere erlebte. Wir müssen sie hier aus Mangel an Raum
übergehen.« So Julius Bergenroth im Nekrolog (327).

S. 116 Unterthanen gewesen   Corvin-Wiersbitzki (vgl. Anm. 32).

S. 117 Münze nehmen   So ist der Erzähler des Artikels zum Beispiel noch in
San Francisco, während Bergenroth schon auf der Heimreise war.

S. 117 Vereinigten Staaten   Am 9. September 1850 wurde Kalifornien als
31. Staat in die USA aufgenommen.

S. 117 verübt worden sind   Zit. Cartwright, S. 44.

Die Schere im Dunkeln

S. 117 aus dem Sinn brachte   Nekrolog, S. 328. Von Chagres war er über
Havanna nach New York gereist und von dort zunächst nach England
gegangen, wo er sich einige Wochen aufhielt.

S. 118 Herbst herum   Friedmann.

S. 118 hinüberzugehen gedenke   Nekrolog, S. 328.

S. 118 dem jüngsten Sohn Paul   Die Friedmanns hatten fünf Kinder: Sophie
(1824-1872), Louise (geb. 1828), Julie (geb. 1838), Wilhelm (?) und Paul
(geb. 1840).

S. 119 drückte ein Auge zu Georg Jung im April 1869, NA, Ca, Box 10/6/7.

S. 119 *Thorner Zeitung* Nr. 52. Mittwoch, 3. März 1869. Der Text lautet vollständig: »Der Verschiedene lebte in den 40er Jahren in Berlin und gehörte 1848 zu den Begründern des geschichtlich gewordenen demokratischen Klubs. Er war ein hochgewachsener, breitschultriger Ostpreuße
und machte sich in der demokratischen Bewegung seiner Zeit vielfach
durch seine genaue Kenntniß der Verwaltungsmißstände, die er als Re-
gierungs-Assessor hinreichend kennengelernt hatte, nützlich. Mit dem
Ende der Bewegung verließ er Berlin, lebte längere Zeit in Paris, dann
in Frankfurt, wo er im Hause Rothschilds eine angesehene Stellung einnahm, um später in England und zuletzt in Spanien historischen Studien seine ganze Thätigkeit zu widmen. Er war ein Mann in den besten
Jahren.« Als Verfasser kommt eigentlich nur Bergenroths Bruder Julius
in Frage, so daß man dieser Nachricht wohl trauen kann.

S. 120 zur Selbstdarstellung nutzte Informationen des Jüdischen Museums
Frankfurt.

S. 120 erst Ende 1855 Julius Bergenroth nennt als Datum 1856, Paul Friedmann 1858, womit letzterer sicher irrte.

S. 120 und mit einer Krankheit MEGA III, 7, S. 224.

S. 120 Vaterlandsfreunden MEGA, III, 10, 187. Anfang Februar 1860 schrieb
Karl Marx der Redaktion der *Neuen Preußischen Zeitung* in Berlin
einen Brief, der nur als Entwurf überliefert ist: »Es existiert hier ein
republikanischer ›Verein von Vaterlandsfreunden‹, dessen bedeutendste
Namen die folgenden sind: W. Bedbar, Karl Blind, Bergenroth, Born,
Ferdinand Freiligrath, Kaufmann, Gerstenberg, Mahler, Götzenberg, Fi-
delio. Hollinger, Bruno Schuring. Karl Schrader, Dr. Strauß, Winters-
berg und Zerffi.« (MEGA III, 10, S. 815.)

S. 120 zu handeln Bergenroths Bemerkung findet sich in der Einleitung
zu seinem zweiten *Calendar*-Band. Es geht darin um das Venedig des
16. Jahrhunderts, das mit dem England und London seiner Zeit einiges
gemeinsam hatte. Venedig also (so Bergenroth) war damals der wichtigste Staat in Italien und eine nicht unbeträchtliche europäische Macht
mit florierendem Handel, ausgedehnten territorialen Besitztümern
und einer »nicht gänzlich zu verachtenden Armee«. Zwar wurden »seine republikanischen Institutionen durch eine starke Aristokratie abge-
schwächt«, aber seine Politik war liberal genug, »um all denjenigen Asyl
zu gewähren, die von ihren eigenen Staaten als politische Feinde verfolgt wurden«. Das bedeutete einerseits einen Vorteil für die Venezianer,
die durch die vielen Fremden bestens über die Intrigen informiert waren, die von den Exilanten in ihren Heimatstaaten angezettelt wurden,
und dieses Wissen zu ihrem Vorteil nutzen konnten. Andererseits waren
sie keine verläßliche Quelle. (CAL 2, § 27).

S. 122 heiter zurück   Gregorovius (1989), S. 64.

S. 122 *Si passa*   Ebd., S. 64f.

S. 122 wenn sie lieben   Heinrich Heine, *Der Asra*: »Und mein Stamm sind jene Asra/welche sterben, wenn sie lieben.«

S. 123 Pompejaner ab   Gregorovius (1989), S. 66 (28. Sept. 1857).

S. 123 Hore der Jugend   *Euphorion. Eine Dichtung aus Pompeji.* Leipzig 1858, S. 91f.

S. 123 mir befreundete Dame   Gregorovius (2013), S. 69.

S. 123 ist mir wert   Ebd., S. 73 (21. Oktober 1858).

S. 124 Regungen erweckt   Gregorovius (1989), S. 108f.

S. 125 nicht geschrieben   Ebd., S. 191.

S. 125 Emma Ballnus   Emma war verheiratet mit August Ballnus, Pfarrer in Czychen im Kreis Oletzko und zu dieser Zeit wohl noch Superintendent des Kirchenkreises Oletzko. Der in Marggrabowa als Sohn eines Justizbeamten geborene Ballnus wurde nach dem Tod seiner Eltern vermutlich von Abraham Hillmann adoptiert. Wegen seines sozialen und humanitären Engagements bekannt (unter anderem als Gründer eines Hospizes), wurde er 1848 in die Preußische Nationalversammlung gewählt.

S. 125 heilig geworden   Gregorovius (1989), S. 193f.

S. 125 dabei gewesen   Hönig (1939), S. 283.

S. 125 gesagt hätte   Gregorovius (1989), S. 196.

S. 126 wesenloser Schein   Schleicher, S. 311.

S. 126 ganz gelähmt   Gregorovius (1989), S. 204.

S. 127 nicht mehr ist   Ebd., S. 207.

S. 127 herzlosen Behandlung hält   *Diary* Cartwright, NA, Ca, Box 6/8 (11. Jan. 1867).

Wanderungen durch London

S. 129 recht sein konnte   Jolles, S. 100.

S. 129 gegen mich   Fontane (1998), Bd. 1, S. 187 (10. Oktober 1855).

S. 130 dagegen aufkommen   Ebd.

S. 130 wiederzugeben   Jolles, S. 108.

S. 130 sogar ho-nett   An Ludwig Metzel, in: Fontane, Theodor, *Briefe.* Bd. 1, 1833-1866[recte: 1860]. München 1976, S. 460 (11. Dezember 1855).

S. 131 sich tragen   Fontane (1998), Bd. 2, S. 28 f (10. März 1857).

S. 131 der Reform   Meyen war auch Mitbegründer des im November 1848 gegründeten »Centralmärzvereins«, der Dachorganisation aller demokratischen Vereine in Berlin, den Historiker als erste Partei im modernen Sinne ansehen.

S. 131 Friedrich Althaus   Daß sein Bruder Julius Althaus gemeint ist, ist eher unwahrscheinlich, aber auch denkbar: Daß Bergenroth später Kontakt zu ihm hatte, ist durch einen Brief Bergenroths an Kinkel belegt. Vgl. S. 199 f.

S. 132 in kleinen Heften   Spitta, S. 4.

S. 132 in leichtfaßlicher Sprache   Ebd., S. 3.

S. 132 Formulierungen und Analysen freuen   Zum Beispiel unter dem Stichwort »Aristokratie«, in dem der Geburtsadel der »schlagendste Beweis« dafür genannt wird, »zu welchen wahnsinnigen Einrichtungen sich die halbe Welt durch Gewohnheiten und Vorurtheile hinreissen lassen kann. Sind doch die meisten unserer Fürsten und Grafen, die mit ihren vielen Ahnen (Vorältern) prunken, nur deswegen hochadelige Herren, weil ihr Ur-Urgroßvater ein Raubritter mit gewaltiger Faust war, der am Rhein oder an der Donau von seinem Raubneste aus mit seinen Knappen und Zechbrüdern wehrlose Kaufleute und Juden, die zur Messe zogen, überfiel, und ausplünderte.« (S. 14.)

S. 132 angeknüpft hatte   Auch Jacob Kaufmann hat er dort kennengelernt, der mit ihm dann die *Englische Correspondenz* betrieb, ein enger Freund wurde und bei ihm und seiner Familie lebte. Er war ein gebürtiger Böhme und muß ein liebenswürdiger Mann gewesen sein. Gustav Freytag gehörte zu denen, die ihm zur Flucht nach England verhalfen. Ein Ausschnitt aus Schlesingers streitbarem Buch *Über Ungarn* ist 1850 in den *Grenzboten* erschienen.

S. 133 mächtig angeregt   Schlesinger, Bd. 1, S. VII f.

S. 133 zwangs- und anspruchsloser Weise   Ebd., S. VIII.

S. 133 *differently there*   Der berühmt gewordene erste Satz des Buches *The Go-Between* von L. P. Hartley aus dem Jahr 1953.

S. 134 Alles wie vergessen   Schlesinger, Bd 2, S. 424 f.

S. 134 englischen Haus   Ebd., S. 20.

S. 134 nur abgeschlachtete Tiere   In Österreich und Deutschland wurde Geflügel erst im Haus von der Köchin getötet.

S. 134 ein verheiratheter Kater   Schlesinger, Bd. 1, S. 13.

S. 135 herauszufinden   *Personal Remembrances of Sir Frederik Pollock.* London 1887, S. 173 f. Pollock, der einige Male mit ihm dinierte, nennt ihn einen »bemerkenswerten, gelehrten und interessanten Mann, der nach etlichen europäischen Abenteuern eine seltsame Karriere als eine Art unabhängiger Herrscher in Südamerika hatte«.

S. 135 mit seinen Büchern beschäftigt   Nekrolog, S. 328 f.

S. 135 Hochverräther Schlesinger, Bd. 1, S. 182.
S. 136 wie lausig »Varia über Deutschland«, MEW 18, 590.
S. 136 Namen trägt B 7, 51.
S. 137 gedeihen in England B 7, 52.
S. 137 basiert ist B 7, 84f.

Kritische Feldzüge

Der deutsche Professor

S. 137 daran beteiligt David Thomson, *Woodbrook*, New York 1976, S. 89.
S. 138 entwickelt haben B 7, S. 85.
S. 138 daran Theil B 7, S. 52.
S. 138 gewesen Leopold Ranke, *Geschichten der romanischen und germanischen Völker von 1494-1535*, 1. Bd., Leipzig 1824.
S. 138 annehmbar zu machen Dorit Krusche: *Wilder, böser, schöner* […] Über Ricarda Huch. In: *Die ZEIT.* Nr. 30, 17. Juli 2014, S. 17.
S. 138 zu beeinträchtigen Ranke, 1. Bd, Berlin 1859, S. XI.
S. 139 Ranke 1865 wurde er geadelt.
S. 139 unkundig ist B 9, S. 121.
S. 140 klargemacht wäre B 9, S. 127.
S. 141 Geistlichen‹ machen B 9, S, 129.
S. 142 4 Millionen betrug B 9, S. 133f.
S. 142 Angriff provozierte B 14.
S. 142 was man sagt CUL, Acton, MS Add. 8120 (1) 23 (16. Oktober 1866).

Der Heldenverehrer

S. 143 Zusammenhange B 11, S. 561f.
S. 143 erklären sollen B 11, S. 562.
S. 143 los zu machen B 11, S. 562f.
S. 143 kein Historiker B 11, S. 563.

Der Haßprediger

S. 144 daraus zu machen B 12, S. 450.
S. 145 Zeiten zurück B 12, S. 453.
S. 145 nicht redlicher meinen B 12, S. 457.

S. 146 aufs Wort glauben B 10, S. 86.

S. 146 Geistes einstimmen B 10, S. 81.

S. 147 Viereck zu construiren B 10, S. 88.

S. 147 besondern Reiz hat B 10, S. 81.

S. 147 selbst anzuwenden B 10, S. 88.

S. 147 zu großes Selbstgefühl B 10, S. 85.

S. 148 richtig zu erfassen B 10, S. 83.

S. 148 worden ist Ein zeitgenössisches Echo findet sich in Frederick Pollocks *Personal Remembrances.* Pollock berichtet darin von einem Gespräch mit Thomas Carlyle, der ihm 1866 sagte, »daß die Bedeutung von Bacons Ort in der Geschichte sehr überschätzt worden sei«. (Vol. II, London, New York 1887, S. 166.)

S. 148 des dreizehnten Jahrhunderts Lindberg, David C., »Science as Handmaiden. Roger Bacon and the Patristic Tradition«. In: *Isis. A Journal of History of Science,* Vol. 78, S. 520.

Literato prusiano

S. 148 in Spanien Nekrolog, S. 329 f.

S. 149 in Madrid vorzutragen H: GSPK (17. Mai 1860).

S. 150 gewährt werde Ebd., Alexander von Schleinitz an Graf Galen (27. Mai 1860).

S. 150 literato prusiano Ebd.

S. 150 werde ich aufbrechen Zit. in englischer Übersetzung von Cartwright, 51 f.

S. 151 Sommer vorüber ist H: GSPK, (29. Juli 1860).

S. 151 gestellt hat Ebd., (30. August 1860).

Don Quijote in Simancas

S. 153 in deinem Gesicht Cartwright, S. 68 f.

S. 154 des Auswärtigen Amtes B 20 (20. September 1860), zit. Cartwright, S. 54-61.

S. 155 wir sie mißbilligen Ebd., S. 65 f.

S. 155 Masters of the Rolls publiziert Ebd., S. 67.

S. 155 auch geschehen Von 1848 bis 1896 wurden 106 Titel in 253 Bänden publiziert.

S. 156 ehrenvollen Auftrag Die Meldung (vom 12. März aus Berlin) fin-

det sich in *Didaskalia: Blätter für Geist, Gemüth und Publizität*. Nr. 39
(1861), S. 272.

S. 156 *Calendar-Projekts*   Er hatte Bände der »*Foreign and Domestic Series*« der
Calendar of State Papers übernommen.

S. 157 für seine Mühen   21. August 1861, Cartwright, S. 89 f.

S. 157 acht Guineas erhalten   Friedmann.

Corrida

S. 157 neunundzwanzig Tage offen   Alle Zitate aus B 20, abgedruckt in
Cartwright, S. 60-76 (Dezember 1860).

Geheime Schriften

S. 166 sind zu finden   CAL I, *Introduction*.

S. 167 die Tinte geliert   Ebd.

S. 167 schreiben musste   Gindely, S. 264.

S. 167 zu Bergen türmen   CAL I, *Introduction*.

S. 168 keine gebe   Ebd.

S. 174 gehorcht hätten   CAL I, *Remarks on the Ciphered Despatches in the
Archives of Simancas* (Bemerkungen über die chiffrierten Depeschen in
den Archiven von Simancas).

S. 174 Buchstaben haben   CAL I, Introduction.

S. 174 nach Madrid   CAL I, *Remarks* (siehe erste Anm. zu S. 174).

S. 175 Hilfe an   H: GSPK (undatiert).

S. 175 nach Hause schrieb   Kahn, S. 423.

S. 176 verständlicherweise verübelt   Cartwright, S. 103 f.

Königsdramen

S. 177 zu betreiben   CAL I, § 17.

S. 178 schlechter Christ   CAL I, § 2.

S. 178 größten Kontrast   CAL I, § 2.

S. 178 seine Liebe zu Geld   CAL I, § 4.

S. 179 immer einig   CAL I, § 3.

S. 179 wie sie heute ist   CAL I, § 3.

S. 180 er starb unbeweint   CAL I, § 17.

S. 180 historischer Quellen erforschen   Acton (1863), S. 228.
S. 181 Historikern einzunehmen   Ebd., S, 227.
S. 181 werden sollten   CAL 1, § 7.
S. 182 zurückfallen würden   CAL 1, § 2.
S. 182 Erscheinung großen Beifall   Nekrolog, S. 335.
S. 182 gerichtet zu sein   Pauli, S. 47.
S. 182 Fürsten eröffnen   Ebd., S. 65 f.
S. 183 rücksichtslos aufgedeckt wird   Ebd., S. 66.
S. 183 Bedeutung ausmachen   Froude (1863), S. 615.
S. 183 warfen sie über Bord   CAL 1, § 18.

Don Pascual

S. 184 Ritterromanzen   *Libros de Caballerías, con un discorso preliminar y un catálogo razonado, por Don Pascual de Gayangos.* Madrid 1857.
S. 184 Frances Revell   Sie war die Tochter eines liberalen englischen Politikers.

Weltbühne

S. 188 haushalten muß   Zit. Cartwright, S. 118.

Langstrecke

S. 188 Knochen und Federn   Zit. Cartwright, S. 120 (An Thomas Duffus Hardy [1804-1878, Historiker, seit 1861 amtierender Direktor des Londoner *Public Record Office*], 7. Oktober 1862).
S. 188 gut bezahlten Stelle gelegen war   Als Heinrich Bernhard Oppenheim, mit dem er einst an der *Reform* zusammengearbeitet hatte, ihn im Sommer 1861 als Mitarbeiter eines Buchprojekts gewinnen wollte, lehnte er wegen Zeitmangels erst einmal ab und bemerkte, er bekomme in England für eine Seite soviel Honorar, wie ihm Oppenheim für den Bogen in Aussicht gestellt hatte. »Nehmen Sie diese kleine *renomage* für nichts mehr als sie ist.« (Simancas, 25. Juni 1861, H: BSB. Sign. E. Petziana V.)
S. 188 eitel wie ein Pfau   »Alle sind sich darin einig, daß Romilly ein großes Baby ist, eitel wie ein Pfau, und nur durch klug eingesetzte Schmeicheleien zur Arbeit bewegt werden kann. Störrisch wie ein Maulesel,

muß man ihn mit Glacéhandschuhen anfassen.« Acton-Simpson (1975), S. 222 (11. November 1866).

S. 189 systematischer Fälschung   Zit. Freeman, S. 851.

S. 189 Tag genommen   Zit. Cartwright, S. 123 (14. Juni 1863).

S. 190 Sparsamkeit und Effizienz   Romilly war bekannt für die zügige Abwicklung von Prozessen an einem Gericht, das für seine lange Verfahrensdauer berüchtigt war. Sein Vater Samuel, ebenfalls ein hochrangiger Jurist, ist als Justizreformer in die Geschichte eingegangen, obwohl er kaum eines seiner menschenfreundlichen Projekte durchsetzen konnte.

S. 190 England angehen   Zit. Cartwright, S. 120 (14. Juni 1863).

S. 191 übersehen zu haben   Zit. Cartwright, S. 126 f. (23. August 1863).

S. 191 länger hierbleiben   Zit. Cartwright, S. 121 f. (14. Juni 1863).

S. 191 wertvolle Hilfe   Zwischen Juli 1862 und September 1863 hat in Simancas noch ein anderer junger Landsmann Bergenroths gearbeitet. Der frisch habilitierte Wilhelm Maurenbrecher sammelte Materialien für ein Buch über Karl V., das 1865 erschien. Von Bergenroth profitierte er in dieser Zeit mehr, als sein gemessener Dank im Vorwort erkennen läßt: »Nicht nur daß der persönliche Verkehr in der Oede des spanischen Dorfes lebendige Anregung bot; auch die Gebiete unserer Arbeiten berührten sich oft so nahe, daß eine gegenseitige Mittheilung nur vortheilhaft werden konnte. Gerade diejenigen Fascikel, welche die mir so wesentliche Correspondenz mit Rom enthielten, hatte Herr B. vor mir gesehen, auf Manches in denselben mich hingewiesen, aus seinen Copien Manches mich außerhalb der Archivstunden benutzen lassen.«

S. 192 ziemlich trostlos   Nekrolog, S. 336.

S. 192 die Forschungen anderer   Zit. Cartwright, S. 128 f. (23. August 1863).

S. 193 Ort zu verbringen   Ebd., S. 126.

S. 193 zu verbringen   Zit. Cartwright, S. 131 (21. März 1864).

S. 194 gibt mir Kraft   Zit. Cartwright, S. 136 (3. April 1864).

S. 194 zu informieren   Zit. Cartwright, S. 140 f. (31. Mai 1864).

S. 195 des ernsthaften Forschers   Ebd., S. 141.

S. 196 in den Korrespondenzen   Zit. Cartwright, S. 128 f. (23. August 1863).

S. 196 romantischer Art   Zit. Cartwright, S. 142 (17. Juni 1864).

S. 197 mir zu verzeihen   Ebd., S. 142 f.

S. 198 wenig beneidenswert   Bergenroth an David Douglas am 1. August 1866: »Wir sehen ihn [Karl V.] in seinem großen Kampf Stück für Stück zusammenbrechen, politisch, moralisch, körperlich, bis sein elendes Leben in seiner elenden Abgeschiedenheit in Yuste endet. [...] Sein Leben ist eine der größten Tragödien, die jemals aufgeführt wurden. Zit. Cartwright, S. 155.

S. 198 nicht verglichen werden   Körner (1909), Bd. 2, S. 415.

S. 198 Befehl zu schießen   Zit. Cartwright, S. 144 (8. April 1865).

S. 198 wie ich glaube   Zit. Cartwright, S. 145, (15. April 1865).

S. 199 von der Herrscherin besiegt   An Thomas Duffus Hardy (vgl. zweite Anm. zu S. 188), (30. April 1865).

S. 199 näheren Freunden   Nekrolog, S. 338.

S. 199 das gute Leben   Cartwright, S. 152.

S. 200 GBergenroth   H: ULB, Nachlaß Kinkel, S 2660.

Isle of Wight

S. 200 blicken lassen   Schlesinger, Bd. 1, S. 210.

S. 201 sich entwickeln sieht   Ebd., S. 214f.

S. 201 durch die Straße wälzt   Ebd., S. 213f.

S. 202 unwiederbringlich verloren   *Neue Freie Presse.*, Nr, 3578, Wien, Mittwoch, den 12. August 1874. Dort auch die weiteren Zitate aus Schlesingers Bericht.

S. 205 auszuführen vermocht hatte   *ADB (Allgemeine Deutsche Biographie)*, Bd. 5 (1877), S. 92f.

Mein lieber Sir John!

S. 205 nie geschrieben wurde   Himmelfarb (1952), S. 2.

S. 205 *corrupts absolutely*   Ü: Macht korrumpiert, und absolute Macht korrumpiert absolut. Große Männer sind fast immer schlechte Männer. Acton an Prof. (später Bischof) Mandell Creighton, 5. April 1887. https://oll.libertyfund.org/titles/2254

S. 206 schmerzlich ist   Acton-Simpson (1975), S. 212 (15. September 1866).

S. 206 und mich abzuholen   Zit. Hill, S. 20.

S. 207 Ignaz Döllinger   Seit 1868 Ritter von Döllinger.

S. 208 bestritten hatte   Hill, S. 32.

S. 209 verhindert zu haben   Acton-Simpson (1975), S. 600 (20. November 1863). Aus Bergenroths Mitarbeit ist dann doch nichts geworden.

S. 209 eine Klasse für sich   Grant Duff, S. 188.

S. 209 möglich war   Ebd.

S. 210 Sie fehlen mir sehr   CUL 1, Add 8120 (1)/23 (16. Oktober 1866).

S. 210 Freunden zu theilen   CUL 1, Add 8120 (1)/41 (7. September 1868?).

S. 210 sprechen können   CUL 1, Add 8120 (1)/28 (3. Januar 1868).

S. 210 Niedrigwasserlinie   Acton, (1917), S. 233 (23. Mai 1890).

S. 211 von einem Menschen gehört habe   Grant Duff, S. 195.

S. 211 Actons Stimme   *Lord Acton and Cardinal Manning. To the Editor of the Tablet.* 19. November 1921, S. 20.

S. 211 Brewer verantwortlich   *Letters and Papers, Foreign and Domestic, of the Reign of Henry VIII. [„,] Arranged and Catalogued by J. S. Brewer, M. A. 3 vols. London 1862-1867.*

S. 211 Geschäften gebrauchten   CAL 2, § 1.

S. 212 mit ihm fertig sind   CAL 2, § 30.

S. 213 grosser Ehre davon   Acton-Döllinger (1963), S. 445 (23. August 1866).

S. 213 darüber staunen   Ebd., S. 447 (23. September 1866).

S. 213 Calendar anders sein   CUL 1, Add 8120 (1)/23 (16. Oktober 1866).

S. 213 ein Urteil zu fällen   CAL 2, § 34.

S. 214 Verschwörung aller gegen alle   B 14, S. 490.

Machtspiele

S. 215 oder Ablehnung   CAL 2, § 3

S. 215 Zweifel daran erlauben   CAL 2, § 16.

S. 215 hätten tun sollen   CAL 2, § 12.

S. 215 drei- oder viertausend Jahren   Tuchman, S. 12.

S. 217 Gott und seiner Kirche   CAL 2, § 19.

S. 217 nötig war   Ebd.

S. 218 Konkurrenten   Dazu gehörte auch das Osmanische Reich, das in dieser Zeit Europa massiv bedrohte.

S. 218 mächtigste Mann   Noch, denn als es ihm nicht gelang, beim Papst die von Henry gewünschte Scheidung von Katharina von Aragon durchzusetzen, fiel er in Ungnade und verlor seinen prachtvollen Besitz Hampton Court an die Krone. Auch aus dem erhofften Rückzug aufs Land wurde nichts. Auf der Reise nach London, wo ihm ein Prozeß wegen Hochverrats drohte, ist er gestorben. Sein Name taucht immer wieder auf, wenn es um die ewige Geschichte vom Aufstieg und Fall eines Mächtigen geht. Zum Beispiel in Samuel Johnsons Versepos *The Vanity of Human Wishes.*

S. 219 Verbündeten wie Karl   CAL 2, § 22.

S. 219 zu kompensieren   CAL 2, § 33.

Umstürzend

S. 221 bei ihm diniren   CUL 1, Add 8120 (1)/32 (26. März 1868).

S. 221 Archiven   Der Herausgeber war Rawdon Brown.

S. 221 vorbildlich gepriesen   Er könne sich nicht erinnern, jemals einem

Werk begegnet zu sein, daß eine solche Fülle substantieller Informationen enthalten hätte, schwärmte der Rezensent, und was Brewers Einleitungen angeht, die längsten der besprochenen *Calendar*-Editionen, so waren sie genauso lang, wie sie sein mußten, niemand, der sie konsultierte, würde sie kürzer wünschen.

S. 221 korrupt waren   CAL 2, § 3.

S. 222 ersten Ranges waren   Ebd.

S. 222 seiner Könige zählt   Froude (1866), S. 273 und S. 274. Übersetzung des Zitats: »Hier haben wir eine großartige neue Theorie!«

S. 222 ausgemerzt werden   Ebd., S. 471. Er bezog sich dabei auf eine öffentliche Dienstanweisung des *Masters of the Rolls*, die natürlich nicht auf Mr. Brewer und seine langen Vorworte gemünzt war, wie man auf den ersten oberflächlichen und irrigen Blick hätte annehmen können, denn die waren ja auf die richtige Weise lang, sondern auf Bergenroth. »In den jüngeren Bänden, die erschienen sind, ist ein Blatt vor der Titelseite eingefügt, daß die Herausgeber anweist, ›sie sollten sich in den Vorbemerkungen zu ihren Bänden auf die Erklärung der darin enthaltenen Dokumente beschränken‹. Das ist eine so offensichtlich richtige Regel, daß wir es bedauerlich finden, daß man überhaupt eine besondere Ermahnung für nötig hielt, um sie durchzusetzen; auch nehme ich nicht an, daß diese Methode auf allgemeine Zustimmung stoßen wird.«

S. 224 Zuversicht vorgetragen   *Historische Zeitschrift*, Bd. 20 (1868), S. 217.

S. 224 in seiner Besprechung   Abgedruckt ist sie in Actons kurzlebiger Wochenschrift *The Chronicle* (erschienen von 1867 bis Januar 1868). Meines Wissens ist sie in Deutschland nur in der Staatsbibliothek München zu finden (allerdings nicht vollständig), wohin sie aus dem Nachlaß Ignaz von Döllingers gelangte.

S. 225 all ihre Werke   Acton (1867), S. 587.

S. 226 Grundsätzen zu beweisen   Acton (1867), S. 589.

Imperium

S. 228 Wahrheit zu enthalten   Zit. Cartwright, S. 153 f. (London, 1. August 1866).

S. 228 Menschheitsgeschichte   Ebd., S. 155.

S. 229 angesehen werden   Ebd., S. 156.

S. 231 Lorbeer und Oliven   Schlözer, S. 6.

S. 232 den Passanten   Tatsächlich war Bergenroth (vermutlich mit Friedmann) schon etwa zehn Tage früher in Rom angekommen.

S. 232 Urkunden zu sammeln   Schlözer, S. 310.

S. 232 einmal zu sehen   Nekrolog, S. 338.

S. 232 17 Jahre zurück   Wenn Julius Bergenroth im Nekrolog alle Familien-
besuche des Bruders erwähnt hat, was ich vermute, war dieser zuletzt
im Jahre 1849 nach Hause gereist, also vor seiner fehlgeschlagenen Expedition nach Kalifornien.

S. 232 gehen sollte   Nekrolog, S. 338f.

S. 233 mit ihm an   »Er ist ein sehr feiner Uhrmacher, führt vortreffliche Unterhaltung« (S. 6) rühmte Schlözer, dem Hübner im Juni 1864 nach
einem »einsamen Mittagessen« die »schönen Sammlungen« zeigte, die er
für sein Werk zusammengetragen hatte. »Fünf Bände voll des reichsten
handschriftlichen Materials, alles in den Archiven zu Simancas, Paris
und Venedig kopiert« (S. 270). In einer Anmerkung des 1870 zunächst
in französischer Sprache erschienenen Buches über Papst Sixtus weist
Hübner knapp darauf hin, daß die wichtigen Dokumente aus Simancas
»unter den Augen des verstorbenen Gelehrten Bergenroth« kopiert worden seien. (*Sixtus der Fünfte.* Leipzig 1871, S. 20).

S. 233 erfreulich begrüßte   Adolf Stahr, Fanny Lewald: *Ein Winter in Rom.*
Zweite vermehrte Auflage. Berlin 1871, S. 180.

S. 233 dachte   Grant Duff, Bd 1, S. 25.

S. 234 später in Paris   Gemeint ist wohl nicht der ehemalige preußische
Minister Adolf Heinrich von Arnim-Boitzenburg, sondern Schlözers
Vorgesetzter Harry von Arnim-Suckow, Gesandter beim Päpstlichen
Stuhl in Rom.

S. 234 Mr. Friedmann   Grant Duff, Bd. 1, S. 27.

S. 235 nichts gesagt   NA, Ca, Box 10/6/67 (10. März 1869).

S. 235 vielen Hindernissen   CUL 1, Add 8120 (1)/43 (undatiert, wohl März
1867).

S. 235 geliebten Bauern ist   CUL 2, Add 8120 (1)/203 (18. Juni 1867).

Für Johanna

S. 236 ein kluger Gedanke   Zit. in englischer Übersetzung in Cartwright,
S. 159: ab »ich habe angefangen« im deutschen Original im Nekrolog,
S. 342.

S. 237 Eremiten abgeben   Cartwright, S. 160 (28. Juni 1867).

S. 238 Fray Enrique Floréz 1761 *Memorias de las Reynas Catholicas [...]*. Madrid 1761.

S. 238 ausgemalt ist SUP, *Introduction, Queen Juana.*

S. 239 bringen wird Nekrolog, S. 343 f.

S. 240 nach Wien gelangt Durch Ferdinand Wolf, der sich für ein letztlich nicht realisiertes Projekt durch Vermittlung von Pascual de Gayangos Abschriften einschlägiger Dokumente verschafft hatte.

S. 243 wieder erlangt hätte B 8, S. 231 f.

S. 244 zur Reife gelangt zu sein B 8, S. 237.

S. 245 strenge bewacht B 8, S. 248 f.

S. 246 auf der Straße gehört B 8, S. 266.

S. 246 moralischen Mißgeburt B 8, S. 269.

S. 246 verwickelter Natur B 8, S. 285.

S. 246 und kommentiert Chrimes, S. 292, Anm. 5 und S. 296, Anm. 1.

S. 247 brauchbar zu sein Fleming, S. 19.

S. 247 bei Künstlern Ein zustimmendes Echo auf Bergenroths Thesen über Johanna höre ich aus dem Roman *That Lady* (1946) heraus, in dem die irische Schriftstellerin Kate O'Brien von der Fürstin Eboli erzählt (bei uns vor allem bekannt aus Schillers *Don Carlos*). Auf Befehl des Königs Philipp II. verbrachte diese ihre letzten Lebensjahre in Gefangenschaft. Darin wird mehrmals mit Sympathie auf ihre Leidensgenossin Juana la Loca angespielt.

S. 247 Jargon unserer Zeit »In seinem allzu kurzen, allzu unruhigen Leben hat Philipp wohl nichts so geliebt wie den Tanz, die Jagd und das Spiel, das farbenprunkende Ritterturnier und das höfische Fest; die sorglose Kurzweil, das unbeschwerte Plaisier. Als Leiche jedoch, einbalsamiert und eingesargt, fern der Heimat und jeglichen Glanzes, führen ihn die Wege kreuz und quer durch die menschenleere kastilische Hochebene: Irrwege, dirigiert von den aberwitzigen Launen des Schicksals und von den ebenso rätselhaften wie zutiefst sinistren Stimmungen seiner Witwe, Donna Juana von Kastilien. Die Ritter, die feschen Kavaliere und frivolen Damen, sind längst aus seinem Gefolge verschwunden. Auf seinem jahrelangen Geisterzug durch das ihm stets fremde und verhasste Land begleitet Philipp nur noch Mönchsgesang und Fackellicht – und das stumme Entsetzen des kleinen Hofstaats, den die Witwe noch um sich duldet. Denn diese Wege sind ohne Ziel und ohne Sinn und werden nur des Nachts zurückgelegt. Als sei es nicht gespenstisch genug, die Leiche eines Fürsten ruhelos durch die Lande zu schleppen, besteht Donna Juana auch noch darauf, das Tageslicht und die großen Straßen zu meiden: Es gezieme sich so für eine Witwe, deren Sonne mit dem Tod ihres Mannes für immer erloschen sei.« *Süddeutsche Zeitung*, 19. 05. 2010

S. 248 weg erklärt werden   SUP, *Introduction, Queen Juana*.
S. 248 Hand weisen durfte   B 8, S. 270.
S. 250 Barbarei zurückfallen   Zit. Cartwright, S. 178-180 (28. November 1867).

Bamberger

S. 250 als die Dinge   Bamberger (1899), S. 357.
S. 252 in Mainz zugeschickt   Bamberger (1896).
S. 252 übertrieben hat   CUL 1, Add 8120 (1)/32 (26. März 1868).
S. 253 ausgesetzt bin   CUL 1, Add 8120 (1)/33 (10. April 1868).
S. 253 *Deutscher Geschichte im neunzehnten Jahrhundert*   Die kommentierte Stelle findet sich auf S. 448.
S. 254 beglückt werden wird   Bamberger (1894), S. 202 f.

Mourir à Madrid

S. 254 gesucht habe   Paris, 6. November 1868. H: BSB, Döllingeriana II. Bergenroth, Gustav Adolf.
S. 255 in die Schätze   *Thorner Zeitung*. 7. März 1869. Nr. 56.
S. 256 immer noch getanzt   Zit. Cartwright, S. 183 (9. Dezember 1868).
S. 256 kurzen Abständen   Ebd., S. 186.
S. 257 das Gleiche   Ebd., S. 188 (12. Dezember 1868).
S. 258 Tores von Toledo   Er bestand seit 1855. In Richard Fords *Handbook for Travellers in Spain* lesen wir: »*As Englishmen may die in Madrid, where the shears of the Parcæ are sharpened by the deadliest of climates and wielded by the most murderous sangrados* [Aderlässe], *it may be a comfort to hear that at last there is some chance of comfortable lying, and Christian burial for a Protestant*«. 3. Auflage. Bd. II, London 1855, S. 667.
S. 258 Bergenroth's death yesterday   Ü: Mir fehlen die Worte dafür, wie fassungslos mich gestern die Nachricht von Bergenroths Tod gemacht hat. Acton-Simpson (1975), S. 265.
S. 258 Tod gemeldet   Die Wiener *Presse* hatte Bergenroths Tod schon am 20. Februar angezeigt. Der Bericht des Korrespondenten Wilhelm Lauber stammt vom 15. Februar: »Ich habe den großen Schmerz, der vaterländischen Gelehrtenwelt den plötzlichen Tod des Geschichtsforschers G. Bergenroth anzukündigen. Bergenroth war vor drei Wochen von Simancas hiehergekommen, erkrankte vor 12 Tagen an einem typhusartigen Fieber, starb vorgestern und ist gestern auf dem englischen Fried-

hof, bei der Toledobrücke, beerdigt worden. Dem Leichenbegängniß wohnten der preußische Gesandte und einige englische und spanische Freunde an, unter den Letzteren der Professor des Arabischen, Gayangos, der im Verein mit seiner Familie dem Verstorbenen bis zu seinem Ende die aufopferndste Freundschaft bewies. Die Verbindung gründlicher Gelehrsamkeit mit vollendet gentlemenschem Wesen hatte Bergenroth in Spanien und in England viele Freunde erworben. [...] Bergenroth war im Monat December von einem Ausflug in die deutsche Heimat hieher zurückgekehrt. Er war sehr lebhaft ergriffen von der inzwischen eingetretenen Wendung der Dinge in Spanien von der er sich viel Gutes für dieses Land versprach; seine Arbeitslust war womöglich noch gesteigert und er äußerte sich mir gegenüber mit einer Art von Sehnsucht, sich wieder ganz in die Schätze von Simancas zu vergraben. Ich höre in der That auch, daß die von ihm in der kurzen Zwischenzeit gemachten Arbeiten, die er einer kundigen Feder dictirt hat, sehr viel Neues und Wichtiges umfassen.«

S. 260 Im Brief   Den Hinweis auf diesen Brief (vom 8. Mai 1869) verdanke ich Michael Gallagher, Glasgow City Archives, Mitchell Library Glasgow Sign. T-SK29/19/204. William Lowther reichte ihn dem Historiker William Stirling-Maxwell weiter, der ihn Cartwright mitteilen sollte.

S. 260 zu verbreiten   Paul Friedmann an Lord Acton: »Die Details, die in der *Times* zu lesen sind, scheinen eher durch Haß gegen Crampton inspiriert zu sein als durch Sympathie für den Verstorbenen und seine Familie.« CUL 2, Add 8120 (1)/204 (27. Februar 1869).

S. 260 genannt wird   *Lettres à M. Panizzi: 1850-1870.* Bd. 2. Hrsg. von Louis Fagan, Paris 1881, S. 358.

Die Frau im Schatten

S. 262 des Sklavenhandels   »[Er] hat weder einen besondern eigenthümlichen Styl noch viel poetische Erfindungsgabe, welche ihn mißleiten könnte, er ist der personifizirte gesunde Menschenverstand, keine Materie erfindend, aber alles Gegebene mit bewundernswerter Verstandesschärfe nach seiner Wichtigkeit ausscheidend und nach seinem Gehalt sichtend; Rintouls Natur ist durchaus kritisch, und was dem Menschen und Politiker zur besonderen Ehre gereicht, der Spectator ist immer wahr und aufrichtig. Das Blatt war einmal radical durch die Umstände, allein jetzt kann man es nur parteilos und unparteiisch nennen, aber eben dadurch, d. h. durch die Abwesenheit von Parteientstellungen den Tories und Radicalen fast gleich nahe oder fern stehend. Das Blatt geht wenig oder gar nicht unter das Volk, und wird eigentlich nur von den höhern

Politikern aller Parteien gelesen. Rintouls Umgang erstreckt sich auf die einflußreichen Politiker des Landes; kein Mensch ist besser unterrichtet über die Absichten und Ansichten der Parteien und selbst oft der Regierung als er. Das Urtheil mag oft ihm angehören, allein selbst hier drückt er in der Regel die festgestellte Ansicht der höhern politischen Welt aus.« *Allgemeine Zeitung.* München, Nr. 313, S. 2498, 8. November 1844.

S. 263 zum Büro auf und ab *Spectator*, 3. Nov. 1928.

S. 264 dem Herausgeber nie Ebd.

S. 265 in meiner Macht Zit. in Thirlwell, S. 215.

S. 266 die *Times* anspielt Vgl. Anm. 426.

Nachruf

S. 267 Geschichte gemacht In: *The Graphic.* London, 5. Februar 1870.

S. 268 Imperium zu messen Parker, S. 549.

S. 269 Existenz finden *New York Times,* 22. Mai 1988.

Nachlaß

S. 270 für eine Pflicht zu halten CUL 2, Add 8120 (1)/210 (1. Mai 1869).

S. 270 verrückt geworden ist CUL 2, Add 8120 (1)/211 (6. Mai 1869).

S. 270 in Ordnung zu bringen CUL 2, Add 8120 (1)/204 (27. Februar 1869).

S. 271 annehmen kann CUL 2, Add 8120 (1)/206 (12. März 1869).

S. 272 geltend gemacht werden CUL 2, Add 8120 (1)/215 (10. März 1869).

S. 272 zu schicken CUL 2, Add 8120 (1)/205 (28. März 1869).

S. 273 möglich ist CUL 2, Add 8120 (1)/210 (1. Mai 1869).

S. 273 mit den Nerven CUL 2, Add 8120 (1)/216 (4. Juni 1869).

S. 273 zu machen Zit. Parker, S. 570.

S. 273 Krakau gelangt Die Bände sind online verfügbar.

Danach

S. 274 Frau Heinrichs VIII. *Anne Boleyn: A Chapter of English History.* 1527-1536, London 1884.

S. 274 scheiterte kläglich Vgl. dazu Schoeps.

S. 274 Verbrechens angeklagt CUL 2, Add 8120 (1)/227 (16. Juli 1895).

S. 274 *always rolling* CUL 2, Add 8120 (1)/229 (18. Juli 1898). Ü: Ein rollender Stein setzt kein Moos an. Ich rolle immerfort.

S. 275 smaragdgrünen Gewändern *The Spectator*, 3. Nov. 1928.

S. 275 getanzt hat   Constant, S. 67. Borovička im Jahre 1908: »heute lebt er noch in angenehmer Erinnerung bei den Dorfbewohnern«. (S. 149.)

Pilgerfahrt

S. 279 von Bergenroth   Ich vermute, daß sie in Zusammenhang steht mit Kopien von Tizian-Briefen an Karl V., die Bergenroth für die Tizian-Briefausgabe der Kunsthistoriker Giovanni Battista Cavalcaselle und Archer Crowe kopieren ließ. Vgl. dazu Annie Cloulas, »Documents concernant Titien conservés aux Archives de Simancas«, *Mélanges de la Casa de Velazquez,* 1967, Vol. 3,3, S. 197. Bergenroth wird von der Verfasserin »ein Kopist« genannt.

S. 279 *monarquía hispánica*   Ü: Spione, Geheimdienste und Codes in der spanischen Monarchie.

S. 281 steigen und sinken   Ford, S. 217 (668).

S. 283 ersten Mai warten   Wattenbach, S. 207 f.

S. 284 Brief von Bergenroth   BN, *Carta, 1865 nov 7, Londres, a Juan Eugenio Hartzenbusch.* MSS/20 805/260/1865.

S. 288 Doña Gloria   Gemeint ist wohl Maria II. da Glória, ab 1833 Königin von Portugal.

S. 288 gegen Don Carlos   Fitch kämpfte mit einer britischen Legion im ersten der drei Carlistenkriege, Bürgerkriege, in denen es vordergründig um die spanische Erbfolge ging, tatsächlich aber wurde ein Kulturkampf zwischen einer liberalen, zentralistisch ausgerichteten Partei und einer katholischen, monarchistisch-absolutistischen, regionalistischen Partei ausgetragen. Die Liberalen unterstützten damals Königin Isabella II., die konservativen Carlisten deren Onkel Carlos Maria Isidro von Bourbon.

Namenregister

Acton-Dalberg (oder Dalberg-Acton),
John Emerich Edward (seit 1869
1. Baron Acton) (1834-1902), Historiker und Publizist 112, 142, 157,
180, 205-212, 219, 224-226, 232-235,
252 f., 258, 268, 273 f.

Adams, John (1735-1826), Politiker,
zweiter Präsident der USA 215

Alexander I., russischer Zar von 1801
bis 1825 29

Almazán, Miguel Pérez de (?-1514),
Privatsekretär der Königin
Isabella I. von Kastilien, dann
Sekretär der katholischen Könige
Ferdinand und Isabella. Seine
Stellung entsprach in etwa der
eines heutigen Außenministers
167 f., 170

Alonzo y Silva, Lina, 1867 Köchin
Bergenroths in Simancas 197

Althaus, Friedrich (1829-1897), Schriftsteller 131

Althaus, Julius (1833-1900), Arzt 200

Althaus, Theodor (1822-1852),
Theologe, Revolutionär 131

Alvarez, Fernando, Staatssekretär der
katholischen Könige Ferdinand
und Isabella 167 f.

Arco Valley, Maria Anna (1841-1923),
Maximilian u. Anna von Arco
Valleys Tochter, Ehefrau von John
Acton 207

Arco Valley, Maximilian Graf von
(1806-1875) und Anna Gräfin von
(1813-1885), begütert in Bayern, ver-
wandt mit John Acton 206, 234

Arendt, Hannah (1906-1975), Philo-
sophin 44

Arnim, Bettina von, geb. Brentano
(1785-1859), Schriftstellerin 101

Arnim-Suckow, Harry von (seit 1870
Graf) (1824-1881), preußischer
Gesandter beim Päpstlichen Stuhl
in Rom 234 f.

Arthur Tudor (1486-1502), ältester
Sohn des englischen Königs
Heinrich VII., heiratete 1501
Katharina von Aragon 180, 280

Ayala, Pedro de (1475-1513), spanischer
Diplomat in Schottland und
London 178

Bacon, Roger (um 1220 bis ca. 1292),
englischer Franziskanermönch und
Philosoph 146-148, 156

Bähr (Baehr), Friedrich Viktor
Albrecht von (1789-1867),
Oberlandesgerichtspräsident in
Köslin 48, 50 f.

Bamberger, Ludwig (1823-1899),
Revolutionär, Bankier, Politiker,
Journalist, Schriftsteller 250,
252 f.

Bauer, Edgar (1820-1866), erst
revolutionärer, später konservativer
Publizist 57

Bennett, Anne Ramsden, geb.
Gladstone (1817-1906), als *literary
assistent* für Bergenroth tätig,
Schriftstellerin 261

Bergenroth, Friedrich (1810-1892),
G. Bergenroths Bruder, Jurist,
Politiker 41, 45 f., 275

Bergenroth, Johanna, geb. Doerk
(Dörk) (ca. 1787 bis n. 1869),
G. Bergenroths Mutter 23, 31,
40 f., 117 f., 167, 232, 238, 271

Bergenroth, Johann Friedrich (um
1781-1837), G. Bergenroths Vater,
gebürtig aus Schippenbeil, Justiz-

beamter in Oletzko und Lyck 31f., 38, 40f., 84, 110, 286

Bergenroth, Julius (1817-1896), G. Bergenroths Bruder, Gymnasiallehrer, Politiker, Biograph G. Bergenroths 23f., 48, 75, 90, 112f., 116, 118f., 232, 260, 275

Bergenroth, Louise (1827 bis n. 1914), G. Bergenroths Schwester 23, 41, 275

Bismarck, Otto von (1815-1898), deutscher Politiker 50, 107, 253

Boleyn, Anne (1501 oder 1507-1536), zweite Frau Heinrichs VIII. 274

Brandenburg, Friedrich Wilhelm Graf (1792-1850), 1850 preußischer Ministerpräsident 105

Brewer, John Sherren (1810-1879), Geistlicher, Historiker, Publizist, Mitarbeiter der *Calendar of State Papers* 156, 211f., 219-221

Bucher, Lothar (1817-1892), Jurist, Revolutionär, Journalist, Politiker 50, 253

Bülow-Cummerow, Ernst von (1775-1851), Gutsbesitzer, Publizist, Politiker in Preußen 110

Bürgers, Ignatz (1815-1882), Jurist und Politiker 55

Camphausen, Gottfried Ludolf (1803-1890), Bankier, Politiker, von März bis Juli 1848 preußischer Ministerpräsident 96, 99

Carlyle, Thomas (1803-1890), schottischer Schriftsteller, Historiker, Philosoph 229

Carnap, Adolph von (1793-1871), von 1837 bis 1851 Oberbürgermeister von Elberfeld 72f.

Cartwright, William Cornwallis (1825-1915), historischer Schrift-

steller, Politiker, Kunstsammler, Bergenroths Biograph 22-24, 26, 33, 38, 57f., 60, 97, 101, 112, 127, 233-235, 260, 266, 269, 275

Cervantes Saavedra, Miguel de (1547-1616), spanischer Dichter 158, 184, 284-286

Clemens VII. (Giulio de' Medici), Papst von 1523 bis 1534 212, 218, 228

Corvin-Wiersbitzki, Otto von (1812-1886), Offizier, Schriftsteller, Revolutionär, Journalist aus Ostpreußen 36f., 116

Crampton, John (1805-1886), anglo-irischer Diplomat, von 1860 bis 1869 in Madrid 259f.

Daniels, Roland (1819-1855), Arzt aus Köln, Armenarzt, Mitglied des Bundes der Kommunisten 83

Dante Alighieri (1265-1321), italienischer Dichter 125, 264f.

Desmoulins, Camille (1760-1794), Journalist, französischer Revolutionär, Freund Dantons. Er starb durch die Guillotine 24

D'Ester, Carl (Karl) (1813-1859), Arzt, radikaler Demokrat, Mitarbeiter der *Rheinischen Zeitung*, in Köln und Berlin politisch vielfältig aktiv als Publizist, Abgeordneter, Mitglied verschiedener Organisationen, Teilnehmer am Aufstand in Baden. Er starb im Schweizer Exil 68

Deutsch, Emanuel Oscar (1829-1873), Orientalist, Mitarbeiter am *British Museum* in London, Verfasser zahlreicher Lexikonbeiträge und Artikel 203f.

Dewischeit, Friedrich (1805-1884), Philologe, Pädagoge. Von 1829 bis

Gustav II. Adolf, von 1611 bis 1632
König von Schweden 31
Gustav IV. Adolf, ab 1792 König
von Schweden. 1809 wurde er
zur Abdankung gezwungen. Er
war ein erbitterter Gegner der
Französischen Revolution und
Napoleons I. und hatte sich gegen
Frankreich und Rußland gestellt,
was Schweden teuer zu stehen
kam 31

Hadrian VI. (Adriaan Florisz
Boeyens), Papst von 1522 bis 1523
212, 218, 224, 247
Hartzenbusch, Juan Eugenio (1806-
1880), spanischer Dramatiker,
Literat, Journalist, Übersetzer,
ab 1862 Direktor der Spanischen
Nationalbibliothek in Madrid
285 f.
Haxthausen, Werner von (1780-
1842), Gutsbesitzer in Westfalen,
Jurist, Schriftsteller, preußischer
Regierungsbeamter, später Über-
siedlung nach Bayern, wo ihn
Ludwig I. zum Grafen erhob.
Er war ein Onkel der Dichterin
Annette von Droste-Hülshoff 51
Heine, Heinrich (1797-1856), Dichter
59
Heinrich (Henry) VIII. Tudor, von
1509 bis 1547 König von England
13, 141, 143, 145, 180, 214, 216, 221,
237, 247
Heinrich (Henry) VII. Tudor, von
1485 bis 1509 König von England
156, 176-178, 180-183, 190, 218, 247
Heinzen, Carl (Karl) (1809-
1888), Journalist, Schriftsteller,
Revolutionär. Nach dem Scheitern
der 48er Revolution emigrierte

er nach Amerika, wo er als Zeit-
schriftenherausgeber und Redak-
teur tätig war 36 f.
Herzen, Alexander (1812-1870),
russischer Schriftsteller und
Publizist, Emigrant in London 131
Hess (Heß), Moses (1812-1875),
Journalist, Sozialutopist, Revo-
lutionär, Philosoph, Zionist,
Naturwissenschaftler. Er war Mit-
begründer der *Rheinischen Zeitung*
und gehörte zeitweise zum engeren
Kreis um Marx und Engels. Ab
1853 lebte er in Paris 67, 70, 72 f.
Heuss, Theodor (1884-1963), liberaler
Politiker, erster Präsident der
Bundesrepublik Deutschland
(von 1949 bis 1959) 251
Hillmann, Abraham (1790-1858),
Gutsbesitzer in Nordenthal
(Kreis Oletzko) 84 f., 114
Hillmann, Adolf, Abraham u.
Henriette Hillmanns Sohn (1816-
1880), als Gutsbesitzer Nachfolger
seines Vaters, Politiker 88
Hillmann, Emma, Abraham u.
Henriette Hillmanns Tochter, verh.
Ballnus (auch Ballnuß) (1815-1866
oder 1867) 88, 125
Hillmann, Henriette, geb. Klein,
Abraham Hillmanns Frau (1793-
1864) 84 f., 114
Hillmann, Pauline (1822-1866),
Abraham u. Henriette Hillmanns
Tochter, zeitweise mit Bergenroth
verlobt 57, 84 f., 87 f., 90, 113 f.,
121-127
Hübner, Alexander von (eigentlich
Josef Hafenbredl, ein unehelicher
Sohn Metternichs) (1811-1892),
Diplomat, Politiker, Schrift-
steller. Von 1865 bis 1868 war er

Monate als amerikanischer Botschafter in Madrid, kehrte aber schon im Januar 1862 in die USA zurück, um im Sezessionskrieg für die Nordstaaten zu kämpfen. Von 1877 bis 1881 war er Innenminister der Vereinigten Staaten. Der zweithöchste Berg im Yellowstone-Nationalpark, für dessen Schutz er sich engagierte, ist nach ihm benannt 27, 112, 196

Simons, Ludwig (1803-1970), preußischer Jurist und Politiker, von 1849 bis 1860 preußischer Justizminister 110

Simpson, Richard (1820-1873), katholischer Schriftsteller und Publizist in England, mit John Acton von 1862 bis 1864 Herausgeber des *Home and Foreign Review* 209, 258

Simson, Eduard, ab 1888 von Simson (1810-1899), Jurist, Politiker. Der aus Königsberg gebürtige Simson gehörte als Abgeordneter der Frankfurter Nationalversammlung zur liberalen Fraktion. Im Dezember 1848 wurde er zum Präsidenten der Nationalversammlung gewählt, trat aber nach dem Scheitern des Verfassungswerkes noch vor ihrer Auflösung zurück. Auch danach engagierte er sich in verschiedenen Ämtern und Funktionen weiterhin für seine politischen Ziele 44, 47

Stahr, Adolph (1805-1876), Klassischer Philologe, Schriftsteller, Publizist. 1855 heiratete er in zweiter Ehe die Schriftstellerin Fanny Lewald 233

Strachey, Lytton (1880-1932), englischer Schriftsteller. Berühmt wurde er durch sein Werk *Eminent Victorians* (1918) 267 f.

Strzelecki, Paul Edmund de (1797-1873), polnischer Entdecker, Forscher, Abenteurer, ab 1845 englischer Staatsbürger 135

Sybel, Heinrich von (1817-1895), Historiker, Politiker. Als Forscher spezialisierte er sich auf die Geschichte der Neuzeit (u. a. mit einer dreibändigen *Geschichte der Revolutionszeit* von 1789-1795), als Organisator brachte er zahlreiche editorische Projekte auf den Weg, darunter die *Historische Zeitung* (1859), für die Bergenroth Beiträge schrieb. Er bekleidete einflußreiche Positionen im Wissenschaftsbetrieb (u. a. als Direktor der Berliner Staatsarchive und als Mitglied der Wissenschaftsakademien in München und Berlin), und fand auch noch Zeit, sich als Nationalliberaler politisch zu engagieren 136, 223, 232, 238 f.

Thomson, David (1914-1988), britischer Historiker, Schriftsteller, BBC-Produzent, Mitarbeiter der UNESCO 137

Tiran, Joseph Melchior, französischer Kavallerieoffizier. Er war von der Regierung nach Simancas geschickt worden, um dort Materialien für den Historiker Mignet zu sammeln 21, 176

Treitschke, Heinrich von (1834-1896), Historiker, Publizist, Politiker 253 f.

Turnbull, William B. (1811-1863), schottischer Jurist, Altertumsforscher, Herausgeber. 1859 wurde er vom Record Office als

Bildnachweis